한국의 죽음 의례의식 연구

프라즈냐 총서
43

한국의 죽음
의례의식 연구

| 불교의 상장례喪葬禮를 중심으로 |

탄탄 著

운주사

머리말

모든 존재는 생성, 변화, 발전, 소멸하는 과정을 거친다. 이는 누구도 부인할 수 없는 대자연의 법칙이고 진리이며, 당연히 인간도 지위고하 존비귀천을 막론하고 누구나 생로병사를 겪는다. 혹 병들어 죽지 않고 그저 늙어서 죽는 사람도 있지 않는가, 라는 반론도 있을 수 있지만, 그러나 고령화 또한 긴 병의 일종이라고 볼 수 있다.

생·노·병·사의 과정은 점차적 혹은 단계적으로 이루어지는 것이 아니라 태어남과 더불어 시작되며, 죽음 또한 출생과 함께 시작되는 것이다. 태어남과 더불어 시작되는 것이 죽음이지만, 살아 있는 동안에는 죽음이 다가와 있지 않으므로 죽을 수도 없고, 죽은 이후에는 죽을 내가 없으므로 죽음을 경험할 도리가 없다. 그러기에 죽음이란 상상력의 소산인 삶의 한 형태라고 말할 수 있을 것이다.

산 자에게 생일날이 있듯이 죽은 자에는 제삿날이 있다. 인간이 태어나 죽음에 이르기까지 거치게 되는 여러 통과의례들이 있으니, 보통은 관혼상제가 그것이다. 그중에서도 상과 제, 곧 상장례는 죽은 이를 위하여 산 자들이 베풀고 행해 주는 의례이자 의식이라고 할 수 있다.

인간의 죽음이라는 현상을 중요한 의례의 과정으로 다루고자 한다면, 먼저 그것의 역사적 전승 과정과 죽음의례(상례와 장례)에 대한 심층적인 연구의 바탕이 있어야 할 것이다. 특히 한국의 전통 안에서 크게 비중을 차지해 온 무속, 유교, 그리고 불교에서의 상장례 문화에 대한 연구가 필요하다. 그래서 졸저에서는 이러한 전통적인 요소들에 대한 연구와 함께 상장례 의례의식에서의 문화 콘텐츠적 요소들에 천착하여 연구를 진행하였다.

한편, 이러한 전통 상장례에 대한 문화적 접근을 위해서는 우리 전통 문화의 형성과 전개의 배경이 되는 원형을 파악해야 했고, 전통 종교에 나타난 죽음관에 대해서도 연구가 필요하였다. 필자는 특히 연구 과정에서 한국 무속신앙의 현세적 가치관과 죽음관, 그리고 그것이 주는 치유적 역할에 매료되었음을 고백한다.

무속도 그 기원은 인간을 위한 것이지 신이나 신령을 위한 것은 아니다. 불교 또한 예외는 아니다. 이 땅의 민초들이 받아들인 것은 아미타불을 중심으로 하는 타력신앙이었으며, 받아들여 꽃피운 경전은 『화엄경』이었다. 형이상학적 고양에 의한 불도佛道의 완성보다 중생 중심의 가르침에 더 공감했던 것이다.

유교의 제사 종교적 특징에서도 그 이념과 종지가 '인간 위주'로 용해되는데, 이런 점에서 볼 때 무속이든 불교든 유교든 한국의 전통적 종교경험에서는 모두 '인간 위주'라는 의식이 신앙의 원형으로 내재화되어 있다고 하겠다.

한국 불교는 이 땅에서 사는 사람들이 지녀온 문화와 민속, 종교적 바탕 위에서 전개, 융합, 발전하여 오늘에 이르게 된 종합적인 전통문화로서, 한국인의 문화원형 보존의 보고라고 할 수 있다. 그리고 여기에는 당연히 불교의 상장례 문화도 큰 비중을 차지하고 있는 것이다.

하지만 본서에서는 이러한 문화원형으로서의 불교 상장례에 대한 연구를 좀 더 역사적이고 민속적이며, 섬세하고 성숙한 연구적 성과를 이루지 못한 것에 많은 아쉬움이 있는 것이 사실이다. 필자의 역량으로는 최선을 다했다고 생각하지만, 여전히 미흡함이 많다.

본서는 필자의 박사학위 논문을 수정한 것으로, 한국인의 죽음의식과 상례 및 장례에 담긴 문화 콘텐츠적 접근을 시도하였다. 부족하지만, 급변하는 한국 사회에서 상장례 의식의 변화와 장묘문화 개선에 대한 사회적 공감대를 형성하고자 하는 포부와, 시대적 트렌드에 부합하는 장례 의례의 개선에 영향을 주고자 하는 마음에서 용기를 내어 집필하였다. 의욕이 앞서다 보니 부족한 부분이 너무 많지만, 앞으로 더욱 연구하여 보완해나갈 것을 약속드린다.

인생에 있어서 죽음을 알지 못하고는 삶은 아무런 의미를 지닐 수 없다. 따라서 죽음에 대한 인문학적 성찰은 우리 모두에게 필요한 일이다. 죽음과 관련한 의례 및 의식을 통하여 죽음에 대해 좀 더 진지한 고민과 성찰을 해보자는 것, 그리고 죽음을 직시하고 죽음을 자연스럽게 사유하는 태도를 지니자는 것이 이 책의 취지이고 의도하는 바이다.

불교는 죽음과 생을 다르게 인식하지 않는다. 생사일여관生死一如觀이 불교의 죽음관을 설명하는 키워드이다. 필자의 연구 주제이자 사색의 테마도 결국은 죽음이다.

'잘 죽기 위해 잘 살자.' 그리고 잘 살기 위해서는 죽음에 대해 알아야 한다. 이것이 죽음에 대해 사유하는 이유이다.

  필자의 육체적 삶의 근원이 부모라면, 정신의 시작과 끝은 해봉당
자승 스님이다. 올 엄동설한에도 백담사 무문관에서 하루 한 끼로
연명하시며 백척간두百尺竿頭 정진하시는 스승님께 문안도 여쭈지
못한 불효에 가슴이 저리다. 사법계와 이법계에 걸림 없는 자유자재의
대승 화엄적 행보에 불보살의 지극한 가피를 조석으로 빌며, 끝으로
미약하나마 인문학의 위기에 이 부족한 책이 작은 불쏘시개라도 되길
바라마지 않으며 사족蛇足을 자른다.

불기 2563(2019)년 정월
포항 운제산 초당에서
탄탄 배拜

I. 서론

1. 상장례문화와 콘텐츠화의 필요성

인간은 유한한 존재이다. 어느 누구도 생로병사의 4고四苦에서 자유롭지 못하다. 특히 불교에서 죽음에 대한 두려움을 자력自力과 타력他力 신앙으로 극복하고자 하는 노력은 붓다 때부터 현재에까지 이르고 있다. 그만큼 죽음의 문제가 각별하다는 말이다. 불교에서는 죽음을 태어남(生)과의 연기론적 관점에서 설명하여 '생사일여生死一如'를 말한다. 특히 죽음이라는 현상은 사자의례死者儀禮를 동반하여 불교의 주요한 의례로 기능하고 있다. 이것이 곧 불교의 상장례喪葬禮이다.

 불교의 상장례는 불교의례의 하나로써 각별히 다뤄지고 있는 만큼 불교의례 문화를 이해하지 않고서는 접근하기 곤란하다. 그러나 선불교禪佛敎를 중시해온 한국불교의 특성상 의례 문화에 대한 문헌적 고찰에 한계가 있다고 하겠다. 따라서 현재 계승·발전되어 오고 있는 불교의례의 현장을 점검함으로써 이러한 한계를 어느 정도 극복할 수 있을 것이다. 물론 여기에는 원형의 변용이 있었음을 감안하지 않을 수 없다.

그러나 우리의 상장례문화는 불교문화보다는 무속신앙이나 유교문화에서 더 많은 영향을 받아온 것이 사실이다. 특히 무속신앙에서는 '굿'을 통해 상례를 치른다. "굿이란 무당이 신에게 제물을 바치고 노래와 춤으로 길흉화복 등 인간의 운명을 조절해달라고 비는 제의"[1]를 말한다. 굿은 인간과 신을 연결해주는 무당이라는 매개자가 먼저 신을 청한 후 인간의 고민을 해결해주는 단계를 거쳐 신을 다시 전송하는 절차로 행해진다.[2] 이는 큰 비용과 정성이 필요한 것으로 산 자가 여러 준비 과정을 통해 망자의 한을 풀어주고 저승으로 인도한다는 점에서 한국인의 기복 관념을 엿볼 수 있는 장치이기도 하다.

유교에서는 관冠·혼婚·상喪·제祭를 사례四禮로서 중시한다. 관·혼·상·제는 한 사람이 태어나서 죽을 때까지 거치는 과정에서의 통과의례이다. 이러한 통과의례는 반 게넵(Arnold van Gennep, 1873~1957)이 세 가지 절차로 나누었는데, '이탈-경과-통합' 의례가 그것이다.[3] 현재의 집단에서 새로운 집단으로 이행해 가는 과정에서 행해지

---

1 이영진·김약수, 「무형문화자료」, 『문화관광자원의 이해를 위한 문화재 조사연구 입문』, 학문사, 2000, p.46.
2 문형진, 「한국 상장풍속에 담긴 제 문화요소와 그 의미를 토대로 한 문화교육 방안 연구」, 『아시아문화연구』 25, 가천대학교 아시아문화연구소, 2012, p.292.
3 이는 반 게넵의 대표적 저서인 『통과의례(Le rites de passage: etude systematique des ceremonies)』의 핵심이다. 이 책에서 그는 특정 사회 속에서 한 개인이 지위를 바꿀 때 일어나는 의식들을 비교 연구하였다. 특히 죽음과 부활 등의

는 특징이 있다. 여기서 분리를 위한 의식 절차는 상례에서 가장 잘 발전되어 있다. 상례와 제례는 성격상 변화의 속도가 느리다. 조상을 여의는 것도 슬픈 일인데 조상들이 해왔던 방식을 한순간에 바꾸기는 쉬운 일이 아니기 때문이다. 게다가 영혼의 존재를 믿고, 그 영혼이 저승에 돌아가지 못했을 경우는 살아 있는 후손에게 해코지를 한다고 하여 더욱 조심하지 않을 수 없다. 이러한 사고는 시신에 대한 공포·공경의 관념에서 생긴 것이다.

한편, 유교적 상제례는 타 종교 전통의 일생의례와 일정하게 상호 영향을 미쳤다. 조선시대 제례에서 사당과 시제時祭보다 무덤과 묘제墓祭를 중시하고, 상례에서 반곡反哭 또는 반혼反魂의 실현을 막는 시묘살이의 전통이 강하였다. 이에 비해 불교의 재齋와 그리스도교의 추도예배 및 현대적 장례식 등은 유교적 제사와 상례의 영향을 많이 받았다. 현대화된 상황 속에서 유교적 상제례는 형식적으로 간소화되고 변형되고 있지만, 그 영향력은 "한국의 타 종교 전통에도 상당히 큰 영향을 미치고 있으며, 한국인의 일반적 일생의례의 근간으로 기능하고 있다."[4]

한국에서는 사람의 죽음에 대해 '돌아가셨다'는 표현을 사용한다. 이는 죽음을 생이 끝났다고 여기는 것이 아니라 원래 있던 곳으로 돌아갔다는 개념으로 보기 때문이다. 여기에서 한국인이 죽음을 인식

자연적인 상징에 바탕을 둔 의례의 중요성을 강조하였다. A. 반 게넵 지음, 전경수 옮김, 『통과의례: 태어나면서부터 죽은 후까지』, 을유문화사, 1995 참조.

4 박종천, 「상·제례의 한국적 전개와 유교의례의 문화적 영향」, 『국학연구』 17, 한국국학진흥원, 2010, pp.363~364.

하는 관념이 드러난다.

세계보건기구(WHO)는 죽음을 '소생할 수 없는 삶의 영원한 종말'이라고 정의하였다. 죽음에는 생물학적·사회적·심리적 측면의 세 가지 관점이 있다. 첫째, 죽음에 대한 생물학적·법적 정의는 일반적으로 신체기능의 정지로 간주된다. 일정 기간 심장의 박동이 멈추거나 뇌의 활동이 정지할 때 죽었다고 판단한다. 둘째, 죽음의 사회적 측면은 장례식과 애도의식 및 권리와 재산의 법적 재분배에 관한 것이다. 죽음의 사회적 측면의 상당 부분은 그 사회의 죽음 및 사후에 대한 견해를 반영하는 종교적·법적 규범에 의해 좌우된다. 셋째, 죽음의 심리적 측면은 사람들이 다가오는 자신의 죽음에 대해서, 그리고 가까운 사람의 죽음에 대해서 어떻게 느끼는가 하는 것이다. 전통사회에서는 애도의식을 통해서 유족들로 하여금 그들의 슬픔과 비탄을 자연스럽게 표현할 인간적인 배출구를 마련해주었다.[5]

현대에서 상장례는 형식적으로 간소화되거나 다양한 모습으로 변형되었다. 현대의 바쁜 생활환경에 맞춰 양력 기준으로 제사를 봉행하는 양상이 나타났고, 제사를 준비하는 구성원들의 편의를 위해 일요일에 제사를 지내는 양태를 초래하였다. 나아가 급격한 도시화가 진행되면서 농촌으로부터 도시로의 대규모 인구 이동이 발생했는데, 이러한 사회적 변화는 사당과 무덤을 중심으로 이루어지는 전통 제례의 변형을 가져왔다.

전통 상례는 이제 병원을 중심으로 현대적 상례로 변모되었다.

---

5 정옥분, 『발달심리학』, 학지사, 2006, pp.677~679.

그럼에도 불구하고 부고訃告를 보내는 것, 임종을 중시하는 것, 문상객의 수와 범위가 많고 넓으며, 상주와 가까운 친구나 친지들이 함께 밤을 새우는 것, 조화弔花와 조의금을 내는 것, 장례의 절차를 중시하는 것, 상주와 죽은 자의 가까운 친족인 경우에 직장에서도 공식적으로 장기 휴가를 주는 것, 직장이나 지역에서 상조회가 주로 장례를 위한 모임으로 운영되는 것 등에서 볼 수 있듯이, 관례나 혼례 및 제례 등 여타의 가정의례에 비해서 상장례가 여전히 중시되고 있으며, 그러한 의례를 통해서 죽음을 대하는 전통적인 한국인의 태도가 현대에도 전수되고 있음을 알 수 있다.[6] 이렇듯 현대에 들어서 전통적 상장례의 각종 형식을 간소하게 하는 편의적 방향으로 변화가 이루어졌지만, 그 근간은 변하지 않고 한국인의 '도리'로 여겨져 지금까지도 계승·발전되어 왔다. 즉 현대에는 여러 가지 이유로 전통 그대로의 상장례 형식은 간소화되었으나, 그럼에도 불구하고 근간은 변하지 않았다는 것을 통해 상장례가 종교나 생활환경 이전에 우리 민족의 죽음관을 지배하고 있음을 알 수 있다.

현대에서 가장 보편적으로 볼 수 있는 상장례는 유교식을 따른 것이다. 지금은 보편화된 유교식 상장례의 역사는 그리 길지 않은데, 본격적으로 우리나라에 정착한 것은 조선시대 이후다. 유교식의 상장례가 완전히 도입되기 전까지는 사후세계를 삶의 연장으로 인식하였기 때문에 "상장례는 슬픔의 의례가 아닌 즐거움의 의례"[7]였다. 엄숙하고

---

6 조현범, 「현대 한국의 죽음 의례와 젊은이들의 죽음 의식」, 『한신인문학연구』 4, 한신대학교 인문학연구소, 2003, p.208.

7 1996년 임권택 감독의 작품 〈축제〉는 이청준의 동명 소설 작품을 영화한 것으로

경건하게 치러지는 유교식 상장례와 달리 유교적 상장례 이전의 토착
적 상장례에서는 춤과 음악이 어우러진 축제식 상장례가 만연하였다.

　유교적 상장례가 도입되기 전인 조선 전기만 하더라도 축제식 상장
례는 전국적으로 전승되던 풍속이었다. 조선 전기까지만 해도 불교식,
민간신앙, 유교식 등이 혼재된 상장례였으나 국가에서 강력하게 유교
식을 추진하고 양반 사대부들에 의해 예학이 향촌 사회에까지 확대
적용되면서 유교식 상장례가 일반화되었다. 이때 기존의 제의를 유교
식 예법으로 정비하면서 전래의 굿 문화가 위축되었다. 때문에 유교적
지배이념과 전래의 굿 문화와의 논쟁이 많았다.

　유교적인 이념이 지배적인 와중에서도 민중들은 초상을 당하면
전래의 방식을 고수하여 상장례를 치렀기 때문이다. 민중들은 풍악이
없는 장례를 '박장薄葬'이라고 해서 가볍고 얄팍한 것으로 간주하였다.
그래서 '지식이 있는 자라도 풍속에 따라' 풍악을 마련했고 밤을 틈타
몰래하기도 했다고 한다. 이를 통해 축제식 상장례문화의 전통과
유교적 예법이 정면으로 맞서 있음을 알 수 있다. 그리고 그것이
"특정 지역에 국한되지 않고 전국적인 현상"[8]이었음을 확인할 수 있다.
즉 민중들은 죽음을 삶의 종국으로 이해하고 상례를 흥례로 인식하는

상가의 질박하고 사실적인 모습을 잘 그려내었다. 영화와 소설의 제목에서 의미하
듯, 상례를 '축제'라고 한 것에는 작가나 감독의 개인적인 의견이 반영되었다기보다
는 한국인의 보편적인 정감의 표현이라고 봐야 할 것이다. 영화 〈축제〉에 관해서는
이성준, 「영화 〈축제〉에 나타나는 한국의 葬禮儀式과 의미 고찰」, 『영주어문』
24, 영주어문학회, 2012, pp.221~254 참조.
8 이경엽, 「축제식 상장례를 통해 본 진도 민속의 독특함」, 『남도민속연구』 26,
남도민속학회 2013, p.215.

유교적 상장례가 도입된 이후에도 전통적 장례문화를 지키고자 하였으며, 그 이유는 삶과 죽음을 연속적으로 이해하는 인식 때문이었다. 이러한 전통 상장례문화는 현대에 들어서도 완전히 사라지지 않고 '호상' 등 사람이 명이 다하여 치르는 상에서 음식을 나누어 먹고 밤을 새워 시끌벅적하게 윷놀이를 하거나 노름을 하는 등의 현상으로 남아 있다.

현대에 와서 형식은 바뀌었으나 근간만은 그대로 남아 있는 것, 이 점이 바로 한국어를 공부하는 외국인 학습자들에게 한국의 전통 상장례 문화교육을 해야 하는 이유라고 할 수 있겠다. 상장례를 포함하여 현대 한국 의례 문화는 형식적인 면에서 상당히 간소화되었음에도 불구하고 여전히 한국인이 지닌 사생관이 전통의 죽음관과 깊이 관련하기 때문이다.

한국 전통 죽음관에서 죽음은 의례 공동체인 가족 구성원들의 의식적인 정성과 실천을 통해서 삶과 죽음이 단절적인 것이 아니라 조상으로부터 나를 거쳐 후손에게 이르는 생명 전승의 과정이었다. 유교적 상제례가 본격적으로 도입되기 전에는 사후세계를 생전의 삶이 연장되는 것으로 받아들였기 때문에 상례는 구슬프게 곡을 하는 슬픔의 의례가 아니라 춤과 음악을 곁들인 즐거움의 의례였다. 토착적 상례는 "죽음을 접하는 슬픔을 영혼이 하늘로 비상하는 즐거움으로 승화시킨 장례의식"[9]이었다. 어쨌든 사람의 죽음은 그리 달가운 현상은 아니다. 그렇기 때문에 되도록 죽음의 현장에 오래 있고자 하지 않는다. 그래서

---

9 박종천, 「상·제례의 한국적 전개와 유교의례의 문화적 영향」, 『국학연구』 17, 한국국학진흥원, 2010, pp.364~366.

일정 동안의 추도기간을 정하고 그 기간 동안에는 평소의 생활보다 정결함을 유지해야 할 것을 강조한다.

상장례를 통해 죽은 자가 평소 지은 악업을 해소하고 편안히 극락으로 갈 수 있도록 이끄는 절차는 망자가 아닌 생자의 몫이다. 흔히 말하는 '죽은 자는 말이 없다'는 말을 구체화하지 않더라도, 생자는 망자의 대리인 노릇을 할 수밖에 없다. 결국 생전에 지은 업이 업력業力의 형태로 망자에서 생자로 이어지는 구조를 엿볼 수 있을 것이다. 따라서 어떻게 해야 악업의 전승이 소멸될 수 있을지를 밝히는 것이 관건이다.

이러한 문제의식에 바탕을 두어 현대적 의미에서 상장례를 어떻게 볼 것인가를 생각해 봐야 한다. 나아가 상장례의 문화 콘텐츠화에 대한 방법을 고민해야 할 것이다. 상장례문화를 콘텐츠화 하기 위해서는 선행되어야 할 조건이 있다. 그것은 바로 사람들의 인식변화이다. 전통적으로 혼례나 관례는 부모의 역할이 중요하지만, 상장례는 자식이나 후손들의 역할이 중요하였다. 그러나 현대에 들어 『엔딩노트』와 같은 콘텐츠에 망자 스스로 생전 자기 죽음 이후 장례문제를 정하고, 사후 시신처리 문제 등 적극적인 상장례의 주체자로 변화하고 있는 현상이 목도된다. 따라서 더 상장례의 책임이 후손들에게만 주어지는 것은 아니게 된다. 바로 이러한 점이 상장례가 갖는 현대적 의의인 것이다.

어쨌든 이들이 상장례에 어떤 식이든 거부감을 느끼는 한 올바른 콘텐츠의 활용은 불가능해진다. 이를 해결하기 위해서는 상장례를 긍정적인 문화현상으로 이해시키기 위한 교육이 우선되어야 할 것이다. 이를 위해 본서의 궁극적 목표를 상장례문화 콘텐츠의 활용을 어떻게 할 것인가라는 점에 두고, 그 이론적 기반을 불교 상장례에서 찾고자 한다.

2. 전통 상장례에 관한 연구

그간 전통적인 상장례에 관해서는 문학·사학·종교학 등 여러 학문분야에서 연구가 진행되어 왔다. 그중 비교적 새로운 연구라 할 문화 콘텐츠의 시각에서 바라본 상장례에 관한 연구만을 살펴보면 다음과 같다.

김지원은 상장례 복식에 대한 연구를 진행하였다.[10] 그는 한반도 상장례의 역사는 일반적으로 유교식 종법적 질서와 엄격한 규율 강조에서 찾아볼 수 있으며, 다른 한편으로는 유교가 보급되기 이전 상가에서 노래하고 춤을 추며 재담을 하는 축제식 상장례에서 발견된다고 하였다. 특히 축제식 상장례 중 여타 지역에 비해 고유의 한국적 정체성을 인정받아 유네스코(UNESCO) 세계문화유산 및 국가나 지자체 지정 무형문화재로 등재된 진도 지역의 연행예술 복식과 제요소를 중심으로 진행하였다. 진도 지역의 진도 씻김굿, 진도 만가, 진도 다시래기 등은 탄탄한 스토리텔링과 예술성을 인정받아 현재 국문학과 민속학, 연극과 영화, 음악, 무용의 원천 자료로 제공되고 있음을 밝혔다.

---

10 김지원, 「축제식 상장례 연행예술 복식 작품 연구」, 홍익대학교 박사논문, 2015.

그러나 무엇보다도 진도의 상장례에 관해서는 김미경의 연구가 선행되었고, 내용면에서도 주목을 끈다.[11] 그는 진도라는 섬 지역의 상장례를 통해서 우리 민족이 본래 가지고 있던 본연의 축제식 상장례가 무엇인가를 알아보고, 우리 민족문화라고 일컬을 수 있는 문화원형이 어떠했는지를 고찰하였다. 그리고 순수한 의미에서 대한민국의 문화원형을 찾아 우리 민족만이 가지고 있는 독특한 문화 속성들을 파악한 다음, 스토리텔링을 활용하여 그 가치성을 높여서 문화 콘텐츠로서의 대한민국 대표 브랜드 만들기의 방향을 제시하였다. 특히 진도 축제식 상장례라는 원 소스를 무대 공연예술·축제·방송·영화·음악·인프라사업 등 멀티유즈(Multi Use)한 스토리텔링의 활용 사례들에 적용시켜 앞으로 보다 발전된 스토리텔링의 방향성을 제시하고자 한 점이 특징이라 하겠다.

다음으로 송수미는 전통 상례의식의 절차와 의미, 내적 정신성을 한국적 미의식의 관점에서 살펴보고, 그것이 현대미술의 미적 조형성과 어떻게 발현되었는가를 본인의 작품을 중심으로 고찰하였다.[12] 그는 죽음의 통과의례를 섬유미술이라는 시각예술의 표현형식으로 보고 전통상례를 모티브로 하여 '회상', '잠재의식' 등을 비롯한 '의식의

11 김미경, 「珍島 祝祭式 喪葬禮 民俗의 演戲性과 스토리텔링」, 고려대 박사논문, 2009; 김미경, 「진도 장례의 무대 공연예술로서의 스토리텔링의 실제」, 『공연문화연구』 17, 한국공연문화학회, 2008. 그 밖에 상장례의 관점에서 진도 민속의 독특함을 조명한 이경엽, 「축제식 상장례를 통해 본 진도 민속의 독특함」, 『남도민속연구』 26, 남도민속학회, 2013도 참조할 만하다.

12 송수미, 「한국 전통상례에 나타난 조형적 이미지의 섬유미술 연구: 연구자의 작품을 중심으로」, 원광대학교 박사논문, 2012.

자유'·'사유공간'·'어머니' 시리즈에서 '블랙스완'이라는 작품으로 이어지는 일련의 작업을 연구하였다. 전통상례에 나타난 정신성은 현대 섬유미술 영역으로 확대되고, 나아가 3차원, 4차원의 공간성 확보와 친환경적인 순수 섬유예술로 확장되어 갈 수 있음을 확인하였다는 데 연구의 의의가 있다고 보인다.

음악 콘텐츠와 연관 지어 상장례를 살펴본 연구로는 이용식의 경우가 대표적이다.[13] 그는 상장례는 유교식 제의와 불교식 재齋, 그리고 무교식 천도薦度굿이 어우러지는 우리나라 종교 의례의 결정체로 보았다. 이는 엄숙한 종교의식과 더불어 망자의 혼을 위무하는 악가무樂歌舞가 어우러지는 공연예술(performing arts)적 성격을 갖는 '판'이라고 하였다. 특히 무교 의례인 천도굿은 종교 의례인 동시에 공연예술로서 전통적인 상장례의 백미를 장식하는 중요한 통과의례 절차이며, 전라남도 진도는 아직도 전통적인 상장례를 충실히 보존하여 무교 의례인 씻김굿을 비롯하여 망자의 혼을 놀리는 다시래기와 관을 운구하고 하관하면서 부르는 만가輓歌가 중요무형문화재 및 지방무형문화재로 지정되어 보존되고 있음을 밝혔다.

다음으로 류경자는 현장답사를 통해 실제 현상을 조사 발표했는데,[14] 장례의식요葬禮儀式謠 중 남해지역 장례의식의 특색으로는, 하직의 마지막이나 다리를 건널 때 시신이 안치된 상여의 앞머리에 사위를 태워 어르며, 엄숙하고 비통한 장례를 다소 축제적 분위기로 전환시키

---

13 이용식, 「진도 상장례 음악의 공연학적 구조와 음악적 상징에 관한 연구」, 『국악원 논문집』, 26, 국립국악원, 2012, pp.265~289.

14 류경자, 「남해군 전승민요의 현장론적 연구」, 부산대학교 박사학위논문, 2010.

는 '사위 태우기'의 과정이 포함된다는 점을 밝혔다. 그리고 창선면을 제외하고는 남해군 전역에서 성분成墳할 때 소리를 하지 않는 것이 일반적이며, 창선면에서는 성분할 때 쓰는 도구의 이름을 딴 〈괭이소리〉가 성분소리로 전승하고 있다고 하여 현장을 방문하지 않고는 알 수 없는 중요한 사실을 전하였다는 점이 특징이라 하겠다.

김민하의 경우는 민요 교육에 스토리텔링을 적용해 보는 데 목적을 두고, 상엿소리를 대상으로 스토리텔링을 활용한 민요 교육 방법을 제시하였다.[15] 민요 교육의 방법으로 스토리텔링을 활용한 이유는 민요가 우리 민족의 삶의 이야기를 담고 있는 노래이기 때문이고, 민요 교육이 문학과 음악의 통합적 접근으로 이루어지기 위해서는 그에 적합한 교수·학습 방법이 필요한데, 스토리텔링의 '이야기하기'의 방법은 민요에 내재된 이야기를 이해하고 민요를 삶의 노래로 인식할 방법적 토대가 될 수 있을 것이라고 하였다.

이상과 같이 전통적인 상장례의 문화 콘텐츠화는 주로 스토리텔링과 상엿소리(만가) 등의 음악 콘텐츠가 주요 연구의 대상이 되어 왔음을 알 수 있다. 그 밖에도 연극·영화·드라마·희곡·애니메이션 등 여러 문화 콘텐츠에서도 상장례를 원천자료로 활용하고 있다. 이는 이 분야 연구에서 상장례문화가 일정 정도 기능할 수 있음을 보여주는 것이라 하겠다.

---

15 김민하, 「스토리텔링을 활용한 민요 교육 방법 연구: 상엿소리를 중심으로」, 『국악교육연구』 8, 한국국악교육연구학회, 2014, pp.5~35.

3. 본서의 구성과 내용

종교는 교조教祖·교의教義·교단教團, 그리고 의례儀禮라는 4요소로 구성된다. 이 중에서 의례란 종교의식의 외적 표출로서 종교적 대상과 합일하려는 상징작용을 의미한다. 한국불교의 경우 조선시대의 숭유 억불정책, 일제강점기의 일본불교의 영향, 해방 이후의 비구 대처의 분규와 분종, 그리고 다양한 종파들이[16] 새롭게 우후죽순 격으로 출현하면서 불교의례의 정비가 제대로 이루어지지 못하고 있다.[17]

죽음에 대한 가장 오래된 해석을 문자를 통해 기록으로 남긴 고대 메소포타미아인들은 죽음을 실질적으로 삶의 끝이라고 보았다. 그들은 죽음 후의 세계를 아랄루(Arallu, 메소포타미아어)라고 불렀는데 '먼지를 먹는 어두운 지하세계, 모든 기쁨이 사라진 그림자의 나라'라고 생각하였다.[18] 또한 죽음이란 육체와 영혼이 서로 분리되는 현상이다. 물질체의 경우에는 외부에서 들어온 영혼이 육체와 분리되는 것이고,

---

16 현재 한국의 불교계는 대한불교조계종, 한국불교태고종, 진각종, 천태종을 비롯하여 약 100개가 넘는 종단들이 존재하고 있다.

17 한국 불교종단을 대표하는 대한불교조계종은 의례에 대해 종헌 13조에 "본종의 의식은 佛祖의 유훈과 전래의 百丈淸規 및 儀懺法에 의존한다."라고 규정하고 있는데, 이는 대한불교조계종조차 통일된 의례가 완비되지 않고 지속적으로 완비해 나가야 함을 표현한 것이라 판단된다. 대한불교조계종은 1988년 처음으로 『통일법요집』을 발간했으며, 2005년에야 『한글통일법요집①: 천도·다비의식집』을 발간하였다. 김방룡, 「조선후기 불교의례의 정비와 근대적 계승」, 『한국종교』 32, 원광대학교 종교문제연구소, 2008, pp.42~43.

18 김승혜, 「죽음에 대한 종교학적 이해」, 한국종교학회 편, 『죽음이란 무엇인가』, 창, 1990, p.6.

원신체의 경우에는 아버지의 원신에서 분리된 원신이 육체와 분리되는 것이다. 어떤 경우든지 간에 생명에게 오는 죽음은 늙음이나 질병 정도 이상의 육체적 훼손으로 인해 생긴다.[19] 불교에서의 죽음은 생사에 번민하지 않는 영원한 생명의 추구에 있다. 생사를 초월하여 업業과 윤회輪回에서 벗어나 열반적정涅槃寂靜을 지향한다.[20]

역설적이게도 살아 있는 인간의 가장 자유로운 세계는 죽음의 세계이다. 죽음을 철저히 사색하면 할수록 삶의 모습이 그만큼 진지해진다. 1917년 프로이트(Sigmund Freud, 1856~1939)는 인간에게는 생의 본능인 에로스(Eros)와 함께 죽음의 본능인 하난토스(Hhanntos)가 있다는 것을 가정하였다. 여기서 '죽음학'이라는 타나톨로지(Thanatology)가 나왔다.[21] 죽음학은 죽음이라는 사태를 통해 삶을 반성하는 학문이라 정의된다. 더 나아가 죽음학은 생명과학 및 의과학의 발달로 인해 인간의 생명과 죽음 문제에서 야기되는 인간성 상실의 위기를 극복하기 위해 생명과 죽음에 대한 인문학적 해석을 통해서 생명과 죽음의 의미를 새롭게 사유하려는 학문이다. 즉 죽음만을 언급하는 것이 아닌, 생명의 문제를 죽음의 문제와 함께 다루는 데 특징이 있다. 이는 불교에서 말하는 생사일여生死一如의 관점과 상통된다.

자연과학적으로 바라본 생사의 문제는 생명과 죽음을 단순한 현상

19 구선, 『觀 십이연기와 천부경』, 연화, 2008, p.200.
20 장하열·강성경, 「한국의 전통상례와 죽음관 연구1: 임종을 전후한 죽음의 인식」, 『종교교육학연구』 10, 한국종교교육학회, 2000, p.272.
21 죽음학 혹은 死生學이 학문으로서 성립할지 여부를 탐색하려는 시도는 박종식·정경태의 연구가 주목된다. 여기에 대해서는 박종식·정경태, 「사생학의 성립 근거에 대한 철학적 탐구」, 『대동철학』 50, 대동철학회, 2010을 참조.

적·기능적 측면에서만 다루기 때문에 한계가 있다. 인간의 생명과 죽음은 단순한 물질적·기능적 측면에서만 다룰 것이 아니라 의미와 지향성, 목적의 측면, 가치 및 미학적 측면, 그리고 구체적인 삶의 전체 맥락 속에서 다루어져야 한다. 따라서 죽음에 관한 연구는 생명과학, 의과학적 탐구의 토대 위에서 문화, 역사, 철학, 문학, 사회, 종교 등 다양한 관점의 탐구를 융합하는 새로운 탐구방식을 필요로 한다.[22]

　인간이 다른 동물과 구별되는 것은 본능적 욕망과 함께 죽음의 불가피성을 인지하는 능력을 가지고 있다는 점이다. 인간은 죽음의 생각 속에서 삶을 지탱하고 있는데도 누구도 죽음에 대해서 알 수가 없다. 그리고 동·서양의 죽음관은 별로 다를 게 없다고 본다. 동·서양의 죽음에 대한 생각에 차이가 있다면, 서양인은 어떻게 사느냐에 대하여 많은 관심이 집중되었기에 영혼을 잠재우는 진혼鎭魂이 발달되었는 데 비해, 동양인은 어떻게 죽을 것인가에 대해서 많은 관심을 쏟아오다 보니 영혼을 불러들이는 초혼招魂이 발달되었다.

　죽음을 생각함으로써 인간은 명료하게 정신 및 영혼 앞에 나아가게 된다. 그렇다면 죽음이라는 현상을 중요한 의례의 과정에서 다루는 데에는 어떠한 전승 과정이 이뤄져 왔을까. 그리고 죽음에 대한 의례, 즉 상장례 의례를 후손들에게 보다 쉽게 전할 방법은 무엇일까. 본 연구에서는 그 해결책을 문화 콘텐츠에서 찾고자 한다. 이를 위해서 여러 단행본 및 논문에 드러난 선행연구를 참고하고, 주 텍스트로는

---

22 박종식·정경태, 앞의 논문, p.156.

불교의례를 종합적으로 다룬 『석문의범釋門儀範』과 그것의 원형이라할 『작법귀감作法龜鑑』, 그리고 영산재나 수륙재 등 불교에서 사자의례를 보여주는 여러 문헌을 참고할 것이다.

아울러 한국학중앙연구원에서 제공하고 있는 『한국구비문학대계』웹서비스(https://gubi.aks.ac.kr)와 문화재청(http://www.cha.go.kr), 국립민속박물관(http://www.nfm.go.kr), 국립문화재연구소(https://www.nrich.go.kr) 등의 공공기관에서 제공하는 사진이나 전자문서자료를 참고할 것이다.

본서는 다음과 같은 구성으로 전개할 것이다. 제1장 서론의 문제제기에 이어, 제2장에서는 전통 상장례의 문화적 접근을 위해 우리문화의 형성과 전개에 지대한 영향을 미쳐 온 한국 전통종교의 죽음관에 대해 검토한다. 먼저 무속신앙의 현세적 가치관과 죽음관을 검토하고, 유교·도교, 그리고 불교의 죽음관을 살펴보고자 한다. 특히 불교의죽음관에서는 먼저 불교 죽음관 형성의 배경을 붓다의 생애 과정상에서 검토해 볼 것이다. 불교의 죽음관은 곧 붓다의 죽음관이 되기때문이다. 이러한 이론적 내용을 기반으로 하여 제3장에서 불교 상장례의 기능과 절차를 살펴보도록 하겠다. 불교 상장례는 불교의례의일환이므로 총론적 성격의 불교의례에 대해 검토하고, 상장례가 전하는 문헌, 즉 불교의례집에 대해서도 이론적으로 검토할 것이다. 특히백파(白坡亘璇, 1767~1852)의 『작법귀감』이나 안진호(安震湖, 1880~1965)의 『석문의범』은 불교 상장례 의례서의 모본이 되기 때문에그 내용을 중점적으로 검토할 것이다. 그리고 나서 불교의 상장례절차에 대해서 이상의 문헌을 중심으로 내용 전개를 진행하고, 이어 한국 장례산업의 발전방향에 대해서 논해 보도록 하겠다.

제4장에서는 불교 상장례의 문화 콘텐츠화를 다루는데, 먼저 현대의 상장례문화 콘텐츠 현황을 살펴보기 위해 연극·영화·뮤지컬 콘텐츠를 통해 영상 문화 콘텐츠의 상장례를 조사해 보고, 만가와 상엿소리를 중심으로 음악 문화 콘텐츠의 상장례를 살펴보도록 하겠다. 이어 『엔딩노트』나 상장례의 영상콘텐츠 제작 등 상장례문화 콘텐츠의 제작과 활성화 과제에 대해 제시하고자 한다.

제5장 불교 상장례의 현대적 의의에서는 먼저 조선시대부터 근현대까지의 우리 상장례문화의 변화 양상을 더듬어 보고, 새로운 상장례문화의 도입이 대두되는 추세에 맞춰 환경친화적인 수목장樹木葬, 빙장氷葬, 영탑원靈塔園 등 새로운 상장례문화의 도입과 불교 상장례문화의 현대적 의의를 도출해 보도록 할 것이다. 끝으로 제6장 결론을 통해 이상에서 논의한 내용을 종합 정리하고 추후의 과제를 제시함으로써 본서를 맺고자 한다.

Ⅱ. 한국 전통 종교의 죽음관

죽음의 문제는 불교를 포함한 한국 전통 종교에서 중요한 과제이다. 종교뿐만 아니라 문학·사학·철학의 전 인문학 분야에서 생과 사의 문제는 중요하게 다뤄져 왔지만, 특히 종교에서 죽음관·생사관·사생관에 대해 주목해 왔다. 특히 불교 출발의 동기가 붓다의 고(苦, dukkha)에 대한 인식으로부터라는 점을 고려할 때 불교에서 생로병사를 다루는 죽음관은 중시될 수밖에 없다.

   여기서는 한국 고유의 토속종교인 무속의 현세적 가치관과 죽음관을 살펴보고, 유교의 상장례문화와 성리학적 죽음관 그리고 도교의 불사추구의 생명철학에 대해 검토해 볼 것이다. 이어 불교의 죽음관 형성의 배경이 되는 붓다 출가의 동기와 유성출가, 그리고 존재에 대한 불교적 시각과 붓다의 죽음에 대한 태도를 통해 생사일여적 관점에서의 죽음관에 대해 정리해 보고자 한다. 이러한 죽음관이 불교 상장례의 이론적 기반이 되기 때문이다.

1. 무속신앙의 죽음관

1) 현세적 가치관

무속신앙은 예부터 한국인의 종교적 심성을 형성하여 그 위에 외래종
교를 받아들이고, 그 외래종교와의 혼합(syncretism)을 통해 변형하면
서 민중과 더불어 호흡을 같이하였다. 무속신앙은 역사를 통해 항상
한국의 생활을 지배해 온 이른바 생활종교이다. 타 종교와의 혼합
속에서도 결코 자기의 속성을 버리지 않고 우리의 문화를 내면에서
좌우해 온 것이다. 이처럼 우리의 정신 근저에는 무속신앙이 흐르고
있으며, 한국인의 기층문화는 무속신앙이라 할 수 있다.[23]

　무속신앙은 일반적으로 무당을 중심으로 하여 민간에서 전승되고
있는 종교적 현상으로, 민간신앙 중에서도 가장 확고한 신앙체계를
이룬다. 대표적인 제의 양식은 '굿'으로서, 사제인 무당이 종교의식을
집행하며 종교의식에 필요한 구비경전인 무가巫歌가 있고, 그 안에
우주의 질서와 교리적 지침이 들어 있다. 중국 후한後漢의 허신許愼이
편찬한 『설문해자說文解字』에 의하면 '무巫'라는 글자는 '여자로서 형태
없는 것을 섬기고 춤을 추어 신神을 내리게 하는 자로 긴 소매 옷을
입고 춤추는 사람의 형상'[24]이라고 풀이한다. 이것은 본디 '격(覡:

---

23 유동식,『한국종교와 기독교』, 대한기독교서회, 1965, p.21. 유동식은 무속(무교)
　의 특성을 의타성, 보수성, 현실주의로 정의하고 있다.(유동식, 같은 책,
　pp.34~36). 여기에 한완상은 개방성을 더하고 있다.(한완상,『한국교회 이대로
　좋은가』, 대한기독교출판사, 1982, p.20).

24 『說文解字』, "巫 祝也 女能事無形 以舞降神者也 象人兩褒舞形."

박수)'이 남무男巫를 지칭하는 데 비해 '여무女巫'를 가리킨다.[25] 한편 이 글자는 아래 위의 직선과 그 선을 세로로 연결하는 수직선, 그리고 양쪽에 '사람 인人'자 두 개가 있는 형상이다. 이때 위의 선은 하늘을 아래의 선은 땅을 상징하며 그것을 연결하는 수직선은 이른바 신목神木 또는 우주목宇宙木이 되는 것이고, 그 옆에 '사람 인人'자 두 개는 춤추는 모습을 형상화했는데 가무歌舞로서 신과 인간의 합일合一을 가능하게 하는 여자를 지칭하는 것으로, 이를 곧 무당이라고 하는 것이다.

한국의 무속신앙은 기본적으로 생사회복, 그 가운데 죽음을 다루는 데 특화된 원시종교이다. 이론화되지는 않지만 직접적인 삶의 경험과 삶의 욕망을 수긍한다. 무속신앙에서 죽음을 처리하는 과정은 저승을 전제로 하고 있으며, 죽은 영혼을 저승으로 잘 보냄으로써 산 자들에게 해를 끼치는 원혼이 되지 않도록 하는 데 초점이 있다. 그래서 이승에 대한 집착이 더욱 뚜렷하다. '사후 술 석 잔 말고 생전에 한 잔 술이 달다.'거나 '개똥밭에 굴러도 이승이 낫다.'라는 말은 모두 현세적인 가치관을 드러내는 표현이다. 묏자리를 손보거나, 조상을 저승으로 천도하는 진오기굿, 씻김굿, 오구굿 등 죽음 관련 무속의례를 보면 죽은 사람이 죽음 이후에도 여전히 산 사람과 일정한 관계를 맺고 있음을 보여준다.

무속신앙에서는 죽음 자체를 한스러운 것, 죽음을 가져온 것은 부정한 것이라는 기본적 견해를 가지고 있기 때문에 '굿'이라는 의식을

---

25 『說文解字』, "在男曰覡 在女曰巫."

한다. 이는 죽음에 의한 원한이나 불행을 벗어나지 않으면 죽은 자 자신은 물론이고 살아 있는 사람에게 나쁜 영향을 미친다고 믿기 때문에 이를 소멸시킬 필요가 있다는 것이다.[26] 현세적 가치관에 충실한 점을 보여주고 있다.

한국 무속신앙에서 죽은 이의 넋을 위한 제의를 '사령제死靈祭'라 한다.[27] 사령제는 망자의 맺힌 한을 풀고 온전히 저승에 가기를 기원하는 표면적인 목적이 있지만, 무속신앙의 모든 관념이 '지금 여기(Now Here)'를 위주로 전개되기 때문에 그 실제적인 목적은 한이 남은 사령이 살아 있는 자들에게 끼칠 액厄에 대한 불안과 두려움을 제거하여 살아 있는 자들이 복락을 누릴 수 있게 기원하는 것이다. 결국 죽은 자를 위한 굿은 산자를 위한 굿으로서 죽은 자의 혼을 달래는 행위를 통하여 살아남은 자의 슬픔과 고통을 위로받고자 하는 것이며, 죽은 자의 죽음을 통해서 살아 있는 존재의 의미를 확인하는 행위인 동시에 살아남은 자들이 활기찬 삶을 영위해 나가기 위한 기능을 다하는 것이다.

사령제는 첫째로 사령이 원령 내지는 악령으로 '떠돌이 넋'이 되기 이전에 미리 저승으로 천도하는 일종의 예방의례로서의 성격을 갖는다. 그런데 이승에서 미련이 남은 사자死者는 이승과 저승의 중간에서 배회하면서 살아 있는 이들을 괴롭히는 원귀, 원령이 될 수도 있다. 그렇기 때문에 사령제를 통하여 산 이들에게는 그러한 불행을 예방하고 망자는 이승에의 미련을 떨쳐버리고 저승으로 갈 수 있도록 한다.

---

26 최길성, 『한국 무속의 이해』, 예전사, 1994, p.302.

27 조흥윤, 『한국무의 세계』, 민족사, 1997, p.239.

둘째로는 화禍의 넋을 복福의 넋으로 바꾸는 전환의례의 성격을 지닌
다. 무교의 사령제에서는 죽음과 관련하여 부자나 가난한 자의 차별도
없고 이승에서 좋은 일을 한 사람이나 나쁜 일을 한 사람의 차별도
없다. 즉 부富와 빈貧, 선행과 악행이 저승 천도의 기준이 되지 않는다.
단지 사령제를 베풀어서 부정을 제거하고 저승사자들을 기쁘게 해
주면 이 상례를 통하여 구제할 수 있다는 의례지상주의를 통한 보편적
구원을 강조하고 있다. 결국 사령제는 사자가 생전에 있었던 모든
맺힌 한을 풀어버리고 자유롭게 저세상으로 떠날 수 있도록 돕는
데 그 목적이 있으며, 동시에 살아 있는 사람에게 사랑하는 사람의
죽음을 현실로 받아들이고 다시 일상으로 돌아와 열심히 일할 수
있도록 돕는 데 있다. 따라서 넋굿은 죽은 자를 위한 굿인 동시에
산자를 위한 굿이기도 한 것이다.[28]

무속신앙인들은 현세적 이익을 추구하는 한편, 내세에 대한 문제도
현세적 조건에 꿰어 맞추려는 경향을 볼 수 있다. 죽음이 당연한
것이라면 내세라도 현실의 연장으로 상정해 놓으려는 의도가 있는
것이다. 그러나 이러한 내세관들은 무속의 무가에서 보이는 내용으로
추측한 것일 뿐, 한국인에게는 독자적인 저승의 개념이 명확치 않다.
사령굿에서도 너무 현세적인 이익을 도모했기 때문에 저승의 세계는
거의 나타나지 않고 영혼의 거취는 애매모호하다.[29]

죽음을 맞으므로 살아 있는 자들과 상호작용이 끊어진 망자가 무당

---

28 차옥숭, 『무교: 한국인의 종교 경험』, 서광사, 1997, p.272.

29 장덕순, 「저승과 영혼: 구비전승을 통해 본」, 『한국사상의 원천』, 양영각, 1980,
     p.170.

을 통해 다시 후손들과 새로운 커뮤니케이션을 맺게 되는 일련의 관계를 기본으로 두고 있는 사령제의를 통해 무속신앙에서 이야기하고자 하는 죽음은 인간들과 조상들, 그리고 이승과 저승을 모두 통틀어 조화를 제대로 유지하는 것으로 살아남아 있는 자들이 자신의 삶을 조화롭게 만드는 것에 있다.

2) 무속의 죽음관

무속신앙에서는 인간의 존재 자체는 영원한 것으로 인간을 육신과 영혼의 이원적 결합체로 보고, 육신의 생존에 필요한 원초적 힘이 영혼이라고 믿는다. 샤머니즘을 기초로 한 한국 무속신앙은 자연숭배와 정령숭배에 근거한 것으로 죽음을 계기로 육체에서 떠나간 영혼들은 하늘과 땅 사이에서 정령과 혼귀가 되어 인간의 질병과 기근 등 모든 재액을 만들기도 하고 또 복을 가져온다고 설명한다.

　무속신앙에서는 내세를 극락極樂과 지옥地獄의 두 가지로 구분한다. 망자의 혼魂은 명부冥府로 가는데, 이때 10대왕十大王 앞을 차례로 거쳐 현세에서의 선·악에 대한 심판을 받게 되므로 지악자至惡者는 지옥으로 보내어 온갖 형벌을 받게 하는 것이라고 믿는다.[30] 이는 다분히 불교의 내세관과 유사성을 지닌다. 그러나 원래 무속신앙의 내세관은 천상·지상·지하의 삼계 중 뚜렷하게 지적되지 않고, 죽으면 막연히 가는 곳으로 저승을 상정할 뿐이었다. 즉 극락과 지옥으로

30　김태곤, 『한국의 무속신화』, 집문당, 1985, pp.260~261.

분리되지 않고 저승에서 생전의 선·악 판정에 따라 고통을 받는 자와 낙을 누리는 자가 있을 뿐이었다.

무속신앙에서 죽음은 슬픔·한恨·재생의 정서와 일치된다. 무속신앙의 죽음은 '천수天壽를 다한 최종점'에서 발생한다고 믿는다. 천수를 다하고 자연스럽게 죽는 것이 이상적이며, 제 명命을 다하지 못하고 죽는 경우와 같이 불행한 죽음은 특히 슬퍼한다. 이러한 죽음의 발생 원인을 선신과 악신의 존재에 비추어 설명한다. 선신을 잘 모시지 못했거나, 악신에 대한 투쟁이 부족했기 때문에 죽음이 발생한다는 것이다. 따라서 무속신앙은 불행한 죽음을 막고자 할 뿐만 아니라, 불행히 죽은 영혼의 한과 그에 대한 처리에 대해서도 집중적으로 다루고 있다.

무속신앙의 죽음에 대한 의식구조 중 뚜렷한 것은 죽더라도 생전의 경험 가운데 일부는 그대로 남는다는 것으로, 죽은 사람의 영혼이 실제적으로 산 자와 관계를 유지하게 된다. 생전의 경험 중에서 죽어서도 죽지 않고 살아남는 원한은 강하게 작용한다. 누구에게 한을 가지고 있거나 복수하고자 하는 마음은 오랫동안 남아서 산 자에게 어떤 위험한 행동을 감행하기도 한다. 때로는 개인에 대한 원한과 복수심으로 집단과 사회에 대한 한과 분노를 가진다. 그러나 어느 것이나 현실생활에서의 복수를 전제로 한 직접적인 것이라기보다는 죽음이란 새로운 차원을 통해서 걸러진 간접적인 것이다.[31]

오늘날 무속문화는 한국 대중문화 속에 이전보다 더 깊숙이 침투해

---

31 배영기, 『죽음에 대한 문화적 이해』, 한국학술정보, 2006, pp.251~252.

들어와 있다. 웹툰[32]·영화 등의 콘텐츠에서 상업적 성공을 거두고 있다. 그 대표작이라 할 영화 〈신과 함께(1·2)〉(2017·2018)는 무속신앙과 불교가 합작해 낸 사후세계, 저승을 주제로 한국인의 죽음관을 보여준다. 영화에서 49일간 거치게 되는 일곱 지옥의 명칭과 죄목(살인·나태·거짓·불의·배신·폭력·천륜)은 무속신앙에 유입된 불교의 지옥 개념을 반영하고 있다. 한국 대중문화의 전반적 추세가 점차 무속신앙에 친화적인 방향으로 흘러가고 있다는 점은 분명하다.[33]

　무속신앙에서 죽음은 끝이 아니라 새로운 세계로의 출발이며 영혼은 불멸이다. 인간이라면 누구나 죽을 수밖에 없다는 전제 속에 무속신앙은 죽음의 세계를 맑고 깨끗한 것으로 인식한다. 상대적으로 삶의 세계인 이승을 부정한 곳으로 보았다는 의미를 함축하고 있다. 이를 통해 인간의 존재는 영원한 것이며 죽음을 통해 존재의 근원으로 돌아간다는 사고가 바탕이 된다는 것을 알 수 있다. 무속신앙은 무속 자체가 인위적으로 체계화되지 못했기 때문에 자연의 운행법칙에 따라 죽은 후에 영혼은 당연히 내세로 간다고 설명된다. 이는 영혼이 '저승'인 내세로 가지만 선악의 공과를 징계 받지 않고 단지 살아 있는 동안 악한 일을 하면 죽어서 그 응보를 받는다고 막연히 생각하고 있다. 내세로 가는 영혼이 죽음의 세계인 저승을 통해 환생하는 경우

---

32 게임 원작인 웹툰 〈신과 함께〉는 저승편(2010)·이승편(2011)·신화편(2012)의 총 3부로 구성되어 있다. 자세한 내용은 다음을 참조. 최수영, 「한국과 일본의 저승신화 게임 콘텐츠 비교 연구」, 원광대 박사논문, 2018, pp.174~183.

33 박장미, "한·일 국제학술회의 발제: 한국인의 생사관Ⅱ", 〈동양일보〉, 2018. 8. 5(http://www.dynews.co.kr).

짐승의 몸으로 다시 인간 세상에 태어나는 것은 나쁜 의미를 부여하는 반면, 새나 나비로의 환생은 좋은 의미를 가지고 있다. 말하자면 공간분할 상 위쪽을 성스러운 것으로 아래쪽을 속된 것으로 여겨 공중을 나는 새나 나비는 신성시되어 열망하는 대상이 되었고, 구렁이나 지네 등은 땅 위로 기거나 땅속에 있기에, 그리고 우마牛馬와 같은 짐승은 노역으로 힘든 일생을 보내는 것이기 때문이다. 이러한 인식은 인간으로서 이승에 사는 것은 단 일회적인 것으로 자연의 순리에 따라 악행을 저지르지 말고 인간 삶을 보다 긍정적 적극적으로 살아갈 수 있게 하는 정신적 기반이 되었다는 것을 알 수 있다.

이처럼 무속신앙의 죽음관은 첫째, 죽음은 생명에 대립되는 것이 아닌 또 다른 삶으로 나아가는 지점이며, 다른 세계를 위해 맺힌 것을 풀어야 할 이유가 있다는 것이다. 둘째, 무속신앙은 죽음을 인간의 영혼이 보이는 존재에서 떠나 무공간적인 보이지 않는 존재 무시간적 영원 존재로 회귀하는 것으로 보았다. 셋째, 인간은 죽은 후에 자신의 행적에 따라 지옥 또는 극락에서 영원히 산다고 생각했고, 혹은 죽은 후에 종種을 달리하여 다시 태어날 수도 있다고 생각한다. 넷째, 무속신앙 자체는 현세에 대해서 집착이라고 할 만큼 관심을 가지고 있으며, 현세에 가치를 두고 있어 일회적인 인간의 삶을 보다 긍정적이며 적극적으로 살아갈 수 있도록 하는 기반으로 작용하고 있다.

2. 유교와 도교의 죽음관

1) 유교의 죽음관

(1) 유교 문화의 성립과 상장례문화

세계 곳곳에서 수만 년 이전 것으로 추정되는 유적지에서 인골人骨이 묻힌 것으로 추정되는 고분 등이 많이 보이는 것으로 보아, 오래전부터 죽은 사람에 대하여 매장이나 화장 등을 행하였을 것이라는 사실을 짐작할 수 있다. 그러므로 아주 오래된 옛날부터 사자死者에 관한 의례가 있었을 것이다.[34] 또한 유교가 한국에 전래하면서 중국과의 직접적인 교류를 통해 우리 민족의 장례문화에 많은 영향을 주었다.

유교 문화는 의례 문화라 특정 지을 수 있다. 이익(李瀷, 1713~1750)은 "근세에 예학이 밝지 않아 사람들이 잘못을 반복하는 일이 많았는데"[35]라고 하여 예학이 유교에서 차지하는 비중을 잘 보여주고 있다. 공자의 사상도 그 근본정신은 도道 혹은 인仁이라 파악되기도 하지만, 예禮가 공자 사상의 중심축을 이루고 있다는 점은 누구도 부인하지

---

[34] 우리나라의 장례의식에 관한 자료로는 청원 두루봉동굴의 '흥수아이'에서 찾아볼 수 있다. 葬法을 살펴보면, 넓고 편평한 석회암 낙반석을 맨 아래에 깔고, 그 위에 고운 흙을 뿌린 다음 흥수아이의 주검을 바로 펴 묻고, 국화꽃을 뿌린 것으로 꽃가루 검사에 의해서 확인되었다. 그리고 다시 그 위에 같은 방법으로 고운 흙가루를 뿌리고 다시 넓적한 판들을 덮어 놓았음이 발굴결과로 밝혀졌다. 이 사실은 죽음과 주검에 대한 경외심을 살펴볼 자료로 생각되어 주목된다. 이융조·우종윤·하문식, 「청원 두루봉 興洙窟의 구석기문화」, 『東北亞 舊石器文化』, 충북대 선사문화연구소·중국 요령성문물고고연구소, 1996, pp.39~62.

[35] 『星湖全集』 66卷, 「行狀·坡隱朴先生行狀」, "近世禮學不明 人多襲謬."

않는다. 그러나 예에 대한 많은 저술이 선진시대에 이루어졌지만, 육경六經 가운데 예경禮經의 형태가 경전으로서 정립된 것은 한대 초기에 경전을 재편집하는 작업을 통해 『주례周禮』, 『의례儀禮』, 『예기禮記』의 삼례三禮가 성립되면서부터이다. 삼례 가운데 『예기』가 오경의 하나로 채택되고, 『예기』도 대덕戴德의 『대대례기大戴禮記』가 아니라 대성戴聖의 『소대례기小戴禮記』가 오경의 하나인 『예기』로 채택되었던 것이 모두 한초漢初의 일이다.

예는 다시 송대宋代에 이르러 성리학의 철학체계가 완성되면서 이에 수반되는 의례적 실천양식이 중시되고, 그 결과로 표출된 것이 이른바 주자의 저술로 전해 오는 『주자가례朱子家禮』이다. 송대 이후 『주자가례』가 『예기』보다 더욱 광범위하게 통용되면서 새로운 의례 문화 차원이 전개된 것이다. 우리의 유교 전통은 경전과 중국 제도를 배경으로 한 국가의례가 수행되었지만, 그보다 대중 속으로 가장 폭넓게 전파되었던 것은 바로 『주자가례』였다. 기존의 『의례』나 당대唐代의 『대당개원례大唐開元禮』가 귀족계층에만 적용되어 서민문화라고 하는 송대의 사회에는 적용하기에 부족하였다. 이러한 문제점에 대응하여 송대에 많은 예서들이 저술하게 되었고, 그중 사회적으로 가장 많은 영향을 미친 것은 북송北宋 사마광(司馬光, 1019~1086)의 『서의書儀』와 남송南宋 초기 주희(朱熹, 1130~1200)의 『주자가례』인 것이다.

이러한 예교禮敎 문화의 전통은 매우 엄격하게 권위적이고 형식적 성격을 띠면서 강력한 영향력을 미쳤지만, 특히 근대적 사회체제 이후 격변의 상황에 적절히 대응하지 못하면서 유교 의례의 권위와 규범적 기능은 급격히 쇠퇴하고 말았다. 오늘날 우리의 현실은 전통적 유교의례의 쇠퇴로 인한 의례적 혼돈에 빠지게 되었고, 의례의 사회적 기능이 상실됨에 따른 문제점이 전반적으로 노출되면서 새로운 의례질 서가 절실하게 요구되는 시점에 놓여 있다. 여기에 우리가 예禮의 문제를 특히 종교적 관심으로 새롭게 되돌아보고 앞으로 변화의 방향 을 탐색할 필요가 있다.[36]

유교의 경전인 『주역周易』이나 『맹자孟子』 등에서는 돌아가신 이를 매장하지 않고 들에다 그냥 유기했는데, 들짐승들이 시신을 뜯어 먹는 것을 보고서 돌아가신 이를 매장하기 시작했다는 기술이 있다.[37]

『중용中庸』에서는 "죽은 사람을 섬기기를 살아 있는 사람과 같이 하며, 없는 사람 섬기기를 살아 있는 사람 섬기는 것과 같이 해야 한다."[38]라고 했으며, 원래 상喪은 죽었다는 의미인데 이것을 사死라 사용하지 않고 상喪이라 하는 것은 효의 지극함인데 효자의 마음으로 차마 사死라고 사용할 수 없기 때문이다.

소인小人의 죽음은 육신이 죽는 것이라서 '사死'라 했고, 군자君子의 죽음은 사람의 노릇이 끝나는 것이라서 '종終'이라 했는데, 사와 종의 중간인 없어진다는 뜻인 '상喪'을 사용하여, '상례喪禮'라고 하였다. 즉 상례란 사람의 죽음을 맞아서 땅에 묻거나 태우고, 사당 모시는 등의 주검을 갈무리하는 행위를 거치면서, 가까운 사람들이 슬픔으로

---

36 금장태, 『유학사상의 이해』, 한국학술정보, 2007, pp.235~236.

37 『周易』 「繫辭下傳」 第2章, "古之葬者 厚衣之以薪 葬之中野 不封不樹 喪期无數 後世聖人易之以棺槨 蓋取諸大過.";『孟子』 「藤文公章句上」 5, "蓋上世嘗有不葬 其親者 其親死 則擧而委之於壑 他日過之 狐狸食之 蠅蚋姑嘬之."

38 『中庸』 19章, "事死如事生事亡如事存 孝之至也."

근신하는 동안의 모든 의식절차를 정한 예절이다.

'장례'라는 것은 '장송의례葬送儀禮'의 약칭이며, 사자를 장사지내고 애도하기 위해 이어지는 하나의 의례를 말한다. 임종 후 시신을 매장 또는 화장하는 과정까지를 장례하고 한다면, 초종初終에서부터 장례를 치른 후 소상小祥, 대상大祥, 담제禪祭, 길제吉祭 이후까지의 과정을 상례라고 할 수 있다.

모든 상기喪期가 끝날 때까지 죽음을 애도하고 근신하면서 복服을 입는 것과, 3년이라는 기간이 지난 후 일상생활로 돌아갈 때까지의 모든 의례 절차가 상례이다. 삼년상을 치르는 것은 성인 공자로부터 비롯된다. 공자에 따르면 자식이 태어나 3년이 된 이후에야 비로소 부모의 품을 떠나 최소한의 사람 구실을 할 수 있다고 한다. 그렇기 때문에 부모님이 돌아가시면 3년에 걸쳐 이 은혜를 갚아야 한다는 것이다. 이런 의미에서 전통사회에서의 삼년상은 천하의 모든 사람이 지켜야 하는 일반 규칙이었다.[39]

한국의 유교는 고려시대에 와서 지식인 사회에 일반화되었고 조선시대 500년 동안 국가 통치이념으로 독점적 지위를 누려 왔었다. 또한 한국의 유교는 지배계층에는 통치이념과 수행철학으로 일반 백성들에게는 삶의 질서를 규제하는 생활규범으로 널리 보급되어 온 결과 사회 각층에 폭넓게 영향을 미쳐 온 문화였다. 그리고 20세기 이후 근대화 시기에는 유교 문화적 독점력은 상실했지만 생활윤리로서 유교 문화가 계속 유지되어 왔으며, 경제발전과 성장기를 지나 현재까

---

39 『論語』「陽貨」, "子生三年 然後免於父母之懷 夫三年之喪 天下之通喪也."

지 교육철학과 가족공동체의 질서규범 속에서 유교 문화는 여전히 존재하고 있다.

현세와 현실에 치중하는 유교의 의식은 자연히 신神 본위라든가 자연에 은둔·동화하는 생활에 철저하기보다 인간 중심의 인본人本·인문적人文的 생활에 철저하게 되었다. 그러한 의식은 나아가 유교에 '실제성을 강하게 추구'하는 경향을 띠게 작용하였다. 공맹 사상을 비롯한 원초적 유학이 인의仁義를 바탕으로 충忠과 효孝에 의하여 수신제가치국평천하修身齊家治國平天下를 상론한 것 자체가 실제성 추구의 소산이다. 유교의 전통적 사상이 한국에서는 삼국시대 이래 조선시대 말에 이르기까지 그대로 적용되었다. 어느 시대에는 중국에서보다도 그 특성이 더 적극적으로 추구되었음을 볼 수 있다.[40]

또한 주희의 주자학은 배움과 수양을 통한 도덕실천의 전제조건으로 민생의 안정과 백성의 경제적 안정을 주었으며, 정치문화의 차원에까지 이렇게 장기간 영향력이 컸던 사상은 흔치 않았다. 유교의 영향력은 우리나라의 개인과 사회에 여전히 강하게 작용하고 있다. 서구화된 문명사회에 살면서 전통문화의 영향력이 희미해졌다고 하나 한국 사람과 사회는 여전히 무의식적으로 유교의 영향을 상당히 받고 있다. 그리고 유교의 사상 중에서도 효 사상에서 상장례문화의 영향이 짙게 배어 있다.

한국의 전통 효 사상은 중국 유교의 영향으로 『효경孝經』이 들어오기 이전부터 이미 『삼국유사三國遺事』에서 효에 관한 여러 항목들을 통해

---

40 윤사순, 『유학의 현대적 가용성 탐구』, 나남, 2006, pp.203~204.

자세히 언급할 정도로 우리 전통문화의 근간을 이루면서 생활윤리로서 실천되어 왔다. 유교의 효 사상은 어버이를 잘 섬긴 마음이라야 유교의 중심인 공자의 인仁 사상을 이룰 수 있다고 한다. 『논어論語』에서는 인仁의 존재근거가 효라고[41] 말하고 있다. 즉 사람이 인仁이 되게 하는 존재의 근거는 효이고, "부자지도는 효에 있고, 효는 천성"[42]이라고 하였다. 그래서 효와 인은 불가분의 관계이므로 인 없이 효를 생각할 수 없고 효가 없는 인은 존재할 수 없다. 또한 유교에서는 효를 만 가지 덕의 근원이요, 백 가지 행실의 원천으로 보고 있다. 모든 행동의 근본이 효에서 비롯된다는 것이다.

효의 개념을 구체화시켜 덕목으로 삼는 실천 중에는 삼강오륜三綱五倫에서 부자유친父子有親과 더불어 제사의식祭祀儀式이 있다. 시대가 바뀌어도 부모 자식 관계에서 친함보다 소중한 것은 없다. 그럼에도 부자유친의 항목을 두어 강조하는 것은 위계질서에 밀려 경직된 상하적 관계의 적용을 경계하고 친함의 관계가 중요함을 강조한 것이다.[43]

효에 대한 내용을 『예기』와 『효경』에서 찾아보면, 『예기』에서는 사람으로 태어나서 부모를 섬겨야 할 도리로 3도道 3효孝를 말하고 있다. 세 가지 도는 "부모가 살아계실 때 정성을 다하여 봉양하며, 부모가 돌아가시면 상례를 의례 절차에 따라 장례를 치를 것이며,

---

41 『論語』「學而」, "孝弟也者 其爲仁之本與."; 윤성범, 『효』, 서울문화사, 1974, p.76.

42 『孝經』「聖治」, "子曰 父子之道 天性也."

43 조준하, 「효 사상과 문화의 현대적 가치」, 『한국의 청소년 문화』 11, 2008, p.28.

부모님의 제사를 정성껏 모시는 일"[44]이다. 또한 세 가지 효는 "어버이를 공경하고, 어버이를 욕되게 하지 않고, 어버이를 모실 때 몸과 마음을 다하여 정성스럽게 편안하게 해드리는 일"[45]이다.

공자의 가르침을 받은 증자曾子는 다섯 가지 불효를 제시하였다. "첫째는 거처가 장엄하지 못하는 것, 둘째는 임금을 섬기는 데 충성하지 않는 것, 셋째는 어른들을 공경하지 않는 것, 넷째는 벗으로부터 신의를 잃어버리는 것, 다섯째는 전쟁터에서 용맹스럽게 싸우지 않는 행위를 하는 것이다."[46]

성선설을 주장한 맹자도 다섯 가지 불효를 말하는데, "그 첫째가 부모님 봉양을 소홀히 하는 것, 둘째는 도박과 술을 좋아해서 부모님 봉양을 소홀히 하는 것, 셋째는 돈에 눈이 멀고 처자식만 위하고 부모님 봉양을 소홀히 하는 것, 넷째는 눈과 귀에만 만족하여 부모님을 욕되게 하는 것, 다섯째는 싸움을 좋아하고 성질이 나빠서 부모님을 근심 걱정하게 하는 것"[47]이라고 하였다. 따라서 유교의 효 사상은 천리天理로 내다보고 있으며 어버이를 섬기고 공경하는 것은 사람이 제일 먼저 해야 할 의무라고 강조하고 있다.

또한 전통적인 효에 있어서 형식적인 면에서 부모님 살아생전의

---

44 『禮記』「祭統第二十五」, "生則養沒則喪喪畢則祭."

45 『禮記』「祭義第二十四」, "尊親其次弗辱其下能養."

46 『禮記』「祭義第二十四」, "居處不莊非孝也事君不忠非孝也 涖官不敬非孝也 朋友 不信非孝也 戰陳無勇非孝也."

47 『孟子』「離婁下」30, "世俗所謂不孝者五 惰其四肢不顧父母之養一不孝也 博奕好 飲酒不顧父母之養二不孝也 好貨財私妻子不顧父母之養三不孝也 從耳目之欲 以爲父母戮四不孝也 好勇鬪狠以危父母五不孝也."

효도도 중요하지만 죽어서의 효가 더욱더 중시되었다는 점이다. 상중의 예법이 자리 잡힌 것은 조선시대의 일이며, 친상親喪에는 부모님의 무덤에 초려草廬를 짓고 3년간 시묘살이가 돌아가신 부모님에 대한 마지막 효도라고 생각하였다. 효는 부모와 자식 간의 연결고리이며, 가장 큰 신세를 진 상대인 부모에게 은혜를 갚지 않는 불효의 행위자가 사회적 인간관계에서 다른 행위를 하면서 정상적인 신뢰적 관계를 영위한다는 것은 어려운 일이었다. "효는 이와 같은 덕목으로 세계가 주목하는 한민족의 전통적 가족문화의 근간을 만들어 왔으며 우리 사회를 순화하는 덕목으로 활약해 왔다."[48] 따라서 현대는 과거를 바탕으로 효의 그 본질은 유지하되 그 방법 면에서는 현대에 맞는 적합한 새로운 방식이 필요하다.

　최근 중국에서도 국가 주도로 다시 공자가 부활하고 있다. 사회문제의 발생으로 인한 해결책으로 조화를 선택했고, 그 조화를 유교 사상에서 찾는다는 것이다. 특히 유교 사상은 부모님께서 몸소 가르치면 공손히 듣고, 부모님이 꾸짖으면 순순히 받들라는 효 사상에 집중하고 있다. 이는 유교 사상과 철학을 현대적이고 창의적으로 해석하여 중국 국가정책의 핵심 사상으로 만들어서 국가가 직면한 여러 가지 어려운 문제를 해결하기 위해 유교의 사상과 전통문화에서 그 해법을 찾고자 하는 의도이다.

---

48 이범수, 「현대 한국 사회의 생사문화와 죽음교육」, 『현대 한국 사회에서의 웰다잉과 죽음교육』 제2회 학술세미나, 2015, p.73.

(2) 성리학적 죽음관

유교의 죽음관은 성리학적 죽음관이라 해도 과언이 아니다. 이는 생사관의 관점에서 접근해야 한다. 유교에서는 죽음에 대해 논리적으로 접근하기를 꺼려하기 때문에 생과 사의 문제로 접근하는 게 적정하다고 판단되기 때문이다.

성리학적 설명과 지식체계의 구축은 불교가 가진 내세관에 익숙한 백성들을 교화하고 성리학이 생과 사의 문제까지 포괄할 종합적 지식체계라는 점을 공표함으로써 사상적으로 자신감과 우월감을 확립하는 데 중요한 역할을 할 수 있다.

성리학이 생명과 우주의 시원을 설명하는 가치체계라는 점은 정도전(鄭道傳, 1342~1398)의 다음과 같은 말을 통해서도 확인된다.

"천지가 만물을 대하는 것은 그 생육에 있어 한결같을 뿐이다. 대저 일원의 기氣가 끊임없이 주류하며 만물이 태어나는 것도 모두 이 기를 받아 생성되는 것이다."[49]

"부처의 말에 이르기를 '사람은 죽어도 정신은 멸하지 않으니, 따라서 다시 그 형체를 받는다.' 하였다. 이에 윤회의 설이 흥기한 것이다. 『주역』은 말한다. '음양의 묘합의 시원으로 거슬러 올라가서 그 종말까지 훑어본다면 죽고 사는 것의 이치는 쉽게 파악할 수가 있다.' (중략) 선유先儒는 이것을 해석하여 다음과 같이 말한

---

49 『三峰集』 卷3, 「朝鮮經國典 序」, "天地於萬物 一於生育而已 蓋其一元之氣 周流無間 耳萬物之生 皆受是氣以生."

다. 천지의 변화는 비록 생하고 또 생하여 끝이 없는 것이지만
모아진 것은 반드시 흩어지고 생명을 가진 것은 반드시 죽는다고
하는 원칙이 있다. (중략) 그러니까 생명의 탄생은 기화氣化의
스스로 그러함에서 얻어지는 것임을 알아야 하며, 애초로부터 정신
이 허공에 둥둥 떠 있는 것은 아니라는 것을 알아야 한다. 그렇게
되면 죽는다 하는 것도 기氣와 더불어 같이 흩어지는 것이며 그
형상이 어둡고 막막한 곳에 잔류하는 일은 다시 있을 수 없다는
것을 알게 될 것이다."[50]

정도전은 건국 초 누구보다도 강하게 불교의 비판과 배척에 앞장섰
다. 이것은 불교가 전대 왕조의 폐단을 가장 잘 보여주는 요소였다는
점에서 새 왕조에 필요한 일이었다. 그런데 불교의 폐단에 대체하는
새로운 지식의 구성에서 가장 중요한 지점은 생사의 문제에 대한
해답이었다. 위에서 말한 것처럼 '죽고 사는 이치는 쉽게 파악할 수
있는' 것으로, 성리학적 지식체계를 익힌 이들에게는 어렵지 않은
것이 된다. 즉 전대 왕조에서 죽고 사는 이치는 승려 집단과 같은
비세속적인 종교 공동체에 속해서만 알 수 있는 것이었으나, 이제는
누구나가 알 수 있는 지식의 대상이 된다. 따라서 타 종교에서 말하는
신비체험이나 초월자에 대한 숭배는 불필요한 것이 된다. 이렇게

『三峰集』卷5,「佛氏雜辯」, "佛之言曰 人死精神不滅 隨復受形 於是輪廻之說興焉
易曰 原始反終 故知死生之說 又曰 精氣爲物 游魂爲變 先儒解之曰 天地之化
雖生生不窮 然而有聚必有散 有生必有死 能原其始而知其聚之生 則必知其後之
必散而死 能知其生也 得於氣化之自然 初無精神寄寓於太虛之中 則知其死也與
氣而俱散 無復更有形象尙留於冥漠之內."

50

죽고 사는 이치를 쉽게 파악할 수 있는 것은 음양陰陽과 기氣라는, 이미 형성된 성리학적 지식체계를 받아들이면서 가능해진다. 즉 삶과 죽음을 이루는 근본적 법칙을 언어적으로 전이시키면서, 이로 인한 지식체계가 형성되는 것이다.

음양이란 모든 자연현상이나 이 세상 사물이 지니고 있는 상대적인 두 측면을 지시하는 것이라고 할 수 있다. 자연현상을 예로 들면, 밤이 있으면 낮이 있고 겨울이 있으면 여름이 있다는 식이다. 처음에 이렇게 단순히 사용되던 음양의 개념은 음양가 이후 점점 더 확대되어 우주를 이루는 두 원리 혹은 만물을 이루는 원동력으로 추상화된다. 한편 기의 개념 또한 다른 많은 고대 인식론의 개념처럼 중국의 갑골문자에서도 발견된다. 기 개념은 갑골문에서 아지랑이나 구름이 피어오르는 모습을 본뜬 상형문자로 언어화되었는데, 이 모양은 대자연이 숨 쉬는 것을 형상화한 것이다. 『춘추좌씨전春秋左氏傳』에서는 기를 음양보다 더 큰 개념으로 보고, 기의 여섯 형태 중 하나로 음양을 설명하고 있다.[51] 음양을 포괄하는 좀 더 큰 개념으로 기를 설정한 것이다. 이후 기를 생명의 근본 현상으로 본 이는 장자莊子인데, 장자는 기로써 생명현상을 설명하려 하였다. 그러나 기와 음양을 유기적인 결합체로 설명하기 시작한 것은 신유학의 등장 이후부터이다. 주돈이(周敦頤, 1017~1073)는 『태극도설太極圖說』을 통해 기와 음양오행을 묶어 우주만물의 운행법칙을 설명하기에 이른다. 이후 기, 음양의 관념은 유학에서 우주론이나 생명론, 인식론을 설명하는 데 있어

---

51 『春秋左氏傳』 「昭公 元年」, "六氣曰陰陽風雨晦明也."

없어서는 안 될 주요한 개념으로 자리 잡았다.[52]

이 세상의 근원을 이루는 어떤 근본적 요소가 있다는 사유는 동서양을 막론하고 어디에서나 볼 수 있다. 그런데 성리학에서는 이 근원적 요소가 인격적인 신神이 아닌 물질적 요소인 기와 음양이라고 함으로써, 세계상의 사물과 현상을 이해하는 대단히 새로운 사유체계를 만들어 나가게 된다. 이처럼 형이상학적인 정신의 요소가 아닌 물질의 요소로 제시되는 기와 음양은 인간의 자각과 상관없이, 마치 공기처럼 이 세상 어디에나 존재하는 보편적인 요소로 인식된다. 따라서 그것은 인간의 인식능력 밖에 존재하는 외부적인 것으로서, 그 자체가 독립적으로 살아 움직이는 요소이다. 따라서 기와 음양은 자연의 법칙으로 받아들일 수밖에 없는 절대적 개념이 된다. 이러한 기의 양 측면으로써 음과 양은 정태적인 것이 아닌 동태적인 것으로, 끊임없이 변화하고

---

52 음양론은 『주역』「계사전」의 해석을 통해 그 의미가 배가되었다. 여기에서 음과 양은 시각적이면서 역동적 결합작용을 하는 효와 괘로 나타나게 되는데, 이 기호들이 8괘, 64괘를 형성하면서 이를 통해 인간이 길흉화복을 미리 점칠 수 있다는 거대한 의미가 형성되었다. 『주역』이 유가의 경전으로 자리 잡으면서 효와 괘는 義理論的 관점으로 해석되기도 하지만, 여전히 생명활동을 설명할 수 있는 가장 유력한 기호체계로서 받아들여져 왔다. 음양론이나 氣의 관념과 그 변천사에 대한 상세한 논의는 다음 자료를 참고할 것. 한국사상사연구회, 「둘과 다섯으로 해석한 동양의 세계」, 『조선유학의 개념들』, 예문서원, 2002; 김교빈 외, 「氣 과학의 형성−음양오행론과 한의학」, 『기학의 모험』, 들녘, 2004; 풍우란, 정인재 역, 『중국철학사』, 형설출판사, 1989; 성백효 역주, 『書經集傳』下, 전통문화연구회, 1998; 좌구명, 신동준 옮김, 『춘추좌전 1』, 한길사, 2006; 안동림 역주, 『장자』, 현암사, 1993; Joseph Needham, "History of Scientific Thought", *Science And Civilisation In China Vol. Ⅱ*, Cambridge at The University Press, 1962.

움직이는 운동성을 전제로 한다.[53]

따라서 기는 세상의 운용과 변화를 이루어내는 가장 근본적인 물질이라는 개념 정의가 가능하다. 이러한 기의 기본 성질을 생사관을 설명하는 의미로 재해석하고 그것을 체계화시킴으로써 조선 전기 성리학은 내세나 윤회 혹은 오래전부터 형성되어온 인격적 개념의 귀신신앙 그 어느 것과도 구별되는 독자적 성격의 생사관을 수립하게 된다. 이와 같은 사실은 이미 유교적 사상체계에 대한 이해가 일정한 정도의 수준에는 이르러 있었음을 뜻한다. 유교는 초기의 윤리학적 지침의 차원에서 벗어나 송나라 대에 이르면 우주론과 인성론을 포함하는 새로운 흐름으로 재정비되어 소위 '신유학' 혹은 성리학이라고 하는 거대한 사상체계를 형성하게 된다. 주돈이의 『태극도설』이나 주자의 『주자어류』 중 「귀신」장은 음양오행설을 받아들이고 『주역』 등 경전에 대한 적극적 해석을 통해 만물의 생성법칙을 찾아내고 수립하려 애썼다. 조선 초의 유학자들이 생사관을 펼친 것도 이러한 성리학적 바탕이 있었기 때문이며, 따라서 조선 초의 생명지식체계 수립은 성리학의 위와 같은 성과를 받아들인 결과라고 할 수 있다.

이처럼 생사의 근원적 요소를 물질적인 것으로 보고 이를 언어 기호화한 것과 더불어 성리학의 생사관이 보여주는 또 하나의 주요한 특징은, 기나 음양과 같은 근원적 요소들이 다른 영역에서도 또한 근원적 요소로 작용한다는 일이관지적一以貫之的 세계관, 즉 강한 상관적相關的 사유를 펼치고 있다는 점이다.

---

53 이용주, 『주희의 문화 이데올로기』, 이학사, 2003, p.226.

"우러러 봄에 위로는 천문을 관찰하고 굽어봄에는 지리를 살핀다. 그러므로 유명幽明의 원인을 알며, 시작을 근원하여 종終에 돌이켜 연구한다. 그러므로 사생死生의 말을 알며 정精과 기氣가 물건이 되고 혼魂이 돌아다녀 변變이 된다. 이 때문에 귀신의 정상情狀을 아는 것이다."[54]

주자는 위의 말에 단 주석을 통해, 생사生死·유명幽明이 모두 음양의 변화이며 천지의 도라고 하였다. 이렇게 생과 사를 주관하는 법칙은 둘이 아닌 하나로 귀결된다. 천문과 지리를 살펴보면 유명의 원인을 안다는 것은 자연의 법칙과 인간의 법칙이 동일한 원리 위에서 이루어 짐을 말한다.

이렇게 동일성에 기초한 보편적 사유체계를 더 잘 설명하기 위해서 필요한 개념이 천天과 리理이다. 정도전과 더불어 조선 전기 성리학의 기틀을 세우는 데 큰 역할을 한 권근(權近, 1352~1409)은 『입학도설入學圖說』의 「천인심성분석지도天人心性分釋之圖」에서 천天을 만 가지 조화의 원천(萬化之源)이며 만 가지 서로 다름의 근본(萬殊之本)이라 설명하고 있다. 권근이 보는 하늘은 일체 존재의 유무와 생성 변화의 근원이며, 또 모든 존재가 각기 다른 것의 근본이었던 것이다.[55] 이는 곧 태극太極과 같은 것으로, 리理 그 자체라고 말한다. 이 또한 세상을

---

54 『周易傳義』「繫辭傳」上, "仰以觀於天文 俯以察於地理 是故知幽明之故 原始反終 故知死生之說 精氣爲物 游魂爲變 是故知鬼神之情狀."

55 허광호, 「권근의 천인심성합일 사상 연구:『입학도설』을 중심으로」, 성균관대 박사논문, 2017, p.76.

이루는 근본적인 요소로서 자연계의 천天이라는 물질적 요소를 상정하고 이에 의미를 부가하여 개념화시키고 있다. 만물과 인간은 모두 천명에 따른 리理를 품부하여 받는데, 인간은 이러한 천리天理의 법칙을 벗어날 수 없다. 따라서 그러한 천리를 정확히 알고 그에 따라 생활하려 하는 것이 삶의 중요한 부분이 될 수밖에 없다. 인간이 천리의 리를 품부하여 받을 때, 그 리는 인仁의 모습으로 나타나게 된다. 따라서 인간은 만물 중 귀한 존재로서 천과 합일이 가능하고, 이러한 합일은 인간 자신의 끊임없는 수양으로 달성된다. 즉 인간은 천과 동일자가 될 가능성이 있으며, 성리학은 이러한 인간의 현세적 가능 조건에 주목하게 된다.

"그것이 만 가지 이치의 근원이 됨을 알지 못하고 간혹 아득한 사방을 두루 다니면서 기가 조화되는 현상에 얽매이나, 그것이 한 가지 근본의 묘妙함을 지니고 있음을 알지 못한다. 또 내가 말하는 성性은 그 근원이 모두 하늘에서 나오고 그 이치가 모두 자신에게 갖추어져 있다는 것을 알고 못하고서, 간혹 불가에서 말하는 공空과 양씨楊氏의 혼미함에 빠진다."[56]

"천존지비天尊地卑하니 상하가 이로써 자리 잡히게 되고 사람이 그 가운데 끼어들어 아울러 삼재三才가 형성되었으니, 인심의 체體

---

56 『入學圖說』, "不知其爲萬理之原 或拘於滄茫遍履以行氣化 而不知其有一本之妙 且又不知吾之所以爲性者 其原皆出於天 其理皆備於我 而或溺於佛氏之空楊氏 之混矣."

는 곧 천리天理의 본연이요 인심의 용用은 곧 천리의 당연이다.
이것은 성인이나 어리석은 사람이라고 해서 더하거나 덜 수가
없는 것이다."[57]

이처럼 만물을 이루는 근원적 요소에 대한 추구와 인간, 우주,
자연을 관통하는 상관적 사유의 전개는 그 법칙을 알고자 하는 지적
욕망을 자극하고, 그렇게 해서 획득된 지식은 학문과 수양, 정치 등
모든 영역을 총괄하는 정일한 지식체계를 형성하게 된다. 이처럼
성리학적 방법론이 모든 자연현상과 인간사에 적용될 수 있다는 믿음
이 생기면서, 조선 전기 성리학은 단순한 경세적 사상체계만이 아닌,
인간사의 가장 깊은 문제에까지도 해답을 제시할 수 있는 시대의
지도적 이념체계로 자리 잡아 나가게 된다.

2) 도교의 죽음관

(1) 불사의 신선 추구

태어남이 괴롭다는 것이 불교의 가르침이라면, 죽는 것은 더욱 어렵다
는 것이 도교의 가르침이다. 불교의 해탈은 삶의 진실을 깨달아 다시
태어나지 않을 것을 목표로 한다. 삶에 어둡게 되면 윤회를 하고,
죽음을 두려워하면서 다시 태어나기를 반복한다. 반면에 회귀는 죽음
의 본질이 하나의 근원으로 돌아가는 데 있다고 인식한다.

원기론元氣論을 배경으로 하는 도교의 죽음관에서는 죽음을 알게

---

57 『周易淺見錄』「易經上經」, "天尊地卑 上下以位 人入其中 並爲三才 人心之體
則天理之本然也 人心之用 天理之當然也 不以聖愚而有加損."

되면 제대로 죽는 것이 어렵고, 잘못 죽으면 원기怨氣가 되어 천지 사이를 떠돌아다닌다고 생각한다. 기氣 상태의 존재로서 결코 소멸되지 못하는 것이 불사不死의 기본 전제라면, 보편인과 특수한 개인에게 차별적으로 적용되는 불사의 개념과 그 차원은 죽음에 대한 도교적 이해가 된다. 그러한 점에서 불사의 신선을 추구하는 도교의 가르침은 도교의 죽음관을 우회적으로 알려준다.

도교에서는 죽음의 본질을 이해하려고 한다. 죽음은 생명의 상실에 그치지 않고 개체의 소멸이며 현상계에 존재하는 모든 사물에 두루 적용되는 우주와 대자연의 순환원리라는 것이다. 노장철학에서는 이러한 죽음의 본질을 직시하고 수용할 것을 요구한다. 다음은『장자』에 나오는 이야기이다.

"장자의 아내가 죽자 혜자가 조문하러 갔다. 장자는 그때 두 다리를 뻗고 앉아 항아리를 두드리며 노래를 부르고 있었다. 혜자가 말하였다. '처와 함께 살았고 자식을 기르다가 늙어서 죽었으니 곡을 하지 않는 것만으로 족하네. 그런데 항아리를 두드리며 노래를 부르는 것은 너무 심하지 아니한가?' 장자가 말하였다. '그렇지 않네. 죽고 나서 처음에 나라고 어찌 슬픔이 없었겠는가? 가만히 그 시초를 생각해 보니 본디 삶이 없었던 것이고, 삶만 없었을 뿐만 아니라 형체조차 없었네. 형체만이 아니라 기운조차 없었던 것이네. 아득하고 황홀한 가운데 섞여 있다가 변화하여 기운이 있게 되었고, 기운이 변화하여 형체가 있게 되었으며, 형체가 변화하여 삶이 있게 되었던 것이네. 지금은 또 변화하여 죽어간 것일세.

이는 봄·가을과 여름·겨울의 사철이 운행하는 것과 같은 것일세.
그 사람은 거대한 집에 편안히 잠들고 있는데 내가 큰소리로 따라서
곡을 한다면 스스로 천명에 통달하지 못한 짓이라 생각되었네.
그래서 그친 것일세.'"[58]

여기서 장자가 바라본 죽음은 마치 머나먼 여행을 하는 것과 같다.
떠나가는 것은 아득히 멀고, 아득히 먼 것은 돌아가는 것이다.[59] 도교에
서는 형신形神의 근원적인 개념을 설정하여 이를 기氣 또는 원기元氣라
고 한다. 물질적 요소인 형形과 정신적 의식의 형태를 신神이라고
할 때, 이러한 것들은 기의 두 현상에 지나지 않는다. 우주에는 물질과
의식의 근원인 원기가 선천적으로 존재하는데, 도교철학에서는 이러
한 원기가 현상으로 나타나면서 의식(빛, 陽)과 물질(그늘, 陰)을 낳는
다고 파악하였다. 그것이 바로 '도생일道生一, 일생이一生二, 이생삼二
生三, 삼생만물三生萬物'의 원리이다. 의식과 물질의 결합이 삶이며
해체가 죽음이다. 삶과 죽음은 인간뿐만 아니라 대자연에 모두 적용되
는 순환원리이며, 그것을 간략하게 표현한 것이 음양태극陰陽太極의
원리이다. 의식과 물질이 중첩되어 결합하면서 만물이 생성되고, 의식
과 물질이 차례로 해체되어 근원으로 회귀하면서 만물이 소멸된다.

---

[58] 『莊子』「至樂」, "莊子妻死 惠子弔之 莊子則方箕踞鼓盆而歌 惠子曰 與人居 長子
老身死 不哭亦足矣 又鼓盆而歌 不亦甚乎 莊子曰 不然 是其始死也 我獨何能無慨
然 察其始而本無生 非徒無生也 而本無形 非徒無形也 而本無氣 雜乎 芒芴之間
變而有氣 氣變而有形 形變而有生 今又變而之死 是相與爲春秋冬夏四時行也 人
且偃然寢於巨室 而我噭噭然隨而哭之 自以爲不通乎命 故止也."
[59] 『老子』 제25장, "逝曰遠 遠曰反."

『장자』「지북유知北遊」에서는 "사람이 태어나는 것은 기운이 모인 것이다. 모이면 산다고 하고 흩어지면 죽는다 한다."[60]라고 하였고, 『관윤자關尹子』「사부편四符篇」에서도 "생사는 한 기운이 모이고 흩어지는 것일 따름이다."[61]라고 하였다. 생사는 기의 취산聚散에 지나지 않는다는 것이다. 이는 무엇을 의미하는가. 몸을 가지고 태어났지만 그 몸은 내 것이 아니라 천지의 기운을 잠시 빌려온 것에 지나지 않고, 삶 또한 천지의 기운과 함께 맡겨진 것이라는 말이다. 현상적 존재에 소멸이 없다면 생성도 없을 것이다. 존재의 생성과 현현은 다른 존재의 소멸을 전제로 성립된다. 소멸되어 가는 다른 물질의 유입이 없이는 자라던 식물도 성장을 멈춘다. 광물질조차 현상계에 노출되면 물리적 또는 화학적 풍화작용으로 붕괴되어 간다. 유기체의 생명 현상은 광물질의 풍화 작용보다 더 복잡하다. 유기체로서 작동하는 기능이 정지하는 죽음이 있고, 유기체를 구성하는 각 요소들의 분해 작용이 또 다른 죽음이 된다. 생물은 여기에 개체의 지속성을 위해 생식 기능을 부여받는다. 개체는 소멸되지만, 개체의 정체성은 생식 기능으로 유전되고 무한히 증식하면서 분화해 나간다. 그러한 근원적인 동인을 '영혼'이라고 일컫는데, 곧 '의식'을 가리킨다. 의식은 물질을 통합시키는 작용을 하며 의식이 사라지면 물질이 해체된다.

갈홍(葛洪, 283~343)은 『포박자抱朴子』「지리편至理篇」에서 "있음은 없음에서 생기고, 형체는 정신이 있어야 설 수 있다. 있음은 없음의 궁전이고, 형체는 정신의 집이다. 이를 둑으로 비유하면 둑이 무너지면

---

60 『莊子』「知北遊」, "人之生 氣之聚也 聚則爲生 散則爲死."

61 『關尹子』「四符篇」, "生死者 一氣聚散耳."

물이 다 흘러가버릴 것이고 양초로 비유하면 초가 다 녹아버리면 불이 일어설 수 없을 것이다."[62]라고 역설하였다. 의식과 물질이 결합되어 있을 때 에너지가 흐르며, 이 에너지를 도교에서는 기라고 한다. 이러한 측면에서 기는 의식과 물질의 결속력이다.

의식과 물질의 결합은 개체로 분화되는 것을 이르며 그 둘의 해체는 전체로 통합되는 과정에 지나지 않는다. 따라서 도교에서는 개체의식으로 파악하는 해체 과정을 '서거逝去' 또는 '스러진다'고 하고, 근원적 전체의식으로 볼 때는 도교철학에는 이를 '귀근복명歸根復命'이라 한다. 곧 본래의 뿌리로 '돌아간다'는 것을 이른다. 이처럼 '돌아가는 것'이 도의 움직임이다.[63] 갓난아기의 상태로 돌아가고,[64] 시작도 끝도 없는 무극無極의 상태로 되돌아간다.[65] 무극의 자리를 인지하는 것을 불교에서는 '부모미생전父母未生前' 또는 '깨달음'이라 하고, 그 자리에서 왔다가 다시 돌아가는 것을 도교에서는 '죽음'이라 한다.

또한 도교에서는 죽음이 개체의 소멸이라는 것을 인정했지만, 그러한 개체가 어떻게 생성되고 해체되는가 하는 데 의문을 제기하고 이를 해명하고자 하였다. 도교의 신선 사상에서는 비록 일반인일지라도 기의 개념을 이해하고 이를 적용할 수 있다면 불사의 경지에 이를 수 있다고 주장한다.

---

62 『抱朴子·內篇』「至理卷第五」, "夫有因無而生焉 形須神而立焉 有者 無之宮也 形者 神之宅也 故譬之於堤 堤壞則水不留矣; 方之於燭 燭糜則火不居矣."

63 『老子』 제40장, "反者道之動."

64 『老子』 제28장, "復歸於嬰兒."

65 『老子』 제28장, "復歸於無極."

사람의 생명은 천명天命에 달린 것이 아니라, 인간의 의지 여하에 따라 불로장생이 가능하다는 것이다. 삶과 죽음은 기의 취산인데, 그 사이에 경계를 긋는 것이 몸이라면 그 경계를 뛰어넘는 것이 마음이다. 도교에서는 유한한 육체에는 죽음의 공포가 뒤따르지만 무한한 의식은 죽음을 초월한다고 파악하여 불사不死의 논리를 전개하였다. 불교에서는 물질적 형체와 정신적 의식을 이원화하여 의식의 영원성에 비중을 두고 육체의 소멸을 인정한 반면에, 도교에서는 정신적 의식뿐만 아니라 물질적 형체인 육체도 특수한 수련을 통해 의식의 수준으로 승화시키면 소멸되지 않을 수 있다고 주장하였다. 그것이 형신구묘形神俱妙, 성명쌍수性命雙修의 논리이다. 또한 불교가 '열반'이란 개념으로 완성된 죽음에 초점을 두고 있다면, 도교는 반로환동反老還童, 환골탈태換骨奪胎처럼 완전한 삶에 초점을 둔다. 그러나 도교에서 지향하는 완전한 삶은 생명의 연장이나 지연에 그치지 않고 근원으로 회귀回歸하는 것을 이른다는 점에 유의할 필요가 있다.

흔히 도교의 생사관을 '장생불사長生不死'라고 일컫지만, 생명을 연장하는 장생과 영원한 불사는 엄연히 다르다. 도교에서의 죽음은 삶의 완성이며 이를 득선得仙이라 한다. 삶은 죽음의 시작일 따름이다. 죽음의식은 생명의 순환 과정을 단선적으로 파악한 개체의식에 지나지 않고, 죽음의 공포는 예비하지 못한 새로운 삶의 여정에 대한 두려움이다. 대자연의 눈으로 보면 개체의 죽음은 근원으로 회귀하는 과정이며, 이를 통하여 새로운 생명의 탄생을 예고한다.

그렇기 때문에 도교에서는 새로운 여정을 위해 완전한 삶을 준비하고 그러한 과정을 선도仙道 수행이라고 한다. 따라서 도교에서는 생사의 소통 근거로서 원기元氣 개념을 설정하고, 삶과 죽음을 원기의 범주 안에서 이루어지는 취산聚散의 현상으로 이해한다. 즉 원기는 형체와 정신을 연결시키고 생명활동에 필요한 의식과 물질을 일치시키는 매개체로서, 생명 시스템 속에 극히 중요한 역할을 맡고 있는 생명의 근본으로 본 것이다. 이러한 사상은 대체로 다음과 같은 의미가 있다.

하나는 원기가 형체를 구성하는 물질적 기초이며, 형체는 원기가 모여 이루어진다는 것이다. 다른 하나는 원기는 형체를 구성하는 물질적 기초일 뿐만 아니라 생명활동을 유지하고 지배하는 정신적 원천이라는 점이다. 그래서 "몸이 도를 얻으면 정신 또한 도를 얻고, 몸이 신선이 되면 정신 또한 신선이 된다."[66]고 하였다. 형체의 단련이 의식의 단련과 무관하지 않다는 발상은 성명쌍수의 기초이다. 형체를 구성하는 기를 수련함으로써 신선이 될 수 있다고 한 것이다. 우주적 차원에서 볼 때 의식과 물질은 모두 영원한 존재이면서 동시에 상대적인 존재이기도 하다. 각 차원의 의식은 그에 상응하는 물질과 결합하면서 현상계나 실체계로 나아간다.

도교는 신神의 개념을 적용하여 죽음의 원인을 설명하고자 한다. 이 경우에는 죽음은 선천적 숙죄宿罪와 후천적 악행惡行의 결과로 주어지는 신벌神罰이라고 인식하고 있는데,[67] 신앙에 의지하는 기복적인 사유는 죽음의 문제를 타자에 맡김으로써 죽음의식이 이원적 종교

---

66 『雲笈七籤』 卷56, 「元氣論」, "身得道 神亦得道 身得仙 神亦得仙."

67 민간도교의 대표적인 경전인 『陰騭文』과 『功過格』은 모두 이러한 사상을 잘 반영하고 있다.

의식으로 보편화되었고, 그에 따라 타 종교의 내세관과 유사한 성격을 띠게 되어 노장철학에서 제시한 죽음의 본질과 어느 정도 거리가 있게 되었다.

그러나 이러한 도교 사상은 어떠한 형태로든지 죽음을 극복하고 불사의 경지로 나아가려고 하는 점에서 공통된 양상을 보여준다. 첫 번째의 경우처럼 대자연의 품으로 돌아가는 것이나, 두 번째의 경우처럼 수련을 통해 신선이 되거나, 세 번째의 경우처럼 적선積善하여 신들의 도움으로 지상계의 생명을 연장하고 선계仙界에 탄생하는 것 모두가 영원한 삶을 누리는 양상으로 이해된다. 특히 이러한 죽음의 초극超克은 그 기저에 '돌아간다'는 회귀를 공통으로 드러낸다. 여기서 말하는 회귀는 일상적 변화의 방향을 역행하는 것으로서 죽음과 관련한 도교의 주요한 개념이다.

(2) 도교의 생명철학

우주의 근원으로 돌아간다는 것은 현실적인 삶에서는 죽음을 의미하지만, 도교에서는 삶과 죽음이 없는 영원한 세계로 복귀한다는 뜻이고, 그것이 도교의 죽음관이다. 죽음을 '돌아간다'는 말로 표현하는 한국인의 죽음관은 이러한 도교의 죽음관과 어느 정도 상통하는 면이 있다.[68]

중국 고대인들에게 일찍부터 존재하고 있던 영혼관념은 사람이 죽은 후 육체와 분리되어도 영혼은 여전히 죽지 않는다고 믿는 데 있다. 이렇게 죽지 않는 영혼을 '귀신'이라 한 것이다. 그렇다 하더라도

---

[68] 안동준, 「한국 도교의 죽음의식」, 『열상고전연구』 54, 열상고전연구회, 2016, pp. 221~230.

이 세상에 다시 태어난다는 설은 존재하지 않았다. 이를 『포박자』에서는, "죽은 자는 다시 돌아올 기약이 없다."[69]고 하였고, 『태평경太平經』에서도 "사람은 천지간에 거하는데 사람들 모두 한 번 태어날 뿐, 다시 태어나지 않는다."[70]라고 하여 이러한 점을 확인해 주고 있다.

주지하듯이 종교로서의 도교는 연명장수延命長壽·도통신선道通神仙을 궁극적 목표로 한다. 『석명釋名』에서 "늙어서 죽지 않는 것을 선仙이라 한다. 선이란 옮긴다는 뜻이다. 옮긴다는 것은 산으로 들어가는 것이다."[71]라고 했는데, 장생불사를 선仙이라 하며, 산속에 들어가 생명을 영원히 보존하는 사람을 선인仙人이라 하고 있다. 이러한 선인은 신통한 변화 능력을 가지고 있기 때문에 신선이라 한다. 이처럼 도교는 생명을 중심으로 하는 하나의 생명철학을 중시하고 있음을 알 수 있다.

도교는 인간의 노력으로 죽음을 극복하고 불사를 얻을 수 있다고 생각한다. 그렇다면 어떠한 노력을 통해야 불사의 신선이 되는 것인가 하는 문제의식이 생긴다. 이의 해결 과정에서 도교의 각종 수련방법이 고안되어졌던 것이다. 이를 통틀어 '양생養生'이라 칭할 수 있다. 결국 양생의 방법이 발달했다는 것은 죽음에 대한 강한 부정에서부터 비롯되었음을 의미한다. 그 부정의 결과가 바로 신선을 이루고자 하는 도교의 궁극목적이 되고 있음을 알아야 할 것이다. 또한 도교적 사유에서는 현세존중의식이 비교적 강하게 나타난다. 이 현세의식으로 인해

---

69 『抱朴子·內篇』「至理」, "夫逝者 無反期."

70 『太平經』「不用大言無效訣」, "人居天地間 人人得壹生 不得重生也."

71 『釋名』, "老而不死曰仙 仙 遷也 遷 入山也."

중국인들은 내세, 즉 사후 문제나 귀신의 문제에 관한 정교한 이론을 구성하지 않았다.[72] 이는 불교나 그리스도교 등 서구종교와 비교할 때 이례적인 현상이다.

현세의식과 직결된 것으로서 간과할 수 없는 사상은 우주자연의 모든 현상을 음·양 2기二氣의 역동적 상호작용에 의해 설명하는 기철학적氣哲學的 견해이다. 이 경우 기는 인간과 자연을 성립시키는 생명적 원동력을 의미하며, 갑골문 시대부터 다양한 분야에서 거론되었다. 중국의 영원한 철학이라고 할 만한 이 기철학적 사고는 유가·묵가·도가 등 중국에서 태동된 주요 사상의 공통 기반을 형성한다. 특히 도교적 사유에서는 기를 중심으로 한 인간관·세계관·실천론이 더욱 중요한 의미를 지닌다.

고대 중국에서는 인간의 구성요소를 상이한 두 요소, 즉 혼魂과 백魄으로 구분했는데, 죽음이 닥치면 혼은 하늘로 올라가고 백은 땅으로 돌아간다고 생각하였다. 여기서 혼은 사고·감정 등의 정신적 작용을 주관하는 정신적 요소를, 백은 육체의 생리적 작용을 주관하는 물질적 요소를 뜻한다. 즉 혼과 백이 조화상태에서 육체에 생명력을 넣어 주고 육체를 유지시킬 때 인간이 살아 있는 것이고, 혼·백·육체의 3요소가 분리되면 죽는다는 것이다. 인간이 살아 있을 때 혼과 백은 다른 기능을 한다. 혼은 행동을 지시하는 힘에 해당하는 것으로 정신적인 경험과 지적인 활력이 있다. 이에 비해 백은 몸통과 사지를 움직이게

---

72 그나마 중국 사상에서 소박하나마 영혼불멸의 이론에 유사한 관점을 제시한 것은 墨家의 사상이었다. 묵가는 외면상 귀신과 의지적 天의 존재를 굳게 믿고 있었기 때문이다.

하는 것으로 육체의 각 부분에 힘과 운동을 불어넣는다.

죽음의 목적지는 신선의 세계로 이어지고 있다. 신선은 높이 초연하게 살며 늙지도 않고 옥玉의 샘에서 갈증을 풀며, 대추열매로 허기를 채운다고 한다. 그들은 천상의 아래에서 높이 떠다니고 지구의 구석구석을 배회하는데, 명산 위를 다니면서 영초靈草를 캔다. 때때로 한대 분묘의 벽화에도 신선의 세계가 그려져 있는 것을 볼 수 있다. 육체를 떠난 백은 황천黃泉이라는 또 다른 장소로 간다고 생각하기도 하였다. 이 경우 백은 이미 그곳에 와 있는 수없이 많은 다른 백들과 뒤섞이게 되는데, 백이 생전의 신원을 그대로 유지하도록 예전에 혼과 육체와 공존하던 시기, 즉 생전의 신분을 상징하는 물건들이 제공되었다. 그 상징물은 사자死者가 생전에 가졌던 관직이나 명예직을 분명히 밝혀주는 인장印章인 경우도 있고, 또는 지위나 재산에 상응하여 그가 생전에 거느렸던 종복從僕의 인형일 수도 있었다.[73]

또한 도교에서는 인간의 삶과 죽음을 크게 두 가지로 이해하고 있다. 첫째로 인간은 우주 대자연의 일부로서 자연적 생성과정의 소산이라는 것이며, 둘째로 인간 존재를 구성하는 마음과 몸의 두 가지 요소는 근본적으로 다른 두 요소가 아니라 둘 다 본질적으로 기의 양태에 불과하다는 것이다.[74]

도교에서 인간의 삶과 죽음을 해명하는 가장 전형적인 표현으로는 『장자』의 "사람의 삶은 기가 모인 것에 불과하다. 기가 모이면 삶이요, 흩어지면 죽음이다."[75]라는 내용이 주목된다.

---

73 마이클 로이, 이성규 역, 『古代中國人의 生死觀』, 지식산업사, 1987, pp.42~43.
74 배영기, 『죽음의 세계』, 교문사, 1993, pp.222~224 참조.

66

삶과 죽음은 기의 모임과 흩어짐일 뿐 따로 어떤 주재자에 의해 예정되는 것이 아니다. 따라서 생과 사는 천지 등 관통하는 일기—氣의 변화과정에 속한다는 의미에서 볼 때 일체이며 같은 모양이다. 바꾸어 말하면 삶과 죽음은 한시도 고정되지 않는 자연의 유동流動과 변화, 순환작용의 일부에 불과하다는 말이다.

『관자』·『장자』 등의 도가적 저서에서 넓은 의미의 기를 다시 세 가지 요소, 즉 정精, 좁은 의미의 기氣, 신神 등으로 분류하는 시도가 나타나는 것은 수隋·오대五代 등에 이르러 가능해지는데, 이 입장에 의하면 인간의 삶과 죽음을 좀 더 명료하게 이해할 수 있다. 이에 따르면 인간생명의 원동력은 정이며, 이 정이 고갈되면 인간에게 죽음이 온다고 한다. 이때 정은 기의 보다 정밀한 상태의 명칭이며, 좁은 의미의 기 및 신은 생명 활동의 구체적 양태를 뜻한다. 이러한 정·기·신 이론에 근거하여 삶을 이해하고 삶을 충실히 보존함으로써 죽음에 대비하려는 사고는 특히 도교에서 두드러진 위치를 차지한다.

삶과 죽음을 이처럼 자연적인 과정의 일부, 즉 기의 모임과 흩어짐으로 본다면 죽음의 공포는 어떻게 극복할 수 있는가. 죽음의 극복에 대한 노력은 초기 도가에서 제시된 정신적 초월의 방향과, 후의 수련도교의 장생불사를 향한 추구의 두 가지로 대별된다.

전자의 입장이 선명하게 부각되는 전형적인 인물은 장자이다. 『장자』의 「지락편至樂篇」에서는 먼저 생사가 자연적 변화과정의 범주에 따르는 현상임을 밝힌다.

---

75 『莊子』「知北遊」, "人之生 氣之聚也 聚則爲生 散則爲死."

"혼돈한 가운데 변화가 이루어져 기가 생기고, 기가 변하여 형체가
생겨나며 형체가 변하여 삶이 나타난다. 삶이 변하여 죽음이 오니
이는 천지의 춘하추동 사시변화와 서로 짝하는 것이다."[76]

그런데 삶과 죽음은 거시적으로 자연적 변화에 속한다고 볼 수
있다. 따라서 생과 사가 서로 같다는 식의 '생사제동生死齊同'의 입장을
취하고 있다.

"죽음의 세계에서는 위로 임금도 없고 아래로 신하도 없으며, 또한
네 계절의 변화도 없네. 조용히 천지와 수명을 같이할 뿐이네.
거기에는 임금의 즐거움도 그 즐거움을 넘어서지 못하네."[77]

이는 꿈속에서 이루어진 장자와 해골과의 대화를 통해 죽음을 예찬
하고 있다. 그러나 장자의 본뜻이 삶 자체를 싫어하고 있다고는 보기
어렵다. 그것보다는 삶에 대한 애착이 깊은 대부분의 사람들을 대상으
로 죽음을 역설적으로 미화한 것으로 생각된다. 즉 오히려 장자가
드러내려 했던 본래 의도는 삶과 죽음을 하나로 보는 관점에서 현재
주어진 삶을 유유자적하는 입장이라고 말할 수 있다.

장자의 사고는 '생사제동'의 입장에서 한 걸음 나아가 삶과 죽음이

---

76 『莊子』「至樂」, "雜乎芒芴之間 變而有氣 氣變而有形 形變而有生 今又變而之死
是相與爲春秋冬夏四時行也."

77 『莊子』「至樂」, "死 无君於上 无臣於下 亦无四時之事 從然以天地爲春秋 雖南面
王樂 不能過也."

68

본래 없다는 '생사본무生死本無'의 경지에까지 나아간다. 그리하여 생도 없고 형形도 없고 기도 없는 무의 영역이야말로 삶과 죽음의 참된 근원이라고 말한다.[78] 이러한 무의 근원에 사무치는 체험에 의해 삶과 죽음의 의미는 재구성된다.

앞서 말한 대로 도교에서는 신선을 이루는 것이 곧 생을 연장하는 것으로 보고 있기 때문에 생을 연장하는 방법에 대한 논의가 풍부하다. 그리고 모든 양생법의 기본은 '권선성선勸善成仙'에 있다. 즉 선善을 행하는 것이 곧 생명을 연장하는 것이라고 보고 있다. 그래서 『포박자』에서는 "장생하고자 하는 자는 반드시 선공善功을 쌓고 뭇 사물에 자애로운 마음을 두어야 한다."[79]고 말하고 있다. 또한 신선을 구하는 자는 마땅히 충효忠孝, 화순和順, 인신仁信을 근본으로 해야 한다."[80]거나, "인간이 땅의 신선이 되고자 하면 마땅히 삼백 가지 선을 세워야 하고, 하늘의 신선이 되고자 하면 마땅히 천이백 가지 선을 세워야 한다."[81], "선을 쌓는 것이 충분하지 않으면 선약仙藥을 복용하더라도 무익하다. 만약 선약을 복용하지 않았으나 좋은 일을 행했다면 비록 신선이 되지 못하더라도 갑자기 죽는 화는 면할 수 있다."[82]라는 식으로 설명한다.

---

78 『莊子』「至樂」, "是其始死也 我獨何能无慨然 察其始而本无生 非徒无生也 而本无形 非徒无形也 而本无氣."
79 『抱朴子·內篇』「微旨」, "欲求長生者 必欲積善立功 慈心於物."
80 『抱朴子·內篇』「對俗」, "欲求仙者 要當以忠孝和順仁信爲本."
81 『抱朴子·內篇』「對俗」, "人欲地仙 當立三百善 欲天仙 立千二百善."
82 『抱朴子·內篇』「對俗」, "積善事未滿 雖服仙藥 亦無益也 若不服仙藥 幷行好事 雖未便得仙 亦可無卒死之禍矣."

그렇다면 도교 수련자들이 고집스러울 정도로 죽음을 거부하고 불사에 집착하는 이유는 무엇인가? 그들의 생각은 두 가지 측면에서 그 의미를 분석할 수 있다.

첫째, 인간의 인격을 정신과 육체의 분리될 수 없는 전체로 보는 관점이 철저해진 탓이다. 이러한 사고가 철저해지면 통일된 인격의 존속기간인 인간의 일생은 일회적 중요성을 띤 것으로 부각된다. 불교에서는 끝없는 윤회를 괴로움으로 파악하고 그로부터 벗어나는 길을 모색한 반면, 서구종교에서는 행복한 영생을 얻고 불행한 영생을 피하는 데 중점을 둔다. 이들에게 영생은 이미 전제되어 있기 때문이다.

그런데 도교적 사유는 불사의 획득 그 자체를 문제로 삼는 것이다. 왜냐하면 죽음과 동시에 인간의 구성요소는 분해되므로 설사 존속하는 요소가 있다 하더라도 이미 인간은 아니라고 보기 때문이다. 이러한 생각은 정신과 육체가 결합된 인격의 전체를 소중하게 생각하고 이를 가능한 한 오래 보존하려는 뜻을 바탕으로 하고 있다. 후에 불교의 윤회 사상이 도교에 수용된 후에도 이러한 인간 삶 중시의 입장은 변하지 않는다. 신선 사상의 이론을 집대성한 『포박자』에서 생사일여 生死一如를 주장하는 장자를 비판하는 것도 이 때문이다.

둘째, 도교적 사유에서 개인의 구원문제가 더욱 심각하게 고려되었다는 점이다. 도교가 대두하여 개인의 구원문제를 전면에 내세우기 이전, 고대 중국 사회는 주로 집단의 문제에 관심의 초점을 두었다고 알려져 있다. 그리하여 하늘이나 사직社稷 등에 올리는 제사도 어떤 집단의 번영과 보존을 위한 것이었을 뿐 개인의 소박한 요구, 즉 행복과 건강과 장수를 바라는 인간의 욕구를 바탕으로 한 도교가 출현하여 장생불사를 구원의 목표로 제시하게 된 것이다.

　이상과 같이 각각의 종교들이 죽음을 또 다른 세계로 나아가는 과정으로 설명하고 있으나, 죽음을 또 다른 세계로 나아가는 당연한 단계로는 설명하지 않는다. 각 종교들은 그들이 제시하는 죽음 이후의 세계로 들어가는 것은 일차적으로 죽음을 맞이한 자가 현세의 삶을 어떻게 살았는가에 의해서 결정된다고 가르치고 있다. 다시 말하면 기독교는 기독교인으로서의 삶을, 불교는 불교인으로서의 삶을, 유교는 유교의 가르침에 의한 삶, 특히 결혼을 하여 제사 지내줄 후손을 남기는 삶, 무속은 원한을 남기지 않고 비정상적인 죽음을 당하지 않는 삶을 살았을 때에만 죽음 이후의 세계로 들어갈 수 있다. 그렇지 않을 경우 죽음은 고통스러운 세계로 들어가는 시작단계이며, 모든 것이 끝나는 단절이 될 수 있다.

　따라서 종교가 죽음을 설명하는 방식, 죽음을 극복하는 방법은 결국 삶을 어떻게 살 것인가의 문제로 귀결된다. 즉 삶은 죽음의 문제를 극복하기 위한 매우 중요한 과정으로 삶과 죽음은 동전의 양면처럼 유기적인 관계가 된다. 하지만 현실의 삶을 살아가는 모든 종교인들이 종교적인 가르침을 온전하게 수행하면서 살아갈 수 없고, 신실한 종교인으로 살아가는 것은 아니다. 종교인이라 하더라도 종교적인 가르침에 의한 삶을 실현하기에는 어려움이 많기 때문이다. 오히려 사람들이 종교적인 가르침을 제대로 수행하지 못하는 경우가 훨씬 많다. 이 점 때문에 종교는 사람들의 죽음의 문제를 해결하기 위해 이들을 죽음 이후의 세계로 보내기 위한 특별한 의례를 갖추고 있다. 달리 생각하면 이런 의례는 남은 자 혹은 산 자들의 요구에 의해 마련된 것일 수도 있다.

3. 불교의 죽음관

1) 불교 죽음관의 배경

(1) 붓다 출가의 동기와 죽음인식

불교에서 죽음은 인간의 숙명적 의미를 지닌다. 붓다는 생生은 사死로 귀착되고 죽음을 거스르는 길은 없음을 끊임없이 말해주고 있다.

붓다는 죽음의 필연성을 강조하며 죽음이 모든 인간에게 공통된 사실임을 알리고 있다. 죽음은 필연적이며 일체 중생에게 공통적이다. 남녀노소, 현명해도 어리석어도 죽음을 피할 수 없다. 그뿐만 아니라 어떠한 다른 존재도 자기 죽음을 대신하거나 막아줄 수는 없는 것이다.

붓다는 죽음은 개개인이 스스로 떠맡지 않으면 안 되는 것을 자각시키고자 하였다. 이처럼 불교는 죽음을 자각하는 것을 출발점으로 하고 있다. 한편 설일체유부의 대표적인 논서인 『구사론俱舍論』에서는 수명이 다함으로써 죽음이 있다고 설하면서 수명은 명命이며 체온과 식별작용을 보존 유지하는 것이라고 설명하고 있다.

  "이들 수명과 체온과 식별작용이 몸을 버릴 때 신체를 떠나서 지각이 없는 나무처럼 되어 버린다."[83]

---

83 『阿毘達磨俱舍論』(『大正藏』 29, p.26上), "壽煖及與識 三法捨身時 所捨身僵仆 如木無思覺."

불교에서는 인간이 죽음을 피할 수 없는 존재임을 통찰하고 그것을 어떻게 극복하는가라는 것을 근본적인 과제로서 추구하고 있는데, 이는 붓다의 출가 동기에서 선명하게 드러난다.

"어느 날 붓다는 유원遊園으로 가기 위해서 곱게 꾸민 수레를 신두산産 말에 매고 가던 중, 머리는 희고 이는 빠진 채 지팡이를 손에 쥐고 부들부들 떠는 노인을 만남으로써 살아 있는 모든 것이 늙는다면 태어나는 일 자체가 화禍라고 느꼈으며, 마찬가지로 질병과 죽음을 보고 인생의 덧없음을 알았고, 최후로 출가 수행자를 보고 자신도 집을 떠날 결심을 굳혔다."[84]

이 초기경전에서의 내용은 불전문학의 형식을 갖추고 있고, 사문유관四門遊觀이라는 사건 속에서 제시되고 있지만, 이러한 문학적 표현 이외에도 초기경전에는 붓다가 자신의 출가 동기를 밝히는 구절들이 전해지고 있는데, 『잡아함경』에서는 "이 세상에 만약 늙고 병들고 죽는 이 세 가지가 없었다면 (중략) 여래, 응應, 등정각等正覺은 세상에 출현하지 않았을 것이다."[85]라고 하였다.

사문유관의 문학적인 묘사나 붓다의 육성이 담긴 회고는 붓다의 절실한 출가 동기가 무엇이었던가를 잘 말해주고 있다. 붓다는 일찍부터 늙음과 병듦과 죽음의 것에 대하여 고뇌했고, 필연적인 인간의

---

84 中村元 著·金知見 譯, 『佛陀의 世界』, 김영사, 1984, p.187.

85 『雜阿含經』(『大正藏』 2, p.95下), "謂老病死 世間若無此三法 如來應等正覺不出於世間."

죽음에 대해 괴로워했으며, 마침내 생사윤회의 고통을 끊고 영원한 안락인 열반을 이루기 위해 출가를 단행했던 것이다.

사문유관을 마친 붓다는 오랜만에 기쁜 마음을 가질 수 있었다. 붓다가 기쁨에 젖어 있는 모습을 본 궁중의 한 여인이 붓다가 궁으로 돌아오는 것을 보고 다음과 같은 애욕의 게송을 읊었다.

"저런 아들을 둔 어머니는 즐겁겠네.
그 아버지 또한 정말로 기쁘겠네.
저런 남편을 둔 아내는
열반 속에서 기뻐하겠네."[86]

이 말을 듣고 붓다는 환희용약하는 마음이 저절로 생겨나 무상의 열반을 이루겠다는 마음을 품고 다시 궁으로 돌아왔다. 경전에서 붓다의 출가를 예견하는 구절은 여러 곳에서 발견된다. 그중에서도 마하파자파티, 정반왕, 야소다라, 그리고 붓다 자신의 꿈의 내용을 소개하면 다음과 같다. 먼저 마하파자파티는 흰 소 한 마리가 성안에서 큰소리로 울면서 조용히 걸어가는데 한 사람도 그 앞을 가로막는 이가 없는 꿈을 꾸었다. 정반왕도 다음과 같은 꿈을 꾸었다.

"성안 복판에 제석천왕의 깃대가 우뚝 섰는데 온갖 보배로 장엄했으며, 또 갖가지 영락을 가지고 꾸미고 장엄해서 마치 수미산이 땅에서

---

86 『五分律』(『大正藏』 22, p.102上), "母有此子樂 其父亦甚歡 女人有此婿 樂過於泥洹."

솟아 허공 가운데 있는 것과 같았다. 그 제석천왕의 깃대 가운데서는 또 큰 광명이 나와서 사방을 두루 비췄으며, 또 사방에서 큰 구름이 일어나 그 제석천왕의 깃대 위에 모여 큰비를 내렸는데 큰 빗줄기가 쏟아져 그 깃대를 썻었다. 또 공중에서 갖가지 한량없는 묘한 꽃을 비 내리고, 그 깃대 둘레에는 또 한량없는 갖가지 미묘한 음악이 있어 치지 않아도 저절로 울렸다. 또다시 곱고 흰 일산이 하나 있었는데 온갖 보배로 대를 만들고 황금으로 살을 만들어 단정하고 아름다우며 저절로 그 깃대 위의 사방을 덮었다. 또 사대천왕과 모든 권속들이 성 가운데로 와서 문을 열고 그 제석천왕의 깃대를 가지고 나갔다."[87]

또 그날 밤 야소다라는 20가지의 상서롭지 못한 꿈을 꾸었다. 이 20가지는 다음과 같다.

①온 대지가 두루 진동하는 것
②제석천왕의 깃대가 땅에 떨어지는 것
③허공의 해와 달과 모든 별이 땅에 떨어지는 것
④그전부터 그늘을 지어 나를 수호하고 나를 연민히 여기던 크고 깨끗한 일산이 하나 있었는데, 종이 낳은 차닉이 건장한 힘으로 빼앗아가는 것

---

87 『佛本行集經』(『大正藏』 3, p.727上-中), "城內處中 竪立一帝釋幢 以多雜種衆寶 莊嚴 復持種種瓔珞 挍飾莊嚴 猶如須彌山王 從地踊出 在於虛空 彼帝釋幢其中 又復出大光明 四方皆悉周匝照耀 又復四方興起大雲 俱來至於帝釋幢上 降注大 雨 雰霈灌洗彼帝釋幢."

⑤ 모든 보배로 장엄한 내 머리털을 칼로 끊는 것

⑥ 몸에 있던 영락이 물에 떠내려가는 것

⑦ 몸이 아름답고 단정한데 문득 추하고 더러워진 것

⑧ 몸에서 손발이 저절로 떨어져나가는 것

⑨ 몸이 문득 벌거숭이가 되는 것

⑩ 그전부터 항상 앉던 상床, 내가 앉아 태자를 섬기던 그 상이 문득 저절로 땅에 떨어지는 것

⑪ 항상 태자와 함께 누워 자며 쾌락을 누리던 침대의 네 다리가 부러지는 것

⑫ 많은 보배로 이루어진 큰 산의 가늘고 날카로운 네 모서리와 한량없이 높은 봉우리가 불에 타서 무너져 땅에 떨어지는 것

⑬ 정반왕의 궁전 안에 미묘한 나무가 하나 있었는데 바람이 불어 거꾸러지는 것

⑭ 밝고 둥근 달이 뭇 별에 에워싸여 이 궁중에 있다가 문득 꺼지는 것

⑮ 밝은 해가 환하게 비추어 천 가지 빛으로 이 궁전을 에워싸고 있다가 문득 꺼지자 세간에 빛이 없어 어두워진 것

⑯ 궁성 안에서 한 개의 큰 횃불이 성 밖을 향해 나가는 것

⑰ 성을 수호하던 신이 온몸에 갖가지 영락으로 장엄하여 아름답고 단정했는데, 그가 문득 슬피 울다가 큰소리로 통곡하면서 문 밖에 서 있는 것

⑱ 가비라성이 문득 빈 들판이 되어 두렵기 밤과 같아서 마음에 즐거워할 곳이 없는 것

⑲ 가비라성의 모든 못의 물이 다 흐리고 모든 나무의 꽃과 과실과 가지와 잎이 다 떨어져서 땅에 흩어지고 하나도 볼 것이 없게 되는 것

⑳ 모든 장사들이 손에 칼과 창을 들고 몸에 갑옷을 입은 채 사방에서 이리저리 뛰어가는 것[88]

이처럼 야소다라는 자신이 꾼 두려워할 만한 일들에 대한 꿈을 붓다에게 토로하면서 마음이 편치 않았다. 야소다라는 그가 꾼 꿈이 길한지 흉한지, 어떤 과보인지 또 그의 목숨이 다하려 하는 것인지, 태자와 이별할 것인지 등을 걱정하였다. 붓다는 이 말을 듣고 나서 '나는 이제 오래지 않아 세상을 버리고 출가하리라. 그런 까닭에 지금 야소다라가 이렇게 무서운 꿈을 꾼 것이다.'라고 생각하였다. 그리고 그날 밤 붓다도 다음과 같은 다섯 가지의 큰 꿈을 꾸게 된다.

---

88 『佛本行集經』(『大正藏』 3, pp.727中-728上), "一切大地 周匝震動 有帝釋幢崩倒 於地 虛空日月 及諸星宿 悉皆墮落 有一最大鮮潔傘蓋 是我從來依蔭之處 守護我 者 憐愍我者 而彼婢生車匿之子 忽以莊力 奪我將行 我頭髮髻 爲彼諸寶所莊嚴者 刀截而去 我身體上所有瓔珞 爲水所漂 我之身形微妙端正 忽成醜陋 我身體上所 有手足 自然墮落 我此身形忽然赤露 我之從來常所坐床 我坐之時 承事聖子 彼床 忽然自踊於地 我常所共 聖子眠臥受樂之床 彼床四脚 並皆摧折 有一衆寶 所成大 山 纖利四楞 無量高峻被火所燒 崩穨墮地 淨飯大王宮內 有一微妙之樹 被風吹倒 朗月圓團衆星圍遶 在此宮中 忽然而沒 淨日照明 千光圍遶 在此宮內 忽然而沒 彼隱沒後 世間黑暗 無有光明 此宮城內 有一火炬 出向城外 此城從來所護之神 遍體種種 瓔珞莊嚴 可喜端正 彼忽悲啼 擧聲大哭 住在門外 迦毘羅城 忽爲曠野 可畏如夜 心無處樂 迦毘羅城 所有諸池 水悉皆濁 所有樹林 華果枝葉 並皆墮落 遍散於地 無可觀瞻 所有壯士 手執刀杖 身著甲鉾 周匝四方 交橫馳走."

①대지로 침상을 삼고 수미산을 베개로 삼고, 동쪽 대해를 왼팔에 놓고 서쪽 대해를 오른팔에 놓고 남쪽 대해를 두 발에 놓는 것

②건립建立이란 풀이 한 줄기 배꼽에서 솟아나 그 머리가 위로 아가니타 천에 이른 것

③여러 가지 빛을 가진 네 마리의 새가 사방에서 날아와 태자의 두 발 아래 있었는데, 자연히 변하여 순전히 한 가지 흰빛이 되는 것

④네 마리의 흰 짐승이 있는데, 머리는 다 검은 빛이며 발 위에서 무릎에 이르도록 태자의 다리를 핥는 것

⑤높고 큰 똥 무더기 큰 산이 있었는데, 태자 자신이 그 산 위에서 두루 걸어 다니나 똥이 묻지 않는 것[89]

붓다의 전기를 기록한 대부분의 경전에서는 붓다가 아무도 모르게 성을 빠져나간 것으로 기록하였다. 그러나 『방광대장엄경』에서는 다음 두 가지 이유를 들어 붓다가 정반왕에게 미리 출가의 허락을 받고 있음을 알려준다.

"내가 만약 부왕父王에게 알리지 아니하고 사사로이 집을 떠나버리면 두 가지의 허물이 있으리라. 첫째는 법과 가르침에 어긋남이요,

---

89 『佛本行集經』(『大正藏』3, p.728上-中), "席此大地 持用作榻以須彌山 安爲頭枕 東方大海 安左手臂 西方大海 安右手臂 南方大海 安置兩足 有一草莖 名曰建立 從臍而出 其頭上至阿迦膩吒 有四飛鳥 作種種色 從四方來 在於太子兩足之下 自然變成 純一白色 有四白獸 頭皆黑色 從足已上 乃至膝頭 舐太子脚 有一糞山 高大峻廣 太子自身 在彼山上 周匝經行 不爲彼糞之所汚染."

78

둘째는 세속의 조리에 따르지 않음이니라."⁹⁰

이처럼 자신의 출가를 알리지 않고 몰래 성을 빠져나가는 것은 불법의 가르침에 어긋나고, 세속의 도리에도 어긋나기 때문에 부왕에게 출가를 알리는 당위성을 설명하고 있다. 그리하여 여러 천신들이 붓다의 출가를 도와주었고, 그리하여 붓다는 출가를 할 수 있게 되었다.

정반왕은 붓다가 이미 출가의 결심이 선 것을 알고 이를 막기 위해 온갖 방법을 동원하였다.

"왕은 다시 갖가지의 묘하고 훌륭한 오욕거리에 더하여 낮이나 밤이나 오락으로써 태자 마음 즐겁게 하려 하였네. 그럴수록 태자는 더욱 싫어해 끝끝내 사랑하고 즐길 마음 없어지고, 다만 나고 죽는 괴로움 생각하기 마치 화살 맞은 사자師子 같았네."⁹¹

이처럼 왕이 출가를 막으려 할수록 붓다의 결심은 더욱 굳어졌다. 붓다가 출가를 결심하게 된 것은 앞서 사문유관에서 발견한 생로병사에 대한 괴로움으로부터의 벗어남에 있다. 이를 경전에서는 다음과 같은 게송으로 읊고 있다.

---

90 『方廣大莊嚴經』(『大正藏』 3, p.572中), "我若不啓父王私自出家 有二種過 一者違於法敎 二者不順俗理."

91 『佛所行讚』(『大正藏』 4, p.8中), "王復增種種 勝妙五欲具 畫夜以娛樂 冀悅太子心 太子深厭離 了無愛樂情 但思生死苦 如被箭師子."

"이 세간은 참으로 고달프고 괴롭다. 늙음·병듦·죽음으로 무너지는 것. 몸이 다하도록 큰 괴로움 받건마는 사람들은 스스로 깨닫지 못하고서 남의 늙음·병듦·죽음만 싫어하나니 이야말로 커다란 근심거리 아닌가. 내 이제 훌륭한 법 찾고 있나니 마땅히 세상 사람과는 같지 않아서, 스스로 늙음·병듦·죽음에 얽매인 채 도리어 다른 사람 미워하네. 이것은 진실한 관찰이니 젊은 육체와 힘과 또 목숨 새록새록 바뀌어 잠시도 머물지 않고 마침내 멸해 없어지는 법으로 돌아가네."[92]

정반왕은 붓다가 출가한다는 말을 듣고 매우 두려워하였다. 경전에서는 이를 "마음이 크게 두려워 벌벌 떠니, 마치 커다란 미친 코끼리가 작은 나뭇가지를 흔드는 것 같았네."[93]라고 표현하고 있다.

정반왕은 붓다의 손을 잡고 눈물을 흘리면서 타일러 말하였다. "부디 그런 말 말아라. 아직 법에 귀의할 때가 아니다. 젊을 때엔 마음이 항상 흔들려 행하는 일마다 잘못이 많단다. 저 오욕의 경계에 마음이 아직 떠나지 못했다면 비록 집을 나가 고행을 닦더라도 능히 마음을 결정하지 못하리라. 텅 비고 고요한 넓은 들에서 마음이 아직 적멸寂滅하지 못했다면 네 마음에 비록 법을 좋아하더라도 나의 이 시기만은 아직 못하리니, 너는 마땅히 나라 일 맡아 다스리고 나로

---

92 『佛所行讚』(『大正藏』 4, p.8下), "世間甚辛苦 老病死所壞 終身受大苦 而不自覺知 厭他老病死 此則爲大患 我今求勝法 不應同世間 自嬰老病死 而反惡他人 如是眞 實觀 少壯色力壽 新新不暫停 終歸磨滅法."

93 『佛所行讚』(『大正藏』 4, p.9中), "心卽大戰懼 猶如大狂象 動搖小樹枝."

하여금 먼저 출가케 하라. 아비를 버리고 후사를 끊는 것, 그것은 곧 올바른 법이 아니다. 부디 출가할 마음을 접고 세간 법 받아 익혀서 안락하고 좋은 이름 널리 퍼뜨리고 그런 뒤에 출가함이 마땅하리라."[94] 그러자 붓다는 공손히 정반왕에게 다음과 같이 아뢰었다.

"오직 네 가지 일만 보전할 수 있다면 마땅히 출가할 마음을 접겠습니다. 저의 목숨 보전하여 영원히 살고, 병 없고, 또 늙어 쇠하지 않으며, 모든 살림살이 모자라지 않는다면 명령대로 출가를 그만두겠습니다."[95]

붓다의 이러한 대답에도 정반왕은 출가를 허락할 수 없었다. 그러자 붓다는 다음과 같이 확실하게 자신의 출가의 뜻을 밝혔다.

"네 가지 원을 보전할 수 없다면 아들의 집 떠남을 허락하시고 부디 만류하여 그만두게 하지 마소서. 아들은 지금 불붙은 집에 있거늘 어찌하여 나가는 것을 허락하지 않습니까? 헤어져 갈라짐은 평범한 이치이거늘 어찌하여 구함을 허락하지 않습니까? 행여 저절로 닳아 없어질 것이라면 법으로써 여윔만 못하리니, 만약

---

94 『佛所行讚』(『大正藏』 4, p.9中), "且止此所說 未是依法時 少壯心動搖 行法多生過 奇特五欲境 心尙未厭離 出家修苦行 未能決定心 空閑曠野中 其心未寂滅 汝心雖 樂法 未若我是時 汝應領國事 令我先出家 棄父絶宗嗣 此則爲非法 當息出家心 受習世間法 安樂善名聞 然後可出家."

95 『佛所行讚』(『大正藏』 4, p.9中), "惟爲保四事 當息出家心 保子命常存 無病不衰老 衆具不損減 奉命停出家."

법으로써 여의지 못한다면 죽음이 닥쳐올 때 뉘 능히 보전하겠습니까."[96]

현재 자신의 처지가 불붙은 집(燒舍)에서 탈출하고자 하는 것인데 왜 이를 막느냐고 되묻고 있다. 또한 만나면 헤어지는 것이 이치인데 왜 그러한 이치를 외면하는가에 대해 아쉬움을 토로하고 있다. 결국은 자신이 깨달은 바 4고四苦의 해결을 자신 스스로가 해결하기 위해서는 출가하는 길밖에 없다는 뜻을 비친 것이다.

(2) 붓다의 유성출가

붓다는 아들 라훌라가 태어난 지 7일째 되던 날 새벽, 출가를 실행한다. 이때 붓다의 나이는 29세였다.[97] 가비라성을 떠나면서 붓다는 다음과 같은 굳은 결심을 하게 된다.

---

96 『佛所行讚』(『大正藏』4, p.9中), "四願不可保 應聽子出家 願不爲留難 子在被燒舍 如何不聽出 分析爲常理 孰能不聽求 脫當自磨滅 不如以法離 若不以法離 死至孰 能持."

97 붓다의 출가 나이에 대해서는 다음과 같이 경전에 따른 이견이 보인다. 본고에서는 초기경전에서 주로 제시하고 있는 29세설을 따르고자 한다.
  ① 19세설: 『도안이교론』, 『중본기경』, 『태자서응본기경』, 『대론』, 『지론』, 『역대삼보기』, 『과거현재인과경』, 『수행본기경』.
  ② 20세설: 『십이유경』.
  ③ 25세설: 『불조통기』.
  ④ 29세설: 『증일아함경』, 『중아함경』, 『잡아함경』, 『장아함경』, 『출요경』, 『화회밀론』.

"만약 내가 이제부터 생사의 끝까지 다하지 못하면 끝내 다시는
가비라성을 보지 않겠거늘 하물며 다시 그 속에서 가고 서고 앉고
눕겠느냐?"[98]

"나는 이제 차라리 스스로 이 몸을 던져 큰 바위 벼랑에 떨어지거나,
모든 독약을 마시고 목숨을 마치거나, 먹고 마시지 못할지언정
만약 내 마음에 원하는 대로 중생들을 생사의 바다에서 해탈시키지
못하면 나는 마침내 가비라성에 들어가지 않으리라."[99]

이처럼 붓다 스스로 생사의 고통을 경험해 보고, 중생들의 생사를
해탈시키지 못하는 한 다시 돌아오지 않겠다는 사자후를 내고 있다.
이것이 곧 '상구보리 하화중생上求菩提下化衆生'의 표명인 것이다.
마부 차닉(車匿, Chanda)의 거듭된 만류에도 붓다는 성을 떠나야
하는 당위성을 다음과 같이 남기고 있다.

"만약 세상에 생로병사가 없고 사랑하는 이를 이별하는 일과 원수를
만나는 일도 없으며, 왕위를 얻고 나서 모든 공덕을 받고 무상함이
없이 경계가 진실하며, 한번 사람으로 태어나 탁하고 더러움이
없다면, 만약 이러할 수 있다면 나도 이곳에서 마음을 즐겁게 할

---

98 『方廣大莊嚴經』(『大正藏』 3, p.575下), "若我從今不得盡於生死邊際 終不再見迦
毘羅城."
99 『佛本行集經』(『大正藏』 3, p.732上), "我今寧自擲棄身形 墮大石崖 飮諸毒藥 而取
命終 亦不飮食 若我未得隨心願求度脫衆生於生死海 我終不入迦毘羅城."

수 있으리라. 너 착한 차닉아, 내 마음을 어기지 말라. 내 너에게 명령하노니 급히 나와 같은 달에 난 큰 말 건척에 안장을 차려라."[100]

차닉은 붓다의 이런 명령을 듣고 나서 그의 깊은 뜻을 알았다. 엄중히 경계하라는 정반왕의 칙명도 알고는 있었으나 다만 모든 천신天神들의 가호를 입었기 때문에 마음을 내어 태자 앞에 건척(乾陟, Kaṇṭhaka)을 몰고 왔다. 그때 성안 국민 대중들이 다 나와서 붓다를 찾아 나섰으나 모든 천신들이 위력으로 막은 까닭에 찾을 수 없었다.

성을 떠난 붓다는 그의 천관天冠과 상투에서 마니보배를 풀어 차닉에게 주면서 정반왕, 마하파쟈파티, 야소다라, 그리고 모든 궁녀와 또래들을 위해 각각에게 다음과 같은 당부를 전하게 하였다.

① 정반왕: 나고 늙고 병들고 죽음이 어찌 규정된 때가 있으며, 사람이 비록 젊고 한창일지라도 누가 홀로 면하는 이 있겠습니까? 옛날 모든 전륜성왕이 나라를 버리고 도를 구하러 산림에 나아가서 중도에 도로 다섯 가지의 욕심을 받음이 없었거니, 이제 나 개인의 마음도 그와 같습니다. 만약 위없는 보리를 얻지 못하면 마침내 돌아가지 않겠습니다.
② 마하파쟈파티: 나는 모든 괴로움의 근본을 끊기 위하여 이제 일부러 집을 떠나 이 서원을 채우려 함이니, 근심하지 마소서.

---

100 『佛本行集經』(『大正藏』 3, p.731上), "若使世間 無生無死 無老無病 無愛別離 無怨憎會 得王位已 受諸功德 無有無常 境界眞實 一生人中 無有濁穢 若如是者 可令我於此處心樂 汝善車匿 莫違我心 我已勅汝 急速被帶我同日生馬王乾陟."

84

③야소다라: 사람은 세상에 살면서 사랑하다가 반드시 이별하는
것이므로, 나는 이제 이 모든 고통을 끊기 위하여 집을 떠나 도를
배우는 것이니, 사모와 집착 때문에 함부로 근심을 내지 말라.
④궁녀와 또래들: 나는 이제 무명의 그물을 깨뜨리려 하노니,
떳떳하게 지혜의 광명을 얻고 할 일이 끝나면 돌아가서 서로가
만나리라.[101]

이후 가비라성을 빠져나온 붓다는 차닉에게 라마촌羅摩村으로 향하
게 하였다. 라마촌 근처의 미타가彌尼迦라는 마을에 도착하자 붓다는
차닉에게 다음과 같이 말하였다.

"너 착한 차닉아, 내 이제 성왕의 지위를 버린 것은 그 밖에 다른
것이 두려워서가 아니라 오직 얽매임에서 해탈하고자 하기 때문이
다. 차닉아, 나는 이제 이런 왕위를 취하지 않으니 마음이 크게
기쁘다. 차닉아, 모든 왕위란 크게 두려운 것이니 나는 이제 속마음
으로 이렇게 분명히 보았다. 차닉아, 나는 출가에 이런 이익이
있음을 보았기 때문에 그것을 끊어버리고 산 숲에 들어왔으며
다시는 생사에 매이지 않는다. 나는 이제 생사에서 해탈하고자
하노라. 너 착한 차닉아, 이제 도로 건척을 돌려 왕궁으로 돌아가라.

---

101 『方廣大莊嚴經』(『大正藏』3, p.576中), "生老病死豈有定時 人雖少盛誰能獨免
往古今有諸轉輪聖王 捨國求道詣於山林 無有中途還受五欲 我今私心亦復如是 若
未獲得無上菩提終不還也 我爲欲斷諸苦本 今故出家 求滿此願勿生憂念 人生於
世愛必別離 我今爲斷此諸苦故出家學道 勿以戀著橫生憂愁 我今欲破無明網故
方得智明 所爲事畢還當相見."

나는 이제 출가할 것이다. 이미 마음을 정했노라."[102]

이처럼 붓다는 차닉에게 건척과 함께 왕궁으로 돌아갈 것을 명하였다. 그리고 붓다는 차닉에게서 마니로 장식한 칠보 칼을 찾아서 스스로 오른손으로 칼을 잡아 칼집에서 빼내었다. 그리고는 왼손으로 짙푸른 우발라 빛 소라 상투의 머리털을 잡고, 오른손에 날카로운 칼을 들어 베어내 왼손으로 받아 공중에 던져버렸다. 이후 자기 몸에서 모든 영락과 천관을 벗고 머리와 수염을 깎은 뒤 몸을 돌아보니 오직 천의天衣뿐이었다. 그는 이것을 보고 생각하였다. "이 옷은 출가한 사람의 옷은 아니다. 출가한 사람은 산간에 있는 법이니 누가 나에게 물들인 가사를 줄 것인가? 출가한 법대로 산 숲에 있자면 마땅히 법의法衣라야 한다."[103] 그때 정거천이 물든 가사를 입은 사냥꾼으로 변하여 나타났고, 붓다는 사냥꾼의 남루한 옷과 자신의 화려한 옷을 바꿔 입는다. 이러한 모습을 보게 된 차닉은 이미 붓다의 마음을 돌이킬 가망이 없음을 알고 모든 영락과 의상을 가지고 건척을 끌고 도로 집으로 향하였다.

---

102 『佛本行集經』(『大正藏』 3, p.734上), "汝善車匿 我今棄捨聖王之位 不以其餘畏怖他故 唯求解脫 離繫縛故 車匿 我今不取如是王位 而心歡喜 車匿 一切王位 是大恐怖 我今內心 如是明見 車匿 我見出家 有如是利故 割斷彼來入山林 莫復更爲生死所拘 我今欲求解脫生死 汝善車匿 今可迴還將馬乾陟歸向王宮 我今出家 心意已決."

103 『佛本行集經』(『大正藏』 3, p.737下), "此衣非是出家之服 出家之人 在於山間 誰能與我袈裟色衣 如出家法 居在山林 須如法衣."

(3) 붓다의 고행과 중도

『숫타니파타』에서 붓다 고행苦行의 출발지를 네란자라(Nerañjarā)강
기슭으로 설명하고 있다.[104] 즉 「정진의 경: Padhānasutta」은 "네란자
라강의 기슭에서 스스로 노력을 기울여 멍에로부터의 평안을 얻기
위해 힘써 정진하여 선정을 닦는 나에게 일어난 일이다."[105]로 시작한
다. 붓다는 네란자라강 언덕의 우루벨라 마을에 이르러 6년 동안
극심한 고행의 길로 들어서게 된다.

당시 고행림苦行林에서 어떤 이는 풀로써 옷을 삼은 이도 있고 나무껍
질과 나뭇잎으로 옷을 만들기도 하고, 하루에 한 끼를 먹기도 하고
이틀에 한 끼를 먹기도 하고 사흘에 한 끼를 먹기도 하여 스스로
굶주리는 법을 행했으며, 혹은 물과 불을 섬기기도 하고, 해와 달을
받들기도 하고, 한 다리를 발돋움하여 서 있기도 하고, 티끌 있는
땅에 누워 있기도 하고, 가시나무 위에 누워 있기도 하고, 물과 불의
곁에 누워 있기도 하였다.[106]

이처럼 붓다는 이미 외도들이 삿되게 해탈을 구함을 보고 다음과
같은 고행을 하였다.

---

104 네란자라강은 부다가야 근처로 흐르고 있으며 붓다는 그 근처 우루벨라(Uruvelā)
　　세나니(Senānī) 마을에서 고행을 닦은 것으로 알려져 있다.

105 Sn. v.425.

106 『過去現在因果經』(『大正藏』3, p.634中), "或有以草而爲衣者 或以樹皮樹葉以爲
　　服者 或有唯食草木花果或有一日一食 或二日一食 或三日一食 如是行於自餓之
　　法 或事水火 或奉日月 或翹一脚 或臥塵土 或有臥於荊棘之上 或有臥於水火
　　之側."

"어떤 때는 땅에 우뚝하게 서서 머무르며 혹은 한곳에 앉아 옮기지
않으며 혹은 사지를 땅에 짚고 입으로 음식을 받는다. 혹은 순전한
풀옷을 입으며 혹은 무덤 사이에 버린 옷을 입으며 혹은 갖가지
풀옷을 입으며 혹은 교사야 옷을 입으며 혹은 흰 복숭아나무 껍질로
옷을 만들며 혹은 용수龍鬚로 옷을 만들며 혹은 여러 가지 축생의
껍질로 옷을 만들며 혹은 또 낡은 축생의 가죽으로 옷을 만들며
혹은 털로 옷을 만들며 혹은 찢어진 여러 축생의 가죽으로 조각을
이어 옷을 지으며 혹은 걸레로 옷을 지으며 혹은 벌거숭이로 지낸다.
혹은 가시 위에 누우며 혹은 판자 위에 누우며 혹은 또 마니摩尼
위에 누우며 혹은 서까래 위에 누우며 혹은 무덤 사이에 누우며
혹은 개미집에서 마치 뱀이 살 듯 하며 혹은 한길에 누우며 혹은
또 물을 섬기고 혹은 또 불을 섬기며 혹은 해를 따라 움직인다.
혹은 두 팔을 들고 섰으며 혹은 쭈그리고 앉으며 혹은 모래와
흙과 먼지를 몸에 끼었고 섰으며 혹은 머리를 빗거나 얼굴을 씻지
않고 소라상투같이 구불구불하게 하였으며 혹은 머리털을 잡아
빼거나 수염을 잡아 뺀다."[107]

---

107 『佛本行集經』(『大正藏』3, p.766上-中), "或時立地卓然而住 或復有坐一定不移
或復四支柱著於地 以口受食 或有唯著純草之衣 或有唯著塚間弊衣 或復有著種
種草衣 或復有著憍奢耶衣 或以白桃皮作衣者 或以龍鬚而作衣者 或復有用諸畜
生皮而作衣者 或復有用故畜生皮而作衣者 或有以諸毛(旁*毛)(博蕩反)作衣 或
有破諸畜生之皮爲條作衣 或復有以糞掃作衣 或有躶形 或臥棘上 或臥板上 或復
有臥摩尼之上 或臥橡上 或臥塚間 或蟻垤內 猶如蛇居 或露地臥 或復事水 或復
事火 或逐日轉 或有擧其兩臂而住 或有蹲坐 或復有用沙土烟塵以塗坌身正立而
住 或不梳洗 頭首面目 髮如螺髻 拳攣而住 或復拔髮 或拔髭鬚."

88

이 밖에도 여러 경전에서 말하고 있는 붓다의 고행 당시의 상태는 이루 형용할 수 없을 정도로 처참하였다. 먼저 『증일아함경』에서 전하는 붓다의 고행 당시의 모습이다.

"나는 하루에 깨 한 알과 쌀 한 알씩을 먹었다. 그리하여 몸은 점점 쇠약해져 뼈와 뼈가 서로 맞붙고 정수리에는 부스럼이 생겼으며 가죽과 살이 저절로 떨어져 나갔다. 비유하면 마치 깨진 조롱박은 그 머리도 다시 온전할 수 없는 것처럼, 그 당시 나는 정수리에 부스럼이 생겨 가죽과 살이 저절로 떨어져 나갔다. 그것은 다 음식을 먹지 않았기 때문이었다. 또한 깊은 물속에 별이 나타나는 것처럼 그 당시 내 눈도 그와 같았다. 그것도 다 음식을 먹지 않았기 때문이었다. 비유하면 오래된 수레가 낡아 부서지는 것처럼 내 몸도 또한 그와 같아서 모두 부서져서 뜻대로 되지 않았다. 또 낙타의 다리처럼 내 두 엉덩이도 그와 같았다. 만약 내가 손으로 배를 어루만지면, 그때 곧 등뼈가 손에 만져지고 또 등을 어루만지면 뱃가죽이 손에 만져졌었다. 몸이 이처럼 쇠약해진 것은 다 음식을 먹지 않았기 때문이었다. 나는 그때 깨 한 알과 쌀 한 알로 음식을 삼았으나 끝내 아무 이익이 없었고, 또 그 최상의 거룩한 법도 얻지 못했느니라. 또 나는 대소변이 보고 싶어 변소에 가려고 일어나면 곧 땅에 넘어져서 혼자서는 일어나지도 못하였다."[108]

108『增一阿含經』(『大正藏』 2, pp.670下-671上), "日食一麻一米 形體劣弱 骸骨相連 頂上生瘡 皮肉自墮 猶如敗壞瓠盧 亦不成就我頭 爾時亦復如是 頂上生瘡 皮肉 自墮 皆由不食故也 亦如深水之中星宿現中 爾時 我眼亦復如是 皆由不食故 猶 如故車敗壞 我身亦復如是 皆悉敗毀不可承順 亦如駱駝脚跡 兩尻亦復如是 若我

다음은 『불본행집경』이 전하는 붓다의 고행상이다.

"보살은 이렇게 그 음식을 먹고 나서 몸이 수척하고 숨길이 약해져서 팔구십 된 늙은이처럼 전혀 기력이 없고 손발이 마음대로 움직이지 않았다. 보살의 골절과 뼈도 그러하였다. 보살은 이렇게 적게 먹고 정근 고행하므로 신체와 피부가 모두 주름살뿐이었다. 마치 익지도 않은 박을 꼭지를 끊어 햇볕에 두면 볕에 쪼여 누렇게 시들어, 살이 마르고 껍질이 쭈그러지며 조각조각이 따로 떨어져 마른 두골과 같듯, 보살의 촉루도 이와 다름이 없었다. 보살은 적게 먹었기 때문에 그 두 눈동자가 깊이 쑥 들어갔다. 마치 우물 밑의 물에서 별을 바라보는 것과 같이, 보살의 두 눈도 보려고 해야 겨우 나타났다. 또 보살이 적게 먹었기 때문에 양옆의 늑골이 서로 멀리 떨어져 오직 껍질이 싸고 있을 뿐 마치 마구간이나 양의 움막 위에 서까래가 붙어 있듯 하였다."[109]

以手按摩腹時 便値脊骨 若按脊時 復値腹皮 身體羸弱者 皆由不食故 我爾時 復以一麻一米 以此爲食 竟無所益 亦復不得上尊之法 若我意中欲大小便者 卽便 倒地不能自起居."

[109] 『佛本行集經』(『大正藏』3, p.767下), "菩薩如是食彼食已 身體羸瘦 喘息甚弱 如八九十 衰朽老公全無氣力 手脚不隨 如是如是 菩薩支節連骸亦然 菩薩如斯 減少食飲 精勤苦行 身體皮膚 皆悉皺板 譬如苦瓠 未好成熟 割斷其蒂 置於日中 被炙萎黃 其色以熟 肌枯皮皺 片片自離 如枯頭骨 如是如是 菩薩髑髏 猶是無異 菩薩旣以少進食故 其兩眼睛深遠陷入 猶井底水 望見星宿 如是如是 菩薩兩眼 覩之纔現 亦復如是 又復菩薩 以少食故 其兩脅肋 離離相遠 唯有皮裹 譬如牛舍 或復羊舍 上著椽木."

그 밖에도 "몸뚱이 살이 소진되어 오직 살가죽과 뼈만 남아 배와 등골이 드러난 것이 마치 공후箜篌와 같았다."[110]거나, "피골이 상접하고 핏줄이 통째로 드러나 마치 바라사(波羅奢, palāśa) 꽃과 같았다."[111]는 등 인간으로서 숨만 붙어 있는 지경이었다. 이 고행 방식 중에는 숨을 멈추는 선禪을 행했다는 기록도 보인다. 이를 '무식선(無息禪, appāmakaṁ jhānaṁa)'이라고 하였다. 숨을 멈추니 귀로 공기가 빠져나가며 극심한 고통을 동반했는데 그 소리가 마치 천둥치는 소리 같았다고 한다.[112]

붓다의 이와 같은 고행을 본 천자들이 정반왕에게 붓다가 이미 죽었다거나 7일 내에 죽을 것이라는 등의 소식을 전하자, 석가족 국사國師의 아들 우타이가 정반왕에게 자신이 가서 붓다를 데리고 오겠다고 하였다. 우타이가 붓다를 직접 만나 환궁을 청하려 하였으나 이때 붓다의 모습은 땅 위에 누워 머리에서 발끝까지 온통 먼지를 뒤집어쓰고 거룩한 빛이 없이 흙빛과 같으며, 몸이 야위어 살이 없고 오직 뼈와 껍질이 몸을 싸고 있을 뿐인데, 눈은 움푹 파여 우물 속의 별과 같고, 온몸이 굽고 꺾여 마디마디가 어그러진 채였다.[113]

---

110 『普曜經』(『大正藏』3, p.511下), "身肉爲消盡 唯有皮骨存 腹背表裏現 猶如箜篌形."

111 『過去現在因果經』(『大正藏』3, p.639上), "皮骨相連 血脉悉現 如波羅奢花."

112 『增一阿含經』(『大正藏』2, p.671中), "今可入無息禪中 便入無息禪中 數出入息 我今以數出入息 覺知有氣從耳中出 是時風聲如似雷鳴."

113 『佛本行集經』(『大正藏』3, p.768下), "時優陀夷 自入林中見於菩薩臥於地上 從頭至足皆被塵坌 無有威光與地同色 身體瘦削 無復肌膚 唯有骨皮裹身而已 眼深却陷 如井底星 遍體屈折 節節離解."

우타이는 이러한 붓다의 모습을 보고 큰소리로 울부짖었다. 그때
붓다는 우타이에게 환궁하지 않겠다는 자신의 뜻을 분명히 밝히고
우타이 혼자 가비라성으로 돌아갈 것을 명하자, 우타이는 더 붓다에게
바랄 마음이 없어 가비라성으로 돌아갔다. 가비라성으로 돌아온 우타
이는 정반왕에게 붓다가 편안히 용맹정진하면서 죽지 않고 살아 있다
고 말하자 정반왕은 이내 안심하며 기뻐하였다. 그때 마왕 파순
(pāpīyas)이 거기에 와서 붓다에게 다음과 같은 은밀하고 부드러운
말로 유혹하였다. 『숫타니파타』에서는 이 악마 마왕의 이름을 나무치
(namuci)라 전한다.[114]

"부디 당신의 수명을 길게 누리소서. 수명이 길어야 법을 행할
수 있으리다. 수명이 길어야 자리自利를 얻고 자리를 얻은 뒤에야
후회도 없네. 당신은 지금 몸이 매우 수척하여 목숨이 다할 날이
오래지 않으리. 진실로 당신은 이제 죽을 것이 천분千分인데 복덕을
닦으면 살 희망이 1분分은 있으리. 다만 보시를 많이 하고 하늘을
받들고 모든 불귀신에게 제사 드리라. 그러면 혹 큰 공덕을 얻으리니
선정을 닦아 무엇에 쓰려는가? 뛰어난 출가도를 구하기는 매우
어려워 자기 마음을 조복하기도 쉽지 않다네."[115]

---

114 나무치는 베다 성전이나 서사시 「마하바라타」에 나오는 악마의 이름이다.
'나무치'라 불린 이유는 '그로부터 도망가지 못했기(na muñcati)' 때문이다.
『Paramatthajotikā』 II, 386.

115 『佛本行集經』(『大正藏』 3, p.769中), "唯願仁者壽命長 命長乃能得行法 命長方
得於自利 自利已後無悔心 仁今身體甚尫羸 定取命盡當不久 眞實仁今千分死
福德悕或一分存 但多布施承事天 於諸火神修祭祀 如此或得大功德 用學禪定作

붓다는 이와 같은 악마 파순의 유혹에 다음과 같은 말로 악마를
물리쳤다.

"나는 죽음의 고통을 생과 같이 보아 참으로 한 생각도 죽음을
두려워하지 않노라. 만약 모든 중생이 다 멸해 없어져도 내 마음은
잠시도 돌리지 않는다. (중략) 너희 군사 중 제일은 탐욕이요,
기뻐하지 않음이 두 번째 이름이라. 셋째는 주리고 목마르고 춥고
더움이요, 애착은 넷째 군사이며, 다섯째는 졸음과 잠자는 것이요,
여섯째는 놀라고 두려워함이라. 의혹이 일곱째 군사요, 진에와
분노는 여덟째 군사요, 이익을 다투고 명예를 시샘함은 아홉째요,
어리석고 무지함은 열째 군사이다. 스스로 자랑하여 높은 척함이
열한째 군사요, 항상 남을 허는 것이 열두째다.[116] 파순아, 너희들
권속이 그러하거니 군마가 모두 다 어두운 데로 다닌다."[117]

붓다는 6년 동안 고행하고서도 얻은 바가 없어서 "고행을 하는

何爲 求勝出家道甚難 調伏自心亦不易."

[116] 『숫타니파타』에서는 악마의 군대를 8가지로 말하고 있다. ① 욕망, ② 혐오,
③ 기갈, ④ 갈애, ⑤ 권태와 수면, ⑥ 공포, ⑦ 의혹, ⑧ 위선과 고집. Sn.
v.436-437.

[117] 『佛本行集經』(『大正藏』 3, p.769中-下), "我觀死苦猶若生 實無一念怖於盡 若諸
衆生皆滅沒 我心終不暫時迴 (中略) 汝軍第一是慾貪 第二名爲不歡喜 第三飢渴
寒熱等 愛著是名第四軍 第五卽彼睡及眠 驚怖恐畏是第六 第七是於狐疑惑 瞋恚
忿怒第八軍 競利及爭名第九 愚癡無知是第十 自譽矜高第十一 十二恒常毀他人
波旬汝等眷屬然 軍馬悉皆行黑暗."

일은 아무것도 얻을 것이 없는 것이다. 만일 실지가 있다면 내가 마땅히 얻었을 것인데, 허망하기 때문에 얻은 바가 없으니 그것은 삿된 술법이며 바른 도가 아니다."[118]라고 하였다. 또한 붓다는 "이 선인仙人들은 비록 고행을 닦기는 하나 모두가 해탈하는 참되고 바른 도가 아니다. 나는 이제 여기에 머무르지 말아야 하겠구나."[119]라고 생각하였다.

이처럼 붓다는 극진한 고행을 했지만 그가 얻고자 하는 지혜를 증득할 수 없었던 것이다. 고행은 스스로의 몸과 마음을 괴롭힐 뿐, 도무지 이익이 없다는 것을 깨달은 것이다. 그래서 또 다른 방법을 찾고자 고행의 포기를 선언하였다.

붓다가 생각한 또 다른 방법은 다름 아닌 선정이었다. 붓다는 과거 초선初禪을 증득할 당시의 기쁨을 잊지 않았던 것이다.

"내 생각하건대 지난날 부왕의 궁내에 있으며 밭가는 것을 보았을 때, 한 서늘한 염부수 그늘을 만나면서 그 그늘 밑에 앉아 모든 욕으로 물든 마음을 버리고 일체 착하지 않은 법을 싫어하고 분별하는 마음을 일으켜 적정을 즐겨 큰 기쁨을 내고 초선을 증득하였었다. 나는 이제 다시 그 선정을 생각하리라. 이 길이 바로 보리로 향하는 길이로다."[120]

---

118 『大般涅槃經』(『大正藏』 12, p.528中), "修是苦行空無所得 若是實者我應得之 以虛妄故我無所得 是名邪術非正道也."

119 『過去現在因果經』(『大正藏』 3, p.634下), "此諸仙人 雖修苦行 皆非解脫眞正之 道 我今不應止住於此."

그 기쁨을 얻기 위해서는 현재 자신의 수척한 몸으로는 불가능함을
느낀 붓다는 "나는 여위고 기력이 없으니, 어찌 몸이 수척하여 힘이
없이 그 낙을 얻으랴. 나는 이제 몸의 힘을 차리기 위해 삶은 콩이나
보리떡이나 보릿가루 같은 거친 음식을 먹을 것이다. 그리고 기름이나
수(酥: 연유)를 이 몸에 바른 뒤에 따뜻한 물에 목욕해야겠다."[121]라고
생각하였다. 그리고 나서 시자侍者인 제바에게 이러한 것을 준비해
줄 수 있는지를 묻자, 제바는 당장에는 어렵고 방편으로 구해 보겠다고
하여 군장軍將 사나야나 바라문에게 가서 음식을 청하였다.

사나야나 바라문은 붓다를 사위로 삼고자 하는 생각으로 난타難陀와
바라婆羅라고 하는 두 딸에게 붓다의 시중을 들게 하였다.[122] 붓다는

---

120 『佛本行集經』(『大正藏』 3, p.770上), "我念昔在父王宮內 觀作田時 値一涼冷
   閻浮樹蔭 我見彼已 坐彼蔭下 捨離一切諸欲染心 厭薄一切不善之法 起分別心
   樂於寂定而生喜樂 證得初禪 我今可還念彼禪定 此路應向菩提之道."

121 『佛本行集經』(『大正藏』 3, p.770上), "但我羸瘦無有氣力 豈可以身瘦無力故 能
   得彼樂 我今可爲身求力故 而食麤食 或復煮豆 或麨或麩 或油或酥而塗此身 然
   後求於暖水澡浴."

122 『佛本行集經』(『大正藏』 3, p.770中). 붓다에게 공양을 올린 사람은 경전에 따라
   다르게 나타난다. 『대반열반경』에서는 '전에 난타와 난타바라라는 소 기르는
   두 여자가 받드는 우유죽을 받고 그 뒤에 아뇩다라삼먁삼보리를 얻었다'고
   하였고, 『증일아함경』 「淸信女品」에서는 '내 제자 중에 제일가는 優婆斯로서,
   처음으로 도를 받아 깨달은 이는 바로 難陀難陀婆羅 우바사이고'라 했는데,
   여기서 난타난타바라는 바로 난타와 난타바라라고 하는 두 사람을 가리킨다.
   『방광대장엄경』에서는 '열 동녀들 가운데서 가장 작은 이의 이름이 善生(sujātā)
   인데, 옛날 보살이 고행할 때에 항상 음식으로써 8백의 梵志를 공양하면서'라고
   하였다. 이는 '優婁頻螺 마을의 주인 斯那鉢底라고 하는 이의 열 童女들이
   옛날 다섯의 발다라와 함께 늘 깨와 보리로써 보살에게 공양하였느니라.'라는

두 딸의 시중을 받았으나 자신은 이미 오욕락을 받지 않으며 미래에 아뇩다라삼먁삼보리를 성취하여 위없는 법 바퀴를 굴리기 원한다고 하자, 두 딸은 붓다의 말에 수긍하며 미래에 붓다의 제자가 될 것을 서원하였다.

그러나 붓다가 고행을 포기하고 음식을 먹을 때, 그를 따르던 다섯 동료들은 서로 말하였다.

> "실달태자는 이미 선정禪定을 잃고 본성本性으로 돌아갔으니 계를 잃지 않았겠는가. 그는 이제 게으른 사람이 되었고 적정을 얻지 못하며 마음에 혼란을 내는구나."[123]

그들은 이렇게 헤아리고서 붓다에게 싫은 마음과 비방하는 마음을 내어 그를 버리고 떠나 녹야원에 들어가 선정을 닦았다.

붓다는 과거 태자 시절 초선을 증득했던 까닭에 고행을 통한 수행이 더 자신이 구하는 깨달음에 이익이 되지 않음을 알았다. 6년 동안의 용맹정진의 고행은 육체를 더욱 고통스럽게만 만들고 결국 주위의 동료들까지 떠나보내는 결과를 낳았던 것이다.

붓다는 다섯 가지 욕락을 여의는 것이 바른 길이고, 고행을 여의는 것이 또한 바른 길임을 설하여 양 극단으로 치우치는 것을 제거하게끔 중도(中道, madhyamā pratipad)를 일러 주었다. 이를 게송에서 다음과

구절을 통해 사나발저의 열 딸 중 한 명을 지칭한 것이다.

123 『佛本行集經』(『大正藏』 3, p.771上), "悉達太子 今已失禪 復其本性 何況不失於 持戒也 此今成是懈怠之人 不得寂定 心生憒亂."

96

같이 노래하였다.

"법의 몸을 파괴하는 고뇌를 멀리 여의어야 하고 다섯 가지 욕락을
여의어서 깊이 빠지지 말아야 하니, 만약 탐욕을 좋아하여 집착한다
면 그것이 곧 금계를 훼손하는 일이며 다시 애욕을 자라나게 하고
어리석어 고행에 집착하게 되며, 스스로가 단식하는 법을 좋아해서
혹 풀 잎 따위를 먹기도 하고 재나 가시 위에 눕기도 하지만 이
같은 고행은 신명을 손상시킬 뿐 선정과 지혜는 얻을 수 없도다.
그러므로 중도에 처하여 이와 같은 법에 의지해서 탐욕의 진흙
속에 빠지지 않고 몸을 괴롭게 하지도 말아야 하니, 이러한 두
가지 허물과 근심을 지혜 있는 자는 잘 분별하므로 마치 뭇 사람들이
달을 좋아하듯이 중도에 처하는 것도 또한 그와 같도다. 탐욕의
깊고 더러운 진흙을 좋아하여 사람들이 모두 다 빠져 버리거나
고행으로 몸과 마음을 불사르기에 이러한 근심을 면하지 못하나니,
이 두 가지 치우침을 던져버리고 중도에 처해야만 열반에 이를
수 있다네."124

중도는 다음과 같이 여러 가지 의미에서 논의되고 있다.
①쾌락과 고행의 두 극단을 떠난 바른 수행, 즉 팔정도.

---

124 『大莊嚴論經』(『大正藏』 4, pp.313下-314上), "苦惱壞法身 亦離諸五欲 不應深樂
著 若樂著貪欲 則爲毀禁戒 復長於欲愛 愚癡著苦行 自樂斷食法 或食於草葉
臥灰棘刺上 如是損身命 不能得定慧 是故處中道 依止如是法 莫沒欲淤泥 亦莫
苦惱身 有智應善別 如此二過患 如月衆所愛 處中亦如是 嗜欲深汚泥 人皆多沈
沒 苦行燋身心 亦不免此患 捨離是二邊 中道到涅槃."

②12연기를 바르게 주시하는 수행.

③여러 인연의 일시적인 화합으로 일어나므로 불변하는 실체가 없고 이름뿐인 현상.

④서로 대립·의존하고 있는 개념을 부정함으로써 드러나는 진리를 나타내는 말.

⑤마음 작용이 소멸된 상태. 집착과 분별이 끊어진 마음 상태. 유와 무의 극단을 떠나 현상을 있는 그대로 직관하는 마음 상태.

이 중에서 중도를 팔정도라고 하는 것을 경전에서는 다음과 같이 말하고 있다.

"비구들아, 너희들은 이와 같은 두 가지 치우친 짓을 버려야 하리라. 나는 이제 그대들을 위하여 중도를 말할 터이니, 그대들은 자세히 듣고 항상 부지런히 닦고 익힐지니라. 무엇이 중도냐 하면, 바른 소견(正見)·바른 생각(正思惟)·바른 말(正語)·바른 행위(正業)· 바른 생활(正命)·바른 노력(正精進)·바른 기억(正念)과 바른 선정 (正定)이니, 이와 같은 여덟 가지 법을 중도라 하느니라."[125]

출가 수행자가 받들어서는 안 되는 두 개의 극단이 있다. 첫째는 관능이 이끄는 대로 애욕의 기쁨에 탐닉하여 욕망과 쾌락에 빠지는 것이고, 다른 하나는 자신의 육체를 스스로 괴롭히는 것에 열중하여

---

125 『方廣大莊嚴經』(『大正藏』 3, p.607中), "比丘汝等當捨如是二邊 我今爲汝說於中道 汝應諦聽常勤修習 何謂中道 正見正思惟 正語正業 正命正精進 正念正定 如是八法名爲中道."

고행에만 빠지는 것이다. 붓다는 이미 이러한 것들이 자신의 심신을 고통스럽게만 할 뿐이라는 것을 깨달았던 것이다. 그래서 이 두 가지의 극단을 버리고 중도의 길을 찾았던 것이다.

2) 죽음에 대한 불교적 접근과 관점

(1) 존재에 대한 불교적 시각

행복하고 부유한 왕자의 삶을 살았던 붓다가 출가하게 된 동기는 4고(四苦: 生老病死)에 대한 자기성찰을 통해서이다. 앞서 살펴본 대로 출가 후 6년간의 고행을 통하여 진리를 터득한 붓다는 모든 사람들에게 인생의 참된 모습을 인식시켜 죽음 등에 관한 고苦에서의 해방을 위해 한평생 설법에 주력하였다.

붓다는 깨달음을 얻은 후에 모든 사람은 죽는 존재임을 인식시키고, 죽음에 대한 두려움에서 벗어날 것을 권유하였다. 이렇듯 붓다는 죽음의 실존성을 인정하고 또한 그것에 대해 슬퍼할 필요가 없다고 하였다.

붓다의 근본 가르침 가운데는 삼법인三法印이라고 하는 '세 가지 진리'가 있다. 즉 제행무상諸行無常, 제법무아諸法無我, 열반적정涅槃寂靜이 그것이다. 모든 '존재는 끊임없이 변하는 것'(諸行無常)에서 불타는 현상적 존재의 영원불변성을 부정하는 존재관을 보여준다. 제법무아는 '현상의 모든 존재는 고정된 실체를 갖지 않는다'는 것으로 일상적인 자아라는 존재 역시 참된 실체로 존재하는 것이 아님을 시사한다. 일상적 자아라는 것은 일종의 오온五蘊으로 이루어진 가아假我에 지나지 않는다는 것이다. "인간은 물질적 형체인 색色과, 개체를 지속적으

로 존속시키려고 느끼고(受), 생각하고(想), 작용하고(行), 식별하는
(識) 정신적 기능의 다섯 요소로 구성되어 있다. 따라서 인간의 죽음을
수명과 체온과 의식이 사라져 신체의 모든 기관이 변하여 파괴된
모습이라고 규정하게 된다."[126]

열반적정의 열반이란 '서늘하게 식히다' 또는 '불을 끄다'의 의미를
가진 '니르바나(nirvana)'를 가리킨다. '적정'이란 이 열반의 경지를
가리키는 말이다. 따라서 열반적정은 고의 원인을 근원으로부터 깨닫
고, 그 원인을 멸절滅絶함으로써 마음의 평온과 평안을 얻은 상태이다.
이것은 고의 원인을 깨달았다는 점에서 최고의 지혜를 얻은 상태,
즉 '혜해탈慧解脫'에 이른 것이며, 그 원인을 멸절하여 마음의 평안을
얻었다는 점에서 최고 행복에 도달된 상태, 즉 '심해탈心解脫'을 얻은
것이다.[127]

이런 불교의 존재관에서 볼 때 그 어떤 것도 영원할 수가 없다.
생生이라 해도 영원한 삶이 아니며 사死라 해도 또한 영원한 사멸死滅이
아니다. 이런 관점에서 불교의 윤회전생설이 나타난다. 윤회전생 사상
은 불교 이전부터 인도의 여러 종교나 사상에서 전래되어 오던 것을
수용한 것이다.[128] 즉 중생은 지옥·아귀·축생·인·천·아수라의 여섯
갈래로 나누는 바, 모든 중생은 이 여섯 갈래를 전전하면서 생사를
되풀이한다는 것이다. 이런 순환의 원동력은 업業으로, 즉 행위가

126 김영미, 「불교의 죽음관」, 『종교와 한국인의 죽음관』, 전주대학교 인문과학종합
    연구소, 1999, p.93.
127 윤사순, 『동양사상과 한국사상』, 을유문화사, 1983, pp.39~40.
128 배영기, 『죽음학의 의미』, 교문사, 1992, p.214.

하나의 세력으로 남아 다음의 생을 방향 지운다는 것이다. 이런 관점에서 볼 때 죽음은 영원한 사멸이 아니고 새로운 태어남의 방향은 지금까지 자신이 해온 행위에 의해 결정되는 것이므로 윤리의식이 철저하면 할수록 죄의식은 더욱 강해지고, 그럴수록 다음의 생에 대한 두려움이 죽음을 가까이할수록 커질 가능성을 갖게 된다고 보는 것이다.

하지만 현실적인 생의 입장에서 보았을 때에 곧 다가오는 죽음의 그림자에 대한 공포에 대한 방안책이 필요하게 된다. 다시 말해 허무적인 생에서의 죽음에 대한 현실적 수용이 시급한 문제라는 것이다. 그리하여 불교에서는 괴로움을 극복하기 위해 인식의 전환을 요구한다. 그것에 앞서 고(苦, dukkha)에 대한 좀 더 자세한 설명이 선행될 필요가 있다.

불교는 외재적 실재인 신이나 우주의 발생 원리와 같은 초월적인 진리에서 시작하지 않고 구체적으로 우리들이 인식할 수 있는 현실세계에 대한 올바른 관찰과 인식으로부터 출발하고 있다. 인식주체인 인간과 인식되어지는 대상이 만나는 곳이 곧 세계이며, 붓다는 이 세계의 실상을 고苦로 보았다. 여기서 고는 고성제(苦聖諦, dubkha)·집성제(集聖諦, samudaya)·멸성제(滅聖諦, nirodha)·도성제(道聖諦, màrga)의 네 가지 진리에 대한 설명(四聖諦)으로 이해할 수 있다.

(2) 죽음에 대한 붓다의 태도

열반 내지 대반열반이라는 말이 흔히 붓다의 죽음을 대신해서 관용적으로 사용되고 있다. 그렇지만 엄밀히 말해서 '죽음'과 '열반 내지 대반열반'은 분명히 다르다. 붓다고사(Buddhaghosa)의 정의를 빌리자면, '죽는다'에 해당하는 팔리어는 '칼람 카로티(kalam Karoti)'이다. 'Kala'는 문자 그대로 시간을 의미하는 것으로, 인간의 생명과 관련하여 쓰일 때는 이 세상에 태어날 때 받은 수명의 길이를 말하는 것이다. 'Kalam Karoti'는 자신이 부여받은 시간, 즉 이 세상에서 머물 수 있는 육신의 시간을 마친다는 의미이다. 이 세상에 태어나는 자는 모두 자신에게 배당된 kala가 있다. 붓다도 예외일 수 없다. 죽음은 태어난 자는 누구나 피할 수 없는 것이지만 열반은 생·사의 시간을 벗어난 것이다.

붓다고사에 의하면, 붓다는 반열반에 들어가기 위해 자신의 수명을 다했다(kalam Akari)고 한다. 붓다의 죽음이라고 언표할 때는 육신의 죽음을 의미하는 것으로 이해해야 하는 것이다. 붓다의 입멸이라고 했을 때는 불생불멸의 열반에 들어간 붓다라고 이해하는 것이 정확하다. 여기서 붓다의 죽음이라고 했을 때는 육신과 관련된 것이다.

『대반열반경』은 왕사성의 영취산에서 붓다가 아자투사투(Ajata-sattu) 왕의 자문에 응답하는 것으로 시작된다. 붓다는 날란다를 거쳐 파탈리푸트라에서 갠지스강을 건너 베살리(Vesali)에 도착한다. 벨루바(Beluva)에서 우안거를 시작한 직후, 붓다는 격심한 질병에 걸리게 된다. 파바(Pava)에서 춘다가 올린 최후의 공양 수카라맛다바(Sukara-maddava)를 드시고 붓다는 질병에 걸리게 된다. 붓다는 쿠시나라(Kusinara)의 외곽에 있는 동산에서 살라(Sala) 나무 밑에서 입멸하고 말라족이 붓다의 장례를 치른다. 『열반경』은 불탑을 건립하는 이야기로 끝을 맺는다.

붓다의 마지막 여정 중에서 붓다가 겪었던 질병을 살펴보자. 벨루바에서 우안거를 시작한 직후 붓다에게 격심한 질병이 일어났고, 그 질병은 너무나 고통스러워 죽을 정도였다고 경전에서 묘사하고 있다. 그러나 붓다는 자신의 제자들이 여러 곳에 흩어져 있어 마지막으로 자신을 볼 기회가 사라지게 될 것을 염려하여 자신의 병고를 극복하여 수명을 연장하였다.

붓다는 질병의 고통을 정념하고 정지한 채 불평하지 않고 견디어 냈다. 붓다가 이 질병을 이겨내지 못했었더라면 죽을 수밖에 없었다. 노년에 질병을 겪는 것은 붓다도 예외가 아니었다. 다만 붓다는 질병의 고통에도 불구하고 정신을 잃거나 혼미하지 않았던 점을 주목해야 할 것이다.

『반니원경般泥洹經』에서 붓다는 자신의 육체를 낡아빠진 수레에 비유하고 있다. "나는 이제 늙었고 나이도 80세에 이르렀다. 낡은 수레의 모습으로 우리도 없고 강함도 없다."[129]라고 하였다.

『열반경』에서는 장거리 여행 도중 나타나는 노령의 흔한 피로와 질병을 목격하게 된다. 경전에서 우리는 붓다의 노쇠한 징후와 모습을 여기저기에서 목격할 수 있다. 춘다가 올린 최후 음식을 취한 후 붓다는 피를 배설하는 병고를 당하거나 갈증을 호소하는 장면이나 몸이 불편하여 누워 휴식을 갖는 장면도 볼 수 있다. 2,600여 년 전 그 당시로 보아 80세라는 고령의 나이에 이른 붓다는 자주 질병으로 고통 받고 있었던 것으로 경전은 전하고 있다. 그 이전에도 붓다는 등병이나 두통으로 고통 받았다고 경전은 전하고 있다. 결국 붓다의

---

129 『般泥洹經』(『大正藏』1, p.180上), "我亦已老 年且八十 形如故車 無牢無强."

육신도 우리의 육신과 다를 바가 없다는 것을 짐작할 수 있다.

붓다는 쿠시나라에서 입멸하였다. 쿠시나라는 붓다 당시에도 매우 조그마한 마을이었던 것 같다. 붓다가 이곳에서 입멸하려고 하자, 시자 아난다가 큰 도시에서 입멸할 것을 붓다에게 간청한다. 세속적인 관습에 순응하려는 아난다의 간청을 붓다는 거절한다. 즉 과거 전생에 이 땅은 풍요롭고 아름다운 거대한 수도였기 때문에 여기서 입멸하겠다는 것이다. 지난 과거세에 여러 번 이곳에서 전륜성왕으로 죽었지만, 이번 생애에는 마지막으로 붓다로서 입멸하여 다시 태어나는 일이 없을 것이라고 밝히고 있다. 붓다가 자신의 고국 카필라바수트를 가는 도중 쿠시나라에서 입멸했다고 해석하는 사람도 있을 수 있다. 이렇게 되면 붓다는 자기가 원하지 않는 곳에서 객사한 것이다. 이런 객사설에 대항하여 붓다는 의도적으로 쿠시나라를 선택했다는 것이다.『열반경』은 붓다가 열반에 들기 전 이 세상에서의 그의 마지막 상태를 설명하고 있다. 붓다는 최후로 제자들에게 가르침을 설하고 난 뒤 다음과 같은 기록이 남아 있다.

"세존은 초선初禪에 이른다. 초선에서 나와 2선에 이른다. 2선에서 나와 3선에 이른다. 3선에서 나와 4선에 이른다. 4선에서 나와 공무변처空無邊處에 이른다. 공무변처에서 나와 식무변처識無邊處에 이른다. 식무변처에서 나와 무소유처無所有處에 이른다. 무소유처에서 나와 비상비비상처非想非非想處에 이른다. 비상비비상처에서 나와 상수멸想受滅에 이른다. 그러고 나서 세존은 상수멸에서 나와 비상비비상처에 이른다. 비상비비상처에서 나와 무소유처에

104

이른다. 무소유처에서 나와 식무변처에 이른다. 식무변처에서 나와 공무변처에 이른다. 공무변처에서 나와 4선에 이른다. 4선에서 나와 3선에 이른다. 3선에서 나와 2선에 이른다. 2선에서 나와 초선에 이른다. 초선에서 나와 2선에 이른다. 2선에서 나와 3선에 이른다. 3선에서 나와 4선에 이른다. 4선에서 나온 즉시 반열반하였다."[130]

붓다의 입멸 과정이 정각처럼 선정과 밀접히 연계되어 있다는 것은, 붓다는 마지막 순간까지 늘 '깨어 있음'을 말하려는 것이다. 이러한 의미에서 '깨어 있는 자'를 의미하는 붓다(Buddha)라는 용어가 역사적인 붓다에게 가장 맞는 호칭일 것이다. 육신이 죽는 순간에서도 의식이 혼미한 것이거나 신비로운 황홀 상태에 있었던 것이 아니라, 자신과 그 주위에 일어나고 있는 것에 대하여 또렷하게 깨어 있음을 말하고 있다. 붓다의 탄생을 전하는 문헌에서도 붓다는 탄생할 때 또렷이 깨어 있었다고 강조하고 있다. 탄생부터 입멸까지 붓다는 온전하게 깨어 있는 사람(覺者)이었던 것이다.

육신의 죽음을 맞이하는 붓다의 태도는 한마디로 '깨어 있음'이라고 할 수 있다. 육신의 노쇠, 질병, 죽음을 초연하고 평정하게 대하고 있다. 질병을 이겨내어 생명을 연장한 것도 자신의 육체에 대한 애착에

---

130 『大般涅槃經』(『大正藏』1, p.205上), "即入初禪 出於初禪 入第二禪 出於二禪 入第三禪 出於三禪 入第四禪 出第四禪 入於空處 出於空處 入於識處 出於識處 入無所有處 出無所有處 入於非想非非想處 出於非想非非想處 入滅盡定 爾時阿難 既見如來湛然不言 身體肢節不復動搖 即便流淚而作是言 世尊今已入般涅槃."

서가 아니라 제자들을 위한 것이었다. 입멸 3개월 전에 자신의 죽음을 알린 것은 수동적으로 육신의 죽음에 희생당하지 않는다는 것을 보인 것이다. 무상한 육신의 생사에 구속되지 아니하고 거기로부터 자유로움을 보여준 것이다.

　우리들은 육신을 '나(我)' 또는 '나의 것(我所)'으로 여기며 애착한다. 그러나 붓다는 육신은 무아라고 가르치고 있다. 죽음 앞에서 자신이 애착했던 육신은 허무하게 사라지게 된다. 사람들은 육신의 죽음을 대하면서 두려워하거나 애통해하지만, 붓다는 무상한 육신 너머에 있는 열반을 추구하라고 가르치고 있다.

(3) 불교의 죽음 준비

티베트에 전해 내려오는 격언에 "살아 있는 동안에는 두려워하지 않다가 죽을 때가 되어서야 두려워하는 것보다는, 살아 있는 동안에 죽음을 두려워하고 죽을 때는 두려워하지 않는 편이 훨씬 낫다."라는 말이 있다. 사람들은 드라마를 보다, 혹은 영화 한 편을 보다가 문득 화면에 극중 배우들이 죽음에 임박한 극적인 연기를 보며 그 순간에 누구나 죽음에 대하여 그 모든 것과의 이별에 대하여 잠시 상념에 젖어볼 때가 있다.

　나까무라 하지메(中村 元)는 죽음을 다음과 같이 정리한 바 있다.

　"모든 인간은 죽는다. 인간이 가장 두려워한 것은 죽음이다. '개똥밭
　에 굴러도 이승이 낫다.'라는 우리 속담은 죽음에 대한 두려움을
　보여준다. 죽음과 자연을 두려워하는 인간의 심성이 종교를 만들었

고, 인간이 현실적으로 죽음을 피할 수 없는 존재임이 분명한 이상, 죽음에 대한 불안을 극복하기 위해선 죽음의 의미를 철저히 이해하는 것보다도 더 좋은 방도가 없을 것이다. 불교에서는 죽음의 불안으로부터 해방되기 위한 수행으로서 염사念死라는 것이 중시되어, 특히 선종禪宗의 수행으로 활용되었던 것도 그러한 입장의 반영일 것이다."131

이처럼 피할 수 없는 죽음을 극복하기 위해서는 죽음의 의미에 대한 탐색이 필요하다는 점을 역설하였다. 우리가 사는 삶에는 결국 죽음이 엄습해 온다. 그 누구도 죽음을 초월할 수가 없다. 가진 자도 가지지 못한 자도, 부귀빈천富貴貧賤 남녀노소를 막론하고 죽음은 달가운 명제가 아니다. 죽음을 생각하고 모든 사람은 반드시 죽는다는 명제는 철학과 종교의 출발이다. 두려운 죽음을 누구나 생각하고 싶지 않지만 생각을 하지 않을 수도 없다.

"자! 눈을 감고 잠시만 조용히 생각하여 봅시다. 우리는 과연 무엇 때문에 살고 있는가. 아무리 우리가 살려고 발버둥 친다 해도 언젠가는 우리 모두 죽게 마련인 인생인 것을 왜 이렇게 아옹다옹하면서, 때에 따라서는 서로를 비방하고 험담하고, 또는 극심한 경우 생명까지도 빼앗아 가면서 우리는 지금 살아가고 있는가, 아니면 죽어가고 있는가. 인생의 예지를 가르쳐 주고 그 참뜻을 가르쳐 준 위대한 철학자, 종교가치고 그들이 젊었을 때 죽음을 의식하고 그것을

---

131 中村元, 『佛敎語大辭典』(縮別本), 東京: 東京書籍, 1981, p.535.

문제로 하여 깊은 사고와 번민에 빠져 보지 않은 사람은 하나도 없었습니다. 그 결과 그들이 인생의 바른길을 찾아서 남과 함께 인생을 이야기하며 옳은 길을 가도록 할 수 있게 된 것도 그들이 죽음을 의식하고 그것을 심각한 문제로 삼은 데에 있었다고 봅니다."[132]

이처럼 우리가 인생의 참다운 뜻을 찾고 보람 있는 삶을 갖기 위해서는 무엇보다 먼저 죽음을 의식하고 그것을 심각한 문제로 삼을 필요가 있다. 그러기에 붓다도 무엇보다 먼저 '모든 것은 덧없다(諸行無常).'라고 우리의 의식을 일깨워 주었던 것이다. 불교가 모든 것이 덧없음을 강조하고 있음은 바로 이런 이유에서다. 그렇다고 불교를 염세적인 종교, 비관적인 종교 내지는 철학이라고 생각함은 커다란 잘못이며, 이는 불교를 올바로 이해하지 못한 것이다. 현대인들은 먹고 살기 바쁜 사람이나, 또는 부유한 사람이나 간에 이상할 정도로 죽음을 의식하지 못하며 살고 있다. 어쩌다 의식한다 해도 대수롭지 않게 생각하려는 경향이 있다. 이는 자신의 병을 알면서도 치료의 고통이 두려워 버려두는 것과 다를 바 없는 것이다. 막상 죽음에 다다라 당황하고 두려워해 보아도 이미 늦은 것이다. 그래서 하루라도 후회 없는 삶을 찾기 위해서는 이제라도 모든 것이 덧없음을 절실히 느껴야 한다.[133]

132 임종수, 「생활불교와 과학」, 한국교수불자연합회 편저, 『현대사회와 불교윤리』, 우리출판사, 1991, p.63.
133 임종수, 앞의 글, p.64.

일생을 통해 쾌락만을 추구하여 남을 위한 봉사는 한 번도 해보지 않은 사람이 죽음에 다다랐을 때, 그때도 인생은 쾌락을 위한 것이라 할 수 있을까. 이런 경우의 후회와 괴로움은 인간으로서는 감당할 수 없을 것이다. 덧없는 것은 결코 즐거운 것이 아님을 우리는 깊이 깨달아야 한다. 죽음 준비는 삶과 죽음 각각에 관련해 말할 수 있다. 첫째, 죽음 준비는 삶과 관련해 삶의 시간이 제한되어 있음에 유념하면서 지금 자신이 살아가는 방식을 돌아보고 시간을 낭비하지 말고 보다 의미 있는 삶을 영위하라는 뜻이다. 둘째, 죽음 준비는 죽음과 관련하여 평소에 죽음을 미리 준비하여 갑자기 죽음이 찾아오더라도 편안히 죽음을 맞이할 수 있도록 충분히 준비해 두라는 의미이다.

죽음 준비는 한마디로 갑자기 찾아올 죽음에 대비하여 삶을 보다 의미 있게 살라는 뜻이다. 따라서 죽음 준비는 죽을 준비가 아니라 바로 삶의 준비를 의미한다. 이런 의미에서 죽음 준비를 하지 않고 삶을 영위한다는 것은 모순이다.

그렇다면 죽음을 편안히 맞이하기 위해서는 어떻게 살아야 될지 심사숙고할 필요가 있다. 죽음을 편안히 맞이할 수 있도록 돕는 것은 바로 지금 우리가 삶을 영위하는 방식이다. 삶을 이치에 맞게 살지 않고서 죽음을 편안히 맞이할 수 없기 때문이다. 올바르게 사는 법을 익혀야 죽음을 평온하게 맞을 수 있다. 죽음은 언제나, 어디에서나, 누구에게나 일어날 수 있으므로 자신에게 주어진 시간이 제한되어 있음도 우리는 알게 된다. 죽음의 임박성을 의식하면서 살게 될 때 '만일 내게 주어진 시간이 한정되어 있다면 내가 해야 할 가장 중요한 일은 무엇인지' 자기 자신에게 되묻게 된다.[134]

우리가 어떤 생애를 살아왔는지에 따라서 어떤 종류의 죽음과 중음 기간과 환생을 겪게 될지가 결정된다고 불교인들은 믿는다. 우리가 행한 행동들은 우리 의식의 연속체에 인상을 남긴다. 그래서 부도덕한 행위는 고통으로 인도하고, 도덕적인 행위는 행복과 만족으로 인도하는 것이다. 다르마(dharma, 法)에 따라 깊이 수행한 의식의 연속체가 죽으면 일반적으로 다음 생에 상당히 성숙한 정신을 가지고 태어나게 된다. 다르마 수행은 그런 식으로 한 생에서 다음 생으로 계속 이어지다가, 드디어 번뇌와 장애를 완전히 벗어나 윤회로부터 해탈하고 완전한 깨달음을 성취하는 것으로 완성된다[135]고 한다.

오진탁은 죽음이란 '옷을 갈아입는 과정'일 뿐이라고 한다. 이는 불교의 윤회론적인 관점을 설명한 것이다. 그의 말을 정리해 보면 첫째, 누구나 죽는다. 둘째, 언제든지 죽을 수 있다. 셋째, 어디서든지 죽을 수 있다. 넷째, 누가 언제 어디서 어떻게 죽을지는 아직 정해져 있지 않다는 사실이다.[136] 이처럼 인간은 죽음 앞에서 평등한 존재이다. 그러나 누구나 이와 같은 조건에서 죽음을 맞이하지만, 사람마다 죽어가는 마지막 모습이 똑같지는 않다. 사람마다 죽는 모습이 천차만별인 것은 결국 죽음을 바르게 이해하지 못하기 때문이다. 죽음을 제대로 이해하지 못한다는 말은 곧 인간으로서 존엄함을 지니고서 죽는 사람이 드물다는 뜻이다. 죽음은 삶과 둘이 아니므로, 죽음을 이치에 맞게 이해하지 못하면 삶 역시 바르게 살지 못하게 된다.

---

134 오진탁, 「웰빙을 넘어 웰다잉으로」, 『불광』, 2000. 10, p.40.

135 B. 알란 윌리스 저, 주민황 옮김, 『삶과 죽음의 다르마』, 숨, 2001, pp.53~54.

136 오진탁, 앞의 글, p.41.

따라서 죽음에 대한 오해를 불식시켜 삶을 제대로 이해하는 일이 시급하다. 인간답게 삶을 영위하기 위해서라도 죽음을 바르게 이해하는 일은 중요한 과제라 하겠다.

(4) 불교의 생에 대한 관점

불교에서는 인간이 죽은 후의 또 다른 세상을 설정한다. 이것은 미지의 세계이기 때문에 '명계冥界'라 부른다. 불교에서는 망자의 생전 선업과 악업에 의해 극락정토와 명부지옥의 세계가 정해지는 것으로 설명한다. 그러나 앞서 살펴본 대로 도교에서는 인간의 죽음은 기氣의 흩어짐에 불과하여 죽은 후의 존재에 인간의 의미를 상정하지 않는 태도를 보인다. 그래서 불사不死를 중시하고 영생을 얻고자 하는 현세의 노력을 강조하여, 장자莊子의 생사제동生死齊同 혹은 생사본무生死本無라는 식의 사고를 하게 되는 것이다.

결국 불교와 도교는 죽음에 대한 극복 문제를 중시하여 그 해결방법에 대해 고민하여 왔다. 더욱이 극락정토나 신선의 세계는 인간이 가장 동경하는 세계이기 때문에 더 언급하지 않아도 좋을 것이나, 명부의 세계에 대해서는 더욱 알고 싶어 하는 호기심이 발동하는 것이 일반적이다. 미지의 세계에 대한 두려움의 극복은 결국 인간 발전의 원동력이 되기 때문이다.

불교의 죽음관에 관한 논의는 불교에서 인간의 상황에 대한 이해와 윤회의 교리에서 중심을 이루고 있다. 이러한 관점들은 붓다의 깨달음 동기 또한 죽음에 대한 해결을 구하기 위한 것으로 봐도 무리가 없을 것이라는 시각에서부터 출발한다. 즉 붓다는 성 밖의 병자, 늙은이,

시체 등을 보고 난 후 출가를 하게 되었고, 이후 고행과 명상을 통해 중도를 깨닫게 되었다.

이상과 같이 고통에 대한 원인과 해결방법에 불교의 근본 교리가 담겨 있다. 붓다가 발견한 것은 이 세상에는 영구적으로 실재하는 것은 아무것도 없으며, 죽음의 과정을 통해 사람들에게 영구성을 부여하는 불변의 자아라든가 영혼 같은 것도 존재하지 않는다는 사실을 말하고 있기 때문에 사람들은 얼핏 부정적 시각을 갖기 쉽다. 그러나 불교에서는 무아의 존재를 깨닫게 되면 고통스런 현실에서 벗어날 수 있다는 것을 말하고 있으므로 염세주의(厭世主義, pessimism)라고는 볼 수 없다.

불교에서 죽음을 이야기하기 전에 생에 대한 관점을 살펴보면, 불교에서는 생명체의 탄생에 대하여 크게 4가지 유형으로 나누고 있다. 태생胎生·난생卵生·습생濕生·화생化生의 4생四生이 그것으로 여기서 문제로 삼는 것은 태생이며, 이는 아버지의 정자와 어머니의 난자가 결합하는 과정에 식(識, vijñāna)이 들어가 하나의 생명체가 형성되는 것으로 보고 있다.[137] 이는 생사를 윤회전생하게 되는데, 초기불교에서는 12연기 사상으로 이를 설명하고 있다. 연기설에서는 혼자서 생긴다든지, 혼자서 존재하는 것은 아무 것도 없다고 보았다. 모든 존재들은 원인들과 그 원인들의 관계에 의해 발생하기도 하고 소멸하기도 한다는 것이다. 연기법에서 말하고 있는 존재의 소멸, 즉 죽음은 "이것이 없기 때문에 저것이 없고, 이것이 사라지기 때문에

---

137 韓普光, 「佛敎에 있어서 胎兒의 성장과정과 生命觀」, 太空 宋月珠 스님 華甲記念論叢, 『菩薩思想』, 1996, p.445 참조.

저것이 사라진다."[138]라는 구절로 귀결된다.

　그러나 전생에서 금생으로 태어나는 과정과 사후의 생명체에서 내세로 출생하기까지의 설명이 충분하지 않은 데 비하여, 부파불교의 4유(四有, catavāra-bhavāḥ)설은 이론적으로 확실히 설명해 주고 있다.[139] 즉 삼계·육도·사생은 유정의 윤회하는 모습이며, 유정의 생사윤회 상태는 사유설로 설명될 수 있다.[140]

　이 사유설에 대하여 『대비바사론大毘婆沙論』에서는 다음과 같이 설명하고 있다.

"네 가지 유有가 있으니 본유本有와 중유中有와 생유生有와 사유死有
이다. 이 가운데 유라고 하는 것은 중동분衆同分에 속한 유정수有情
數와 오온五蘊을 말한다. 본유란 무엇인가? 답하기를, 생분生分과
사분死分을 제외한 중간의 모든 유이다. 이것은 곧 일기一期 동안의
오온과 사온을 성性으로 삼는다. 무엇 때문에 이 유를 본유라 하는
가. 이것은 바로 지난날에 지었던 업으로 생기게 되기 때문이다.
생유란 무엇인가? 답하기를, 생분의 모든 온이다. 곧 결생結生할
때의 오온과 사온을 성으로 삼는다. 사유란 무엇인가? 답하기를,
사분의 모든 온이다. 곧 목숨을 마칠 때의 오온과 사온을 성으로
삼는다. 중유란 무엇인가? 답하기를, 두 가지 유(二有)의 중간의

---

138 『雜阿含經』(『大正藏』2, p.92下), "此無故彼無 此滅故彼滅."

139 四有說은 『發智論』과 『大毘婆沙論』, 『俱舍論』 등으로 이어졌고, 『阿毘曇甘露味論』에 나타나고 있다.

140 구윤임, 「佛敎에서 본 죽음과 그 受用에 관한 연구」, 동국대학교 석사논문, 2001, p.11.

오온을 성으로 삼는다. 무엇 때문에 이 유를 중유라 하는가? 답하기를, 이 유는 두 가지 유의 중간에 생기게 되기 때문이다. 두 가지 유의 중간에 생기면서도 취趣에 포섭된 것이 아니면 중유라 한다. 묻기를, 이 사유는 찰나인가, 상속인가? 답하기를, 둘은 찰나인데 사유와 생유이며, 둘은 상속인데 나머지 유이다."[141]

이상에서 본 바와 같이 4유는 환경을 포함한 광의의 신심身心을 나타내는 오취온을 체로 한다. 중생이 미혹의 세계, 생사에 윤회하는 한 기간의 생존 상태, 즉 윤회의 모습을 좀 더 자세히 설명하기 위하여 이를 4가지로 분류한 것이다.

불교에서는 생명의 기원에 대해서는 침묵한다. 그 결과 영혼의 유무도 논의의 초점이 되지 않는다. 『중아함경』「전유경箭喩經」[142]에서 육신과 영혼이 동일한가 다른가에 대한 물음에 침묵으로 대응하는 것이 이를 보여주고 있다. 또한 여래는 사후에 존재하는가 존재하지 않는가에 대한 물음에도 역시 침묵한다.

붓다는 영혼과 육신이 같은가 다른가의 문제는 생명에 대한 전도된

---

141 『阿毘達磨大毘婆沙論』(『大正藏』27, p.959上-中), "如說四有 謂本有中有生有死有 云何本有 答除生分死分諸蘊中間諸有 此則一期五蘊四蘊爲性 問何故此有說名本有 答此是前時所造業生故名本有 云何生有 答生分諸蘊則結生時五蘊四蘊爲性 云何死有 答死分諸蘊則命終時五蘊四蘊爲性 云何中有 答除死分生分諸蘊中間諸有則二有中間五蘊爲性 問何故此有說名中有 答此於二有中間生故 名中有 問若爾餘有亦是中有皆於二有中間生故 答若於二有中間生非趣所攝者名中有 問此四有幾刹那幾相續 答刹那謂死有生有 二相續餘有."

142 『中阿含經』(『大正藏』1, pp.804上-805下)

114

생각에서 나온 것이라고 본다. 영혼과 육신이 같다면 육신의 죽음을
통해 삶은 끝날 것이며, 죽으면 그만인 삶에 가치 있는 삶의 추구는
무의미하다. 과학적 생명관은 이러한 문제를 안고 있는데 육신과는
달리 죽지 않는 영혼이 존재한다고 해도 마찬가지이다.[143] 영혼이
죽지 않는다면 생사해탈의 수행이 무슨 의미가 있겠는가. 붓다는
이 모두가 생명의 실상에 대한 무지에서 비롯된 것이라 보고 생명의
실상을 자각할 것을 강조하고 있음을 알 수 있다.

(5) 죽음에 대한 관점

초기불교에서는 윤회의 시원을 무명無明으로 파악하여 무명에서 비롯
하여 노사老死에 이르는 과정을 윤회로 보고 있다. 따라서 무명의
극복은 윤회의 단절이 될 수 있다. 무명은 3독三毒의 근원이기 때문에
번뇌지煩惱地이기도 하다. 부파불교 가운데 설일체유부說一切有部에
서는 이를 다시 대지법大地法, 대보지법大普地法, 대번뇌지법大煩惱地
法, 대불선지법大不善地法, 소불선지법小不善地法의 5종 심지법心地法
으로 나누어 설명한다. 반면 경량부에서는 이것을 종자(種子, bija)로
이해한다. 마음의 종자는 물질 – 전변 – 차별의 심리현상을 통해 업의
변환을 증명하려 했는데, 다만 부파불교의 최대 쟁점은 업과 인과세계
의 완전한 소멸이 가능한가 하는 데에 대한 논구이다.[144]

부파불교에서는 업의 본질을 상세히 논하고 윤회의 구조를 교리화하

---

143 구윤임, 앞의 논문, pp.23~24.
144 정병조, 「佛敎의 生死觀」, 『생명연구』1, 서강대학교 생명문화연구원, 1993,
p.229.

였다. 미혹인 번뇌가 업을 일으키면 그 결과 고통의 현상세계가 성립한다는 것이 기본구조이다. 또 윤회의 세계로는 5도 또는 6도를 주장하기도 한다. 여기서 지옥은 더위와 추위의 고통으로 가득 찬 곳으로 각각 8개씩 설정되며, 천계는 점차 계층화되어 22천으로까지 분류되는데, 그 최상층을 색구경천色究竟天 또는 유정천有頂天이라 한다. 불교에서 말하는 삼계란 지옥에서부터 유정천까지의 온갖 세계를 욕계·색계·무색계의 3가지로 분류하여 할당한 것으로, 결국 윤회세계를 총칭한다. 『아비달마구사론阿毘達磨俱舍論』에서는 이에 대한 설명이 불교의 우주론으로 전개되어 아비달마 교학의 전형을 이룬다. 여기서는 12연기설을 윤회와 결부시켜 교리적으로 해석하는데, 12연기는 과거·현재·미래의 3세에 걸친 윤회세계가 인과에 의해 성립함을 제시하는 것으로 이해된다.

『중아함경』에서는 죽은 뒤의 존재에 대해서 다음과 같이 말하고 있다.

"세 가지 법이 있어 산 몸이 죽은 뒤에는 몸이 무덤 사이에 버려져 나무처럼 무정물無情物이 된다. 어떤 것을 세 가지 법이라 하는가? 첫째는 수壽(ayus)이고, 둘째는 난暖(uṣṇa)이며, 셋째는 식識(vijñāna)이다. 이 세 가지 법으로 산 몸이 죽고 나면 몸은 무덤 사이에 버려져 나무같이 무정물이 된다."[145]

---

145 『中阿含經』(『大正藏』1, p.791中-下), "有三法生身死已 身棄塚間 如木無情 云何爲三 一者壽 二者暖 三者識 此三法生身死已 身棄塚間 如木 無情."

116

이는 죽음을 '수·난·식'의 3가지 요소가 몸을 떠난 것으로 말하고
있는 것으로 이는 무정물이라고 보고 있다. 이후 대승 경전에서는
"수명이란 들숨과 날숨이다."[146]라고 하는데, 즉 그것은 호흡이다.
또 난에 대해서는 "난이란 냄새나지 않고, 썩지 않음이다."[147]라고
정의하고 있다. 즉 '호흡이 정지되고, 체온이 상실되며 의식이 없게
된 상태'를 죽음이라고 말하고 있다. 특히 식에는 6식이 있어서 이것이
없어지면 심신(名色)은 사멸된다. 보다 넓게 말하면 식의 인식을 통해
세계가 성립하고 있다고 할 수 있다. 이 식에 의거해 보면 다른 수·상·행
도 그 인식 대상이 될 것으로서 이 식만은 명색에 의존한다고 하여
폭넓게 심신 전체에 대하는 것으로 간주했던 것이다.[148] 그러므로
이 식은 부파불교에서 보이는 윤회의 주체 역할이나 유식학파의 아뢰
야식과는 다르며, 의식 즉 오온에서 말하는 식으로 인식작용을 의미한
다.[149] 또한 『잡아함경』에서는 죽음을 다음과 같이 말하고 있다.

"죽음이란 무엇인가? 저러한 중생들이 저러한 종류로 몰락하여
옮겨가되 몸이 파괴되고 수壽가 다하며 화火가 떠나고 명命이 소멸
해서 음陰을 버리는 때가 이른 것을 죽음이라 한다."[150]

146 『大方等大集經』(『大正藏』 13, p.164中), "識入出者 名爲壽命."
147 『大方等大集經』(『大正藏』 13, p.164中), "不臭不爛 是名爲暖."
148 木村泰賢, 朴京俊 譯, 『原始敎理思想論』, 경서원, 1992, pp.138~139.
149 윤호진, 「佛敎에서의 죽음의 意味」, 『腦死認定, 그 불교적 조명』, 동국대 불교문
　　화원, 1993, p.11.
150 『雜阿含經』(『大正藏』 2, p.85中), "云何爲死 彼彼衆生 彼彼種類沒遷移 身壞壽盡

"수와 난과 식은 신身을 버릴 때 함께 버린다. 그 몸은 흙더미
속에 버려져 심心이 없어 목석과 같다. 이를 사(죽음)라고 한다."[151]

위 인용문과 같이 죽음이란 수와 체온 및 식의 소멸로 인하여 모든
기관이 파괴되어 몸과 명이 분리되는 현상을 말한다고 할 수 있다.
『증일아함경』에서도 죽음에 대해 다음과 같이 말하고 있다.

"죽음이란 무엇인가? 이른바 저러저러한 중생들이 되풀이하면서
받은 몸에 온기溫氣가 없어지고, 덧없이 변하여 다섯 가지 친척이
나누어지며, 다섯 가지 쌓임의 몸을 버리고, 명근命根이 끊어져
파괴되는 것이다."[152]

즉 체온의 소멸과 명근이 끊어져 파괴되는 현상을 죽음이라고 말하
고 있다. 또 이상의 세 가지 요소에 대해서 대승 경전의 일종인 『대방등
대집경』에서는 의학적 죽음의 정의와 일치하는 요소들이 발견되는데,
수에 대해서는 "수명이란 들숨과 날숨이다."[153]라고 하였고, 이어서
난에 대해서는 "난이란 냄새나지 않고 썩지 않음이다."[154]라고 정의하고

火難命滅 捨陰時到 是名爲死."

151 『雜阿含經』(『大正藏』 2, p.105中), "壽暖及與識 捨身時俱捨 彼身塚棄間 無心如
木石."

152 『雜阿含經』(『大正藏』 2, p.797下), "云何爲死 所謂彼彼衆生 展轉受形體無熅
無常變異 五親分張 捨五陰身 命根斷壞 是謂爲死."

153 『大方等大集經』(『大正藏』 13, p.164中), "識入出者 名爲壽命."

154 『大方等大集經』(『大正藏』 13, p.164中), "不臭不爛 是名爲煖."

있다. 다시 말하면 죽음이란 호흡이 정지되고 체온이 상실되며 의식이 없게 된 상태를 말하고 있는 것으로, 이는 현대 의학의 관점에서 보면 폐의 사망에 의해 심장과 뇌의 죽음이 초래된다는 사망관을 반영하는 것이라 하겠다.

불교에서는 사람이 죽어서 재생할 때까지 중간에 있는 존재를 중유中有 또는 중음中陰이라고 표현한다. 『유가사지론瑜伽師地論』에서는 중유를 다음과 같이 기술하고 있다.

"중유中有로서 만일 내가 인연을 얻지 못하면 7일을 한도로 하여 머무르되, 태어날 인연을 얻게 되리라고 결정한 것은 아니다. 만일 7일을 한도로 하여 인연을 얻지 못하면 죽었다가 다시 나서 7일을 한도로 하여 머물곤 한다. 이렇게 차츰 아직도 내가 인연을 얻지 못하면 칠칠일七七日까지 머물게 된다. 이 중유가 7일이 되어 죽은 뒤에는 혹은 이 종류에서 나기도 하고, 다른 업으로 바뀌어 나기도 한다. 중유의 종자가 바뀌면 곧 다른 종류로 나게 된다."[155]

이는 중생이 죽으면 7일을 단위로 하여 머무르되, 인연을 얻지 못할 경우 49일까지 머무르게 되는데, 이를 중유라고 한다는 것이다. 이 기간에 인연을 받아야만 중유의 종자가 바뀌어서 원래 소속된

---

155 『瑜伽師地論』(『大正藏』 30, p.282上-中) "又此中有 若未得生緣極七日住 有得生緣卽不決定 若極七日未得生緣死而復生 極七日住 如是展轉未得生緣 乃至七七日住 自此已後決得生緣 又此中有七日死已 或卽於此類生 若由餘業可轉 中有種子轉者 便於餘類中生."

곳에서 다시 태어나거나 또는 다른 종류로 태어난다고 한다.[156] 이는 미세한 오온으로 구성된 것이라 하며, 따라서 재생하는 주체이며 영혼과 같은 역할을 하는 것으로 보고 있다. 그러다 유가행파에 이르러 아뢰야식을 주장하게 되는 것이다. 이것은 업이 조성한 과거의 습관력을 받아들여 간직하는 잠재의식과 같은 것으로, 현상세계란 여기에 간직된 업력이 외부로 발현된 것일 뿐인데 이것이 바로 윤회세계이다. 따라서 이 아뢰야식이 청정하게 된다면 발현될 업력도 없어져 더 분별할 것도 없는 깨달음의 세계, 즉 해탈의 세계가 열린다. 여기서 아뢰야식은 윤회의 주체로서 영혼과 같은 역할을 맡고 있지만, 그런 역할이 강조되기보다는 세계에 대한 진실한 지혜를 얻는 수행의 이론적 근거로서 중요한 의미를 지닌다.

이후 대승불교에서는 생명의 본질을 존재로 보지 않고 업으로 본다. 이러한 업설의 생명관에서 보면 생명의 존엄은 업의 결과 즉 과보이다. 이러한 관점에서 인간의 생명은 본래적으로 존엄한 것이 아니라 고귀한 삶이 생명을 존엄하게 만든다고 볼 수 있다.

앞서 살펴본 바와 같이 불교의 근본교리에서는 사후세계에 대한 적극적인 설명은 피하고 있으며, 이는 이후 대승불교의 발전과 더불어 구체화되는 양상을 보인다. 즉 선업을 쌓는 것을 강조하는 불교윤리의 측면에서 더욱 발전시키고 있다는 말이다. 결국 사후세계는 대승보살 사상과 맥을 함께하고 있으며, 이를 통해 중생구제라는 대승의 등불을 밝히고 있다.

---

156 국립문화재연구소, 『불교의례와 음식』, 국립문화재연구소, 2017, p.19.

　중국이 불교를 받아들여 자신들의 민간신앙인 도교와의 관계 속에서 발전해 간 것과 마찬가지로 한국불교 또한 당시 토착신앙과 영향을 주고받았을 것이며, 이를 한국인의 심성 속에서 주체적으로 수용했을 것으로 보는 것이 좋을 것이다. 특히 사후세계에 대한 모호성은 어떤 민족이든지 두려움의 대상이 아닐 수 없으므로 이를 구체화하여 제시할 수 있는 당시 한국의 종교로는 불교가 절대적이었기 때문에 민중들의 신앙은 현세구복과 내세의 극락정토에 왕생하기 위한 것이 주를 이루었다.

　개인의 견성을 통한 깨달음의 추구는 선禪의 전래를 통해 지금까지 계속되고 있지만, 신앙의 차원에서는 아무래도 기복에 대한 문제를 도외시할 수 없는 측면이 있다. 그리고 그 중심에 바로 사후세계에 대한 두려움의 극복이라는 문제가 자리하고 있기 때문에 불교 죽음관의 문제는 현대에서도 중요하게 다뤄져야 할 문제라 사료된다.

(6) 생사일여의 죽음관

대승불교에는 반야般若 사상의 흐름과 불성佛性 사상의 흐름이 있다. 『금강경』에서는 반야 사상을 볼 수 있고, 『열반경』에서는 실유불성實有佛性 사상을 볼 수 있다. 이 두 가지 사상의 흐름은 선불교의 대표적인 경전인 『육조단경六祖壇經』에서 통합되고 있다. 반야 사상과 불성 사상의 융합이 『육조단경』의 핵심을 이루기 때문이다.[157]

---

157 이병찬, 「선불교에 나타난 생사관」, 『동아시아불교문화』 28, 동아시아불교문화
　　학회, 2016, p.306.

"그대들은 잘들 있어라. 이제 그대들과 작별하리라. 내가 떠난 뒤에 세속의 인정에 따라서 슬피 울거나 눈물을 보이지 말라. 사람들의 조문을 받거나 몸에 상복을 걸치는 자는 내 제자가 아닐뿐더러 또한 정법도 아니다. 무릇 자기의 본심을 알고 자기의 본성을 보라. 거기에는 동動도 없고 정靜도 없으며, 생生도 없고, 멸滅도 없으며, 감(去)도 없고, 옴(來)도 없으며, 옳음(是)도 없고 그름(非)도 없으며, 머무름(住)도 없고 가는 것(往)도 없다. 다만 그대들의 마음이 미혹하여 내 뜻을 이해하지 못할까 염려될 뿐이다. 이제 다시금 그대들에게 부촉하여 그대들로 하여금 견성토록 하겠다. 내가 떠난 후에 내 가르침을 따라서 수행하면 내가 살아 있는 것과 같다. 그러나 만약 내 가르침을 벗어나면 설령 내가 세상에 살아 있다손 치더라도 또한 아무런 이익도 없다."[158]

'내가 떠난 후에'도 '내가 살아 있던 것과 마찬가지로' 하라는 것은 삶과 죽음 그 어떤 것에도 무게 중심을 두고 있지 않다는 말이다. 어느 것 하나 의미 없지도 않고 가볍지도 않다. 그렇게 끝도 없고 시작도 없는 연속선 안에 있는 것이기에 지금 각자가 처해 있는 상황에서 항상 해왔던 것처럼 하면 되는 것이다. 그리고 '생生도 없고, 멸滅도 없다'는 것을 직접적으로 이야기하고 있다. 이는 법성法性에는 본래부

---

158 『六祖大師法寶壇經』(『大正藏』 48, p.345上), "汝等好住 吾滅度後 莫作世情悲泣 雨淚 受人弔問 身著孝服 非吾弟子 亦非正法 但識自本心 見自本性 無動無淨無 生無滅 無去無來 無是無非 無住無往 恐汝等心迷 不會吾意 今再囑汝 令汝見性 吾滅度後 依此修行 如吾在日 若違吾教 縱吾在世但 亦無有益."

터 생멸거래生滅去來가 없다는 의미이다.[159]

불교에서는 살아서 자신을 둘러싼 인연을 담담하게 받아들여 인연을 따라 모든 것을 성취하며(隨緣行), 죽음에 이르러서도 삶에 집착하지 않고 여전히 흔들림 없는 마음을 유지하는 것을 가르친다. 삶은 기쁨이고 죽음은 두렵거나 슬픈 일이 아닌 것이다. 그냥 단순이 인연 따라 일어난 현상의 하나에 불과한 것일 뿐이다. 그러므로 붙들어야 할 삶이나 밀어내야 할 죽음이란 개념은 없다. 태어나고 죽음이 마치 한 조각의 구름이 일어나고 사라지듯, 인연이 모이면 생기고 인연이 흩어지면 멸하는 하나의 현상일 뿐, 일어남의 기쁨이나 멸함의 슬프고 안타까운 의미 따위는 전혀 개입되지 않는 것이 할 일을 마친 선가禪家의 생사인식이다.

선가에서는 삶과 죽음을 하나로 보는 철저한 생사일여관生死一如觀이 깔려 있다. 삶과 죽음이 둘이 아니라는 인식은 불타가 가섭에게 전한 삼처전심三處傳心의 하나인 니련하반의 '곽시쌍부槨示雙趺'와 달마의 '총령도중수휴척리蔥嶺途中手携隻履'[160]를 보면 붓다는 벌써 죽음에 이르렀고 달마도 죽음을 당했으나, 붓다는 육신이 죽었어도 가섭제자에게 관 밖으로 두 발을 내보이는 현상을 보였고, 달마는 송운을

159 김호귀 역,『육조대사법보단경』, 한국학술정보, 2010, p.193.
160 위무제의 사약을 받아 달마를 옹이산에 장사지냈는데, 달마 입적 이전 인도에 특사로 갔던 송운이 총령을 넘다가 주장자 끝에 신발 한 짝을 메고 오는 달마를 만났다. 송운이 대사에게 어디로 가느냐고 물으니, 인연이 다돼서 돌아간다고 하며, 본국으로 돌아가거든 대왕께 문안 여쭈라는 말을 남겼다. 그가 돌아와 왕에게 전하자 깜짝 놀라며 그의 무덤을 파보니, 달마의 시신은 없고 오직 텅 빈 관에 신발 한 짝만 남아 있었다는 일화다.

만나 대화하는 현상을 보였다. 모두 생사초탈의 불교적 관점을 볼 수 있는 내용이다.

이러한 생사를 초탈하는 관점은 『작법귀감』에서도 다양하게 나타난다. 『작법귀감』을 편찬한 백파 자신이 선의 입장에서 해석한 부분이 많기 때문이다.

관욕편에서 진행되는 '수의복식'에 대한 내용 중에서 '옛것을 버리시고 새 옷으로 갈아입는다.'의 의식 절차에서도 죽음과 삶의 의미가 낡은 옷을 벗고 새 옷으로 입는 것으로 비유하고 있듯이, 선가의 생사일여 사상이 의례에서도 잘 표현되고 있다고 볼 수 있다.

"옷이 없는 이는 옷을 드리오니 알몸을 가리시고, 옷이 있는 이는 헌 옷을 버리시고 새 옷으로 갈아입으소서."[161]

성인이나 도인은 죽는 일을 마치 낡은 옷을 벗어버리는 것과 같이 생각하므로 굳이 헌 옷을 오래 입으려 하지 않는다. 즉 도를 통한 이는 이 몸을 그림자로 보고 꿈속의 일로 본다. 따라서 그림자나 꿈속에서 보았던 일은 꿈이 깨고 나면 모두 헛것이듯, 삶도 또한 그렇게 간주하는 것이다.[162]

백파는 앞의 글처럼 시신의 처리를 단순히 태워 없애는 것보다 백파 이전부터 전승된 의례집 『다비문』에서 나타난 선의 입장에서 그가 평소 즐겨 주장하던 임제삼구, 진공묘유, 대기대용 등의 개념을

---

161 『作法歸鑑』(『韓佛全』 10, p.589), "無衣者 與衣覆體 有衣者 棄古換新."
162 심상현, 『불교의식각론 8』, 영산불교문화원, 2012, p.66.

대입시켜 새로운 해설로 주석을 달았다. 『다비작법』의 삭발편에 나타나는 다음과 같은 게송은 생사일여의 의미를 잘 나타내고 있다.

"태어남은 어느 곳으로부터 오는 것이며, 죽음은 어느 곳을 향하여 가는 것입니까? 난다는 것은 한 조각 뜬구름이 일어나는 것이며 죽는다는 것은 한 조각 뜬구름이 스러지는 것입니다. 뜬구름 자체가 본래 실다움이 없듯. 살고 죽고 가고 옴도 또한 그러합니다. 다만 한 물건이 있어 항상 홀로 드러나 침착하고 고요하니 나고 죽음에 따르지 않습니다."[163]

이 게송은 고려 공민왕 때 왕사王師를 지냈던 나옹 화상懶翁和尙의 누님이 동생인 나옹에게 염불을 배우고 나서 스스로 읊었다는 '부운浮雲'이라는 선시라고 전해지고 있다. 태어남과 죽음을 한 조각 뜬구름(一片浮雲)의 일어남과 사라짐에 비유하고 있으며, 삶과 죽음 자체가 구름이 일어났다가 없어지는 것과 별반 다르지 않다는 인식이다. 생사를 규명하기 위해 쓰인 단어로 '부운浮雲'과 '일물一物'을 들 수 있다. 생사란 무명의 결과이고, 부운은 생사의 비유다. 따라서 생사를 주체로 하고 있다는 것은 무명을 주제로 한다는 것이며, 이것을 부운에 비유한 것은 무명의 실체가 본래 없음을 의미한다.[164]

---

163 『作法歸鑑』(『韓佛全』 10, p.586), "生從何處來 死向何處去 生也一片浮雲起 死也一片浮雲滅 浮雲自體本無實 生死去來亦如然 獨有一物常獨露 湛然不隨於生死."

164 심상현, 앞의 책, p.73.

다음은 『다비작법』의 삭발편에 이어 목욕편에 나오는 게송이다.

"만일 누구라도 부처의 경계를 알고자 할진댄 마땅히 그 마음을
허공과 같이 깨끗이 할지어다. 망상과 모든 취향을 멀리 여의어
마음이 향하는 바가 어디든 걸림이 없어야 하느니라."[165]

이 게송은 『화엄경』「여래출현품」에 나오는 게송으로서, 한 인간으
로서 깨달음을 얻어 불타가 되었을 때 불타의 제자들은 불타가 되는
방법을 궁금해 했을 것이다. 불타는 그 답으로 마음을 깨끗이 하라고
알려준다. 이 마음은 망상과 번뇌로 덮여 있기 때문에 그 마음을
허공과 같이 깨끗이 한다면 누구나 불타의 영역에 오를 수 있다.
　백파는 '약유욕지불경계若有欲知佛境界 당정기의여허공當淨其意如
虛空'은 진공眞空을 밝힌 것으로, '원리망상급제취遠離妄想及諸取 영심
소향개무애令心所向皆無礙'는 묘유妙有를 밝힌 것으로 설명하였다. 이
러한 죽음관은 '무상계'에서도 잘 드러나고 있다. 내용이 길지만 전문을
인용해 보도록 하겠다.

"대저 무상계는 열반에 들어가는 중요한 문이고 고해를 건너는
자비의 배입니다. 그러므로 모든 부처님께서도 이 계로 인하여
열반에 드셨고, 일체 중생들도 이 계를 의지하여 고해를 건넜습니
다. (아무) 영가시여, 그대는 오늘 6근과 6진을 멀리 벗어나서

165 『華嚴經』(『大正藏』10, p.265中), "若有欲知佛境界 當淨其意如虛空 遠離妄想及
　　諸取 令心所向皆無礙."

126

영혼의 알음알이만이 홀로 드러나 부처님의 위없는 깨끗한 계를 받게 되었으니 어찌 다행한 일이 아니겠습니까? (아무) 영가시여, 겁화가 태워버리면 대천세계도 다 부서지고 수미산과 큰 바다도 다 말라버리고 맙니다. 하물며 나고 늙고 병들고 죽음과 근심·슬픔·고뇌에 시달리는 이 몸인들 어찌 이를 멀리 벗어날 수 있겠습니까? (아무) 영가시여, 머리카락·털·손톱·치아·피부·살·근육·공수·뇌·때·색신들은 모두 흙으로 돌아가고, 침·눈물·고름·피·진액·거품·가래·정액·대변·소변들은 모두 물로 돌아가며, 따뜻한 기운은 불로 돌아가고, 움직이는 기운은 바람으로 돌아가 사대가 제각기 흩어지면 오늘 이 죽은 몸은 장차 어느 곳에 있겠습니까? (아무) 영가시여, 사대는 허망한 것이며 임시로 있는 것이어서 사랑하고 아낄만한 것이 못 됩니다. 그대는 시작이 없는 옛적부터 오늘에 이르기까지 무명을 연하여 행을 일으키고, 행을 연하여 인식작용을 일으키며, 인식작용을 연하여 명색을 일으키고, 명색을 연하여 육입을 일으키며, 육입을 연하여 촉을 일으키고, 촉을 연하여 수를 일으키며, 수를 연하여 애를 일으키고, 애를 연하여 취를 일으키며, 취를 연하여 유를 일으키고, 유를 연하여 생을 일으키며, 생을 연하여 늙음·죽음·근심·슬픔·고뇌를 일으킵니다. 그러니 무명만 없앤다면 행도 없어질 것이요, 행을 없애면 식이 사라질 것이며, 식이 사라지면 명색이 사라질 것이요, 명색이 사라지면 육입이 사라질 것이며, 육입이 사라지면 촉이 사라질 것이요, 촉이 사라지면 수가 사라질 것이며, 수가 사라지면 애가 사라질 것이며, 애가 사라지면 취가 사라질 것이요, 취가 사라지면 유가 사라질 것이며,

유가 사라지면 생이 사라질 것이요, 생이 사라지면 늙음·죽음·근심
·슬픔·고뇌가 사라질 것입니다."[166]

무상계는 불법이 생사의 고해를 건너 열반으로 들어가는 핵심 되는
가르침을 밝히고 있다. 세상의 모든 것이 고정되어 있지 않고 무너져버
리는데, 몸이라고 해서 예외가 아니라는 뜻이다. 몸이라는 것은 죽으면
지수화풍으로 흩어지고 마는 것이니 무상하다는 것이다. 그리고 12인
연법을 설명하고 결국 무명으로 인해 몸을 받아 괴로움을 받고 윤회하
게 된다는 내용이다. 이것이 곧 불교 죽음관의 핵심이라 하겠다.

---

[166] 『作法歸鑑』(『韓佛全』 10, pp.601~607), "夫無常戒者 入涅槃之要門 越苦海之慈
航 是故一切諸佛 因此戒故 而入涅槃 一切衆生 因此戒 故 而度苦海 某靈 汝今日
逈脫根塵 靈識獨露受佛無上淨戒 何幸如也 某靈 劫火洞燃 大千俱 壞 須彌巨海
磨滅無餘 何況此身 生老病死 憂悲苦惱 能與遠違 某靈 髮毛爪齒 皮肉筋骨 髓
腦垢色 皆歸於地 唾涕膿血 津液沫淡 精氣大小便利 皆歸於水 暖氣歸火 動靜歸
風 四大各離 今日亡身 當在何處 某靈 四大虛假 非可愛惜汝從無始已來 至于今
日 無明緣行 行緣識 識緣 名色 名色緣六入 六入緣觸 觸緣受 受緣愛 愛緣取
取緣有 有緣生 生緣老死憂悲苦惱 無明 滅則行滅 行滅則識滅 識滅則名色滅
名色滅則六入滅 六入滅則觸滅 觸滅則受滅 受滅則愛滅 愛滅則取滅 取滅則有滅
有滅則生滅 生滅則老死憂悲苦惱滅."

III. 불교 상장례의 기능과 절차

불교의 상장례는 불교의례에서 가장 중요한 부분을 차지한다. 그러나 상장례를 살펴보기 위해서는 불교의례에 대해 이해하는 것이 선행되어야 한다. 다양한 불교의례서가 있지만, 그 대종은 『작법귀감』이나 『석문의범』에서 찾을 수 있다.

특히 『석문의범』은 여러 불교의례서의 종합서적 격이기 때문에 상장례 절차 또한 종합적으로 담겨 있다고 할 수 있다. 본 장에서는 불교의례와 의례집에 대한 전반적 이해를 통해 불교 상장례 절차를 임종의례, 빈소의례, 그리고 다비의례로 살펴보도록 하겠다. 그리고 나서 상장례문화가 어떻게 변화되어 왔는지를 역사적 전개에 따라 상장례법을 중심으로 검토해 보도록 하겠다.

1. 불교의례의 기능과 변화

1) 불교의례의 기능과 분류

(1) 불교의례의 기능

의례란 교리나 사상이 실천과 행동으로 나타나 정형화된 것이다.
특히 종교 의례는 그 종교적 이상을 실현하는 구체적 기제라고 할
수 있다. 따라서 불교의례는 불교의 지향점, 즉 내가 부처가 되고
다른 이들이 부처가 되도록 도와주는 반복적인 문화의 하나이다.
불교의례의 첫 번째 기능은 현세이익에서 찾을 수 있다. 즉 내세보다
현세에 충실할 것을 강조하여 현세에 얻을 수 있는 이익에 대해 말한다.

현세이익의 기능을 살필 수 있는 의례로는 팔관재八關齋를 들 수
있다. 팔관재는 십재일[167]을 기반으로 한다. 팔관재에 대해 설하고
있는 최초의 경전은 원시경전의 하나인『증일아함경增一阿含經』이다.
그 일단을 살펴보면 다음과 같다.

"이때에 세존이 모든 비구들에게 말하기를 15일 중 삼재일이 있으니

---

[167] 齋日이라 할 때 '齋는 梵語 우포사다(uposadha)의 번역어로 원래 심신을 청정하
게 가지고 행동을 삼가며 반성하여 해이해진 마음을 경계하는 것으로 '齋戒'라고
도 부른다. 불교에서 '재'의 의미는 용례가 대단히 풍부하고 그 함축된 의미도
역시 매우 다양하다. 그런데 이것은 불교에만 한정되어 있지 않고 도교에서도
역시 '齋를 말하고 있으며, 이슬람교 등 타 종교에서도 역시 齋月 등을 가지고
있다. 이슬람교에서 가장 성대하고 중요한 節日이 바로 라마단(封齋月) 이후에
시작되는 齋節이다. 따라서 '재'가 종교에서 보편적이고 중요한 기본 구성이라
는 것을 알 수 있다. 장충 지음, 앞의 책, p.265 참조.

무엇이 삼인가? 8일, 14일, 15일이다. 비구들은 이때를 마땅히 알아야 한다. 8일 재일은 사천왕이 그 신하를 보내어 세간을 관찰하고 누가 선이나 악을 지었는가, 어떤 중생이 부모에게 효도하고 사문이나 바라문이나 어른에게 공경하는가, 어떤 중생이 보시를 좋아하고 계율과 인욕과 정진과 삼매를 닦으며 경전의 뜻을 연설하고 팔관재를 가지는가, 라고 자세히 분별한다."[168]

이처럼 팔관재를 지킬 것을 설하고 있다. 즉 8일에는 사천왕이 신하를 보내어 살피며, 이후 14일에는 태자를 보내고, 15일에는 사천왕 자신이 하강하여 지계자持戒者를 살핀다고 설하고 있다. 이처럼 십재일 신앙이 원시경전에서부터 설해지고 있음을 볼 때 재가자를 위한 붓다의 재세 시부터 일정한 날을 정하여 그 날 하루 동안만이라도 팔관재계를 수지하는 의식이 행해져 왔으리라고 추측할 수 있다.

이러한 의례는 중국으로 건너와 재가자뿐만 아니라 출가자들도 동참하는 의식으로 변하게 되었다. 중국이나 우리나라에서는 이러한 의식이 팔관재일 또는 팔관회라고 하여 진호국가鎭護國家의 뜻을 내포한 국가의식으로까지 발전하였다.[169] 특히 우리나라에서는 신라시대부터 행해져서 고려시대에 와서 대단히 성행하였다.[170] 신라에서는

---

168 『增一阿含經』(『大正藏』2, p.624中), "爾時世尊告諸比丘 十五日中有三齋日 云何爲三 八日, 十四日, 十五日, 比丘當知或有是時 八日齋日 四天王遣諸輔臣 觀察世間 誰有作善惡者 何等衆生有 慈孝父母 沙門 婆羅門及尊長者 頗有衆生 好喜布施 修戒忍辱精進三昧 演散經義 持八關齋者 搆分別之."

169 大谷光照著, 『唐代の佛敎儀禮』, 有光社刊, 1937, p.62.

170 安啓賢, 『韓國佛敎思想史研究』, 東國大出版部, 1983, p.199.

진흥왕 12년(551) 고구려에서 귀화한 혜량을 국통을 삼은 신라는 백좌강회와 팔관법을 행하게 되었다 한다(『三國史記』 권44, 居柒夫條). 또한 정순일은 『미륵상생경』·『미륵하생경』·『미륵성불경』 등에는 팔관재를 수지하여 태어나게 되었다는 내용이 있는 것으로 미루어 팔관재법과 미륵신앙의 연관관계에 대한 개연성을 제시하고 있다.[171]

한편 양은용은 "팔관회는 원래 신라 화랑도에서 연유한 선仙·선풍仙風 등의 '선'과 유·불·선의 '선'을 동일시한 데서 비롯된다. 각종 속신적 성격을 띠며 고려 왕실 5례五禮 중 하례잡의賀禮雜儀로 설행된 팔관회는 시대에 따라 개념도 변천했던 데 유의해야겠지만, 어찌됐건 도참신앙圖讖信仰이 유행하는 가운데 불교의 호국적인 면과 관련되어 행해진 국가적 제의다."[172]라고 말한다. 또한 이능화(李能和, 1869~1943)는 다음과 같은 견해를 나타내고 있다.

"태조 이래로 팔관재를 행하여 천지 산천 등 제신에게 제사지내고, 또 구정毬庭에서 천지 산천에 초제를 지내고 기타 종종 초제를 행하였다. 이 행사가 다 도교적 의의의 것이나, 한편 불교적 사상이 섞인 것이었으니 순전한 도교라고는 말할 수 없다."[173]

---

171 정순일, 「원불교와 미륵신앙」, 『원불교 사상과 종교문화』 34, 원광대학교 원불교 사상연구원, 2006, pp.111~112.

172 梁銀容, 「新羅八關會의 展開에 대하여」(第31回 佛教史學會發表要旨) 및 同 「高麗 八關會現象」, 『印度學佛教學研究』 28-1, 日本印度學佛教學會, 1980, p.188 참조; 梁銀容, 「高麗時代의 道教와 佛教」, 『韓國宗教』 8, 원광대학교 종교문제 연구소, 1983, pp.295~296.

173 李能和, 『朝鮮道教史』 卷十一章, 「高麗史上, 道教的 行事」, "雖然 自太祖以來

즉 이능화는 팔관재를 도교적 행사의 면에서 바라보고 있는데, 도교와 불교의 사상이 뒤섞인 것으로 이해하고 있다. 나아가 양은용은 고려불교의 한 특징이라 할 거사불교 유행의 일단을 보이면서, "거사들의 결사는 육재일, 즉 매월 8·14·15·23·29·30일이 회일로 되어 있다. …… 불교전통의 팔계재일八戒齋日은 입사자入社者의 정진일精進日인 셈이다. 생활 속에서 수지독송受持讀誦한 바가 이 날로 연결되고 이 날에 대조하고 연마한 바가 일상생활의 길잡이가 되는 재가신앙의 틀이 여기에 나타난다."[174]라고 하여 팔재일과 법화신앙과의 관련을 말하고 있다.

그러나 무엇보다도 직접적인 의례의 원형은 십재일 신앙에서 발견된다. 십재일에 대하여는『지장보살본원경』에서 다음과 같이 말하고 있다.

"만약 미래세의 중생들은 매달 1일, 8일, 14일, 15일, 18일, 23일, 24일, 28일, 29일, 30일의 십재일에 모든 죄의 가볍고 무거움이 결정된다. 염부제 중생들의 행동과 생각 하나 하나가 업 아님이 없고 죄 아닌 것이 없거늘, 하물며 방자한 마음으로 살생, 도둑질, 사음, 거짓말 등의 백천 가지의 죄를 일부러 지어서는 안 된다. 만약 십재일에 부처님과 보살님과 모든 성현의 존상 앞에서 이

行八關齋 以祀天地山川等神 又於毬庭醮齋 天地山川及其他種種醮祀 無非出於道教的意義 而但其行事 雜於佛教的思想 不可謂之純全道教."

174 梁銀容,「高麗 了圓撰 法華靈驗傳의 研究」, 文山金三龍博士華甲紀念,『韓國文化와 圓佛教思想』, 원광대학교 출판국, 1985, p.644.

경을 한 번 읽으면 동서남북 백 유순 내에서는 모든 재앙과 고난이 없어지며, 그가 사는 집안의 어른이나 아이가 현재 또는 미래의 백천 세에 악도에서 벗어나게 되느니라. 또한 매달 십재일에 이 경을 한 편씩 읽으면, 현재의 집안에 모든 횡액과 질병이 사라지고, 먹는 것과 입는 것이 풍족하게 되리라."[175]

즉 매월 1일, 8일, 14일, 15일, 18일, 23일, 24일, 28일, 29일, 30일의 10일간은 모든 죄를 모아서 그 경중을 정하는 날이므로 이 날만이라도 불전에서 이 경전을 독송하면 모든 재난이 없어지고 악취에 떨어지지 아니하여 현세에서는 횡병이 없어지고 의식이 풍요로워진다라는 내용이다.

현재 우리나라에서는 십재일 중 1일, 8일, 15일, 18일, 24일 등이 비교적 잘 지켜지고 있다. 이 중 어느 날인가를 선택하여 한 달에 2~3번씩 법회를 보고 있다. 그중에서 8일은 약사재일, 18일을 지장재일, 24일을 관음재일로 지키고 있으며, 특히 지장재일에는 〈지장청地藏請〉이라는 기도문을 독송함으로써 망자 천도를 하고 있다.

두 번째의 기능으로 내세 준비의 기능을 들 수 있다. 이는 예수의례預修儀禮를 통해서 살필 수 있는데, 예수란 글자 그대로 '미리 닦다'라는

175 『地藏菩薩本願經』(『大正藏』13, p.783中), "若未來世衆生 於月一日 八日 十四日 十五日 十八日 二十三日 二十四日 二十八日 二十九日 乃至三十日 是諸日等 諸罪結集 定其輕重 南閻浮提衆生擧止動念 無是業無不是罪 何況恣情殺害竊 盜邪淫妄語百千罪狀 能於是十齋日 對佛菩薩諸賢聖像前 讀是經一遍 東西南 北百由旬內無諸災難 當此居家 若長若幼 現在未來百千歲中永離惡趣 能於十 齋日每轉一遍 現世令此居家 無諸橫病 衣食豊溢."

뜻이다. 살아 있을 때 49재 의식을 미리 닦는다는 뜻이며, 이를 '역수逆
修'라고도 한다.

우리나라에서 찬술된 의식관계 문헌 중 이와 관련된 문헌은 4편이
현존하고 있다. 첫째, 육화六和 찬撰의 『예수천왕통의預修薦王通儀』
1책으로 이는 예수재 의식에 관한 통의이다.[176] 둘째, 편자 미상의
『예수문預修文』 2권 1책으로 이 또한 예수재 의식집이다. 이 책에는
『천지명양수륙재의天地冥陽水陸齋儀』 1권, 『수륙잡문소水陸雜文疏』 1
권, 『수륙잡문첩水陸雜文牒』 1권이 들어 있다.[177] 셋째, 대우大愚 집술集
述의 『예수시왕생칠재의찬요預修十王生七齋儀纂要』 1책으로 예수천도
를 위한 의식집이다.[178]

우리나라에서는 고려시대부터 널리 행해졌고 현대에도 널리 행해지
고 있다. 특히 윤월이 있는 해에는 전국 사찰에서 거의가 생전예수재
의식이 거행된다. 그렇다면 이 예수의례의 사회적 영향력이라는 것은
매우 큰 것이라고 할 수 있다. 이러한 예수의례의 연원을 경전에서
살펴보면 다음과 같다.

---

176 古刊本의 刊記는 미상이다. 현재 木板이 경기도 시흥군 淸溪寺에 있다.

177 1640년 羅州 湧珍寺刊본으로 국립중앙도서관에 소장되어 있다.

178 이는 古刊本은 첫째, 1566년 成川 白蓮山 靈泉寺 刊行(고려대 소장), 둘째,
   1576년 경상도 安東 鶴駕山 廣興寺 刊行(동국대 소장), 셋째, 1632년 朔寧
   水淸山 龍腹寺 改版(동국대 소장), 넷째, 1647년 順天 曹溪山 松廣寺 開板(동국
   대 소장), 다섯째, 1680년 妙香山 普賢寺 開刊(동국대 소장), 여섯째, 간기
   미상(국립중앙도서관 소장)이 있다. 따라서 조선 중기본이 집중적으로 보이기
   때문에 명종 대부터 숙종 대에 걸쳐 예수재가 유행하고 있음을 알게 해 준다.

"만약 어떤 남자나 여인이 생전에 착한 일보다는 죄를 많이 짓고 임종을 하였을 때, 그의 가깝고 먼 친척들이 훌륭한 공덕을 지어 복을 닦아주면 그 공덕의 7분의 1은 죽은 사람이 얻게 되고, 나머지 공덕은 살아 있는 사람 스스로의 차지가 된다. 그러므로 현재와 미래의 선남자 선여인이 이 말을 잘 새겨 스스로 닦게 되면 그 공덕의 전부를 얻을 수 있다."[179]

즉 사람이 생전에 선인善因을 닦지 않고 죄를 많이 지은 자는 사후에 그 권속들이 망자를 위하여 대소의 공덕을 갖출지라도 7분의 1만이 그에게 돌아가고, 7분의 6은 생자가 받게 된다. 그러므로 현재 말세의 중생들은 자수自修하여 모든 공덕을 받으라고 하고 있다. 그래서 생전에 닦는 자수가 절대적으로 필요한 것이다.

이상과 같이 예수의례는 처음에는 3·7일간이 중심이었으나 뒤로 올수록 7·7일간으로 변화하고 있다. 또한 본격적으로 체계화된 것이 『불설예수시왕생칠경』이며, 이는 중국의 도교와 민속신앙에서 연유된 것으로 추정되고 있다.[180]

예수의례를 집행하기 위해서는 여러 가지 준비와 소疏 등이 필요하게 된다. 이와 같은 준비에는 전생의 빚에 해당하는 지전紙錢과 『수생경壽生經』, 이것을 판가름하는 십이상속十二相屬, 사후에 염라대왕에게

---

179 『地藏菩薩本願經』(『大正藏』13, p.784中), "若有男子女人 在生不修善因多造衆罪 命終之後 眷屬小大爲造福利一切聖事 七分之中而乃獲一 六分功德生者自利 以是之故未來現在善男女等 聞健自修分分已獲."

180 中村照男, 『仏画の見かた』, 東京: 吉川弘文館, 2001, pp.132~133 참조.

생전예수재를 거행했다고 하는 증명인 함합소緘合疏가 필요하다. 그리
하여 『수생경』·『금강경』 등을 준비하여 이를 하나하나 함합소에 기록
하여 시왕단에 고하고 태워주는 봉송행사로 예수의례가 끝나게 된다.
이와 같은 신앙을 '수생기고신앙受生寄庫信仰'[181]이라고 한다.

다음으로 불교의례에서 중요한 기능 중 망자 천도의 기능이 있다.
천도란 죽은 이의 영혼을 좋은 세계로 보내는 의식으로서 천혼薦魂,
천령薦靈이라고도 한다. 종교적인 표현으로 설사 이 몸은 죽어가나
소소한 영식은 영원히 멸하지 아니하고 다시 새로운 몸을 받게 된다는
진리에 입각해서, 죽은 자가 다시 새로운 몸을 받되 좋은 조건으로
바꾸어 보려는 능동적인 노력이 천도라고 할 수 있다.[182]

불교에서의 천도는 불보살에게 재를 올리고 독경, 시식 등을 함으로
써 망자로 하여금 정토나 천상에 태어나도록 기원하는 의식이다.[183]
망자 천도의 기능은 다음 몇 가지 신앙에서 구체화된다.

첫 번째는 인로왕引路王 신앙이다. 인로왕 신앙이란 인로왕보살에
관한 것으로서 망자의 영혼을 안락정토에 인도하는 역할을 담당하는
보살로서 신앙되어지는 것이다.[184] 인로왕보살은 여타의 대승보살처
럼 독립된 경전이나 의식이 정립된 것이 아니라 지장신앙의 망자

---

181 洪潤植, 『韓國佛教儀禮の研究』, 隆文館, 1976, p.397.

182 金順錦, 「죽음에 대한 圓佛教의 哲學的인 照明」, 『人類文明과 圓佛教思想』,
    원불교출판사, 1991, p.1366.

183 徐慶田, 「원불교 薦度儀式과 사회윤리」, 釋山 韓鍾萬博士 停年紀念 特輯, 『圓佛
    教思想』 第20輯, 圓佛教思想研究院, 1996, p.49.

184 洪潤植, 「引路王菩薩信仰」, 『韓國宗教史研究』 2, 韓國宗教史學會, 1973, p.37.

천도의례에서 나오는 보살이다. 그러므로 관음보살이나 지장보살, 시왕과 같이 별다른 단壇을 갖지도 않고, 독립된 의례도 존재하지 않는다. 단순히 일부의 사원에서 지장신앙과 병행하여 영단靈壇에 인로왕보살의 불화나 번기幡旗로써 모셔져 예경되고 있으며, 영혼천도의례에 있어서 보조적 기능으로 그 의의를 가지고 있다. 그 역할에서는 영혼을 인도하는 기능으로써 손님이 가정에 방문했을 때 안내자의 역할이라고 비유할 수 있다. 그러므로 내영접인도來迎接引導, 안내의 보살로 신앙되어 왔다.

영가천도에 있어서 첫째로 시행되는 것은 시련侍輦[185]인데, 시련이란 영혼을 불보살의 의식도량에 인도하는 의식으로 마중하는 절차에 해당한다. 이 의식은 인로왕보살이 주가 되며 '나무대성인로왕보살南無大聖引路王菩薩'이라 쓴 기를 선두에 세워 행진하는 의식이다.

둘째, 대령의식對靈儀式이 이어지는데 이는 시련의식을 통해 맞이한 영혼을 불보살단에 가기 전에 응접하는 의식이며, 역시 인로왕보살이 주가 된다. 이때는 '나무극락도사아미타불南無極樂導師阿彌陀佛', '나무좌우보처양대보살南無左右補處兩大菩薩', '나무접인망령인로왕보살南無接引亡靈引路王菩薩'을 칭함으로써 아미타불, 관음·세지와 함께 나란히 모셔지게 된다.

셋째, 관욕의식灌浴儀式은 영혼이 불보살에게 공양 올리기 전에 목욕함으로써 평소의 업식業識을 깨끗이 하는 의식이다. 여기에서도 영혼을 욕실까지 인도하고 가며 목욕이 끝나고는 모셔오는데 인로왕보

---

185 또는 侍輩라고도 한다.

살의 역할이 중요시되고 있다.

넷째, 시식의례施食儀禮로 망자의 영혼에 공양을 베풀고 천도하는 절차로 천도의례의 절정이라고 할 수 있다. 이때 인로왕보살은 지장보살과 아미타불이 망자의 영혼천도의 직접적 담당자임에 반해 증명으로만 있을 뿐이다.

다섯째, 봉송의례奉送儀禮로 봉송이라는 것은 영혼을 보내는 것을 말한다. 이 봉송의례에 있어서도 인로왕보살은 안내를 담당하게 된다. 마지막 다비의례茶毘儀禮에서도 마지막 작별을 고한 뒤 인로왕보살의 안내에 의해서 극락정토로 향하게 된다.

어휘에서 나타나는 인로왕보살이란 고유명사로서의 보살명이 아닌 정토극락에 안내한다는 의미이다. 따라서 인로왕보살이 인도하는 낙지樂地란 반드시 서방정토가 아니라도 좋다. 이는 천상일 수도 있고 도리천궁일 수도 있고, 그 외의 불국토일 수도 있다.

두 번째는 49재 신앙이다. 망자의 천도를 위하여 49일간 재의식을 행하는 것이 49재라고 불리는 의례이다. 최근 이러한 49재의 의미에 대해 알기 쉽게 풀어 쓴 법문집이 출판되었다. 무비는 법문집에서 49재를 왜 하는지, 어떤 마음가짐으로 해야 하는지, 윤달에 주로 하는 생전예수재와 음력 7월 보름 백중에 하는 우란분재는 어떤 차이가 있는지 등을 『금강경』, 『지장경』, 『임제록』 등 경전과 선어록을 인용해 설명하고 있어 이 분야의 이해를 위해 좋은 자료라 생각된다.[186]

---

186 무비스님, 『일곱 번의 작별 인사』, 불광출판사, 2009 참조. 또한 라마불교에서 비전되어 오던 『死者의 書』(원본은 Tibet 秘傳으로 1957년 Evans Wentz의

이 49재는 사람이 죽은 날로부터 매 7일째마다 7회에 걸쳐 지내기 때문에 달리 칠칠재라고도 한다. 그렇다면 왜 하필 49일을 기한으로 삼는가 하는 의문이 드는데, 그 까닭은 사람이 죽으면 다음 생을 받을 때까지 49일 동안 생과 사의 중간 상태인 중음신이 되어 떠돌면서 다음 생의 인연처를 정하게 된다. 따라서 이 49일 동안 유가족이 영가를 위해 재를 올리며 공덕을 지어 주면, 나쁜 업을 지은 영가는 불보살의 가피 덕분에 고통의 세상으로 나아가지 않게 되고, 평범한 업을 지은 영가들은 훌륭한 공덕을 이루어 보다 더 좋은 인연처를 만나게 되는 것이다.

또한 이 49일 동안은 영가의 식이 매우 맑아져 있기 때문에 이 기간 동안 법문을 정성껏 들려주면 영가가 매우 지혜로워져서 지난 세상에 대한 애착을 끊고 쉽게 해탈을 이루어 극락정토로 나아가게 된다는 것이다.

49재는 사후 중유(中有: 中陰)의 기간에 치르는 것으로 곧 장지에서 사찰로 반혼하여 반혼재(反魂齋: 入齋)를 올린 후, 집에서 상청喪廳을 마련하여 상식을 올리는 대신 사찰 법당의 영단靈壇에 망자의 영정과 위패를 모시게 되며, 사후 7일째 되는 날 초재를 시작으로 49일간 매 7일마다 일곱 번에 걸친 천도재를 치르게 된다. 따라서 이 기간은 유족에게도 거상居喪에 해당하여 탈상 때까지 일상과 분리된 상중에 머물다가, 49일째 되는 날 막재를 성대하게 치름으로써 망혼은 저승으로, 유족은 탈상하여 일상으로 돌아오게 되는 것이다. 이처럼 7회로

영역 및 Alexandra David Neel의 佛譯版 등이 있다) 속에 상세히 언급되어 있다.

구조화된 가운데 유족들의 형편이나 상황에 따라 횟수를 조정하는 경우도 드물지 않다. 따라서 1·3·5·7재 또는 초하루·보름재로 횟수를 줄이거나 막재만 지내는 것 역시 어느 정도 관례화되어 있다.[187]

이 49재의 연원을 경전을 통해 살펴보면, 망자의 천도 사상을 설하고 있는 『우바새계경優婆塞戒經』에서는 "부친이 상을 당해 굶주린 귀신 가운데 떨어지면 자녀는 마땅히 추복追福함을 알아야 득得할 수 있다."[188]라고 했는데, 여기서는 49일이라는 구체적인 일수는 나오지 않지만 망자를 위한 추복 사상이 보인다고 할 수 있다.

『범망경梵網經』에서는 49일이라는 날짜가 보이고 있는데, 그 내용은 다음과 같다.

"만약 병이 유행하고 나라에 재난이 있고 도둑이 번성할 때나 부모, 형제, 화상, 아사리가 죽은 날과 죽은 지 21일 내지 49일에도 대승의 경율經律을 해설해야 하며, 여러 가지 재를 지내고 복을 구할 때나 다니면서 생활을 할 때나……."[189]

여기서 비로소 망자를 위한 21일이나 49일간 대승 경전과 재회齋會를 베풀 것을 말하고 있다. 분명 율전律典인 『범망경』에 설해진 49일간의

---

187 구미래, 「불교 죽음의례의 유형과 변화양상」, 한국종교문화연구소 편, 『종교문화비평』 16, 2009, pp.59~60.

188 『優婆塞戒經』(『大正藏』 24, p.1059下), "若父喪已墮餓鬼中 子爲追福當知卽得."

189 『梵網經』(『大正藏』 24, p.1008中), "若疾病國難 父母兄弟和上阿闍梨 亡滅之日 及三七日 及至七七日 亦應讀誦講說大乘經律 齋會求福行來治生……."

재회는 대승불교의 계율에도 영향을 미쳤을 것이다. 그러나 무엇보다도 49재에 대한 설명은 『지장보살본원경』에서 찾아볼 수 있다.

"이곳은 염부제에서 악한 짓을 하다가 죽은 중생 가운데 49일이 지나도록 그를 위해 공덕을 지어 고난에서 건져주는 일이 없거나 살아 있을 때 착한 인연을 지은 것이 없으면, 어쩔 수 없이 본래 지은 악업대로 지옥에 떨어지게 된다."[190]

이것은 지장보살의 전생담인데 그의 어머니가 악을 많이 지어서 지옥으로밖에 갈 수 없었으나 딸의 보시행으로 천상에 태어났다는 내용을 설명하는 부분이다. 여기서 사후 49일이 지나간 뒤에 다른 곳으로 환생한다는 내용이 나오므로 명도冥途의 기간이 49일간임을 암시하고 있다. 또 「이익존망품」에는 다음과 같이 전하고 있다.

"그가 죽은 뒤 49일 안에 가족들이 여러 가지 좋은 공덕을 지어 주면, 그 사람은 영원히 악도를 여의고 인간세상이나 천상에 태어나 뛰어나고 묘한 즐거움을 받게 되오니, 현재의 가족들도 한량없는 이익을 받게 됩니다."[191]

---

190 『地藏菩薩本願經』(『大正藏』13, p.779上), "此是閻浮提造惡衆生新死之者 經四十九日後 無人繼嗣爲作功德救拔苦難 生時又無善因 當據本業所感地獄."

191 『地藏菩薩本願經』(『大正藏』13, p.784上), "爲身死之後七七日內廣造衆善 能使是諸衆生永離惡趣 得生人天受勝妙樂 現在眷屬利益無量."

즉 망자를 위해 사후 49일간 선을 베풀면 삼악도를 벗어나 천상에 태어나며, 그 권속에게도 공덕이 많다고 설하고 있다. 이 이외에도 여러 부분에서 49재의 이익에 대하여 설명하고 있다.

다음으로 의례의 면에서 볼 때, 49재 의례의 발생은 『불설예수시왕 생칠경』에서 비롯되고 있다.

"효성스러운 자식이 재를 지내고 복을 지음으로써 망인을 천도하여
고통에서 벗어나게 하니, 이는 낳고 길러주신 은혜에 보답하는
길이다. 49재를 지내고 성상을 조성하면 부모는 그 과보로 천상에
태어난다."[192]

여기서 49재의 천도관계에 대해서 직접적으로 언급하고 있다.

이상과 같이 불교의례에서는 사람이 죽으면 7일마다 1번씩 시식을 행하여 49일 동안 7번의 재의식을 베푼다. 그러면서도 7번째 49일에는 성대히 재의식을 치른다. 우리나라에서는 대부분 백일에 해당하는 백재百齋까지는 가족들이 사찰에 와서 49재를 지내고, 그다음 1주기부터는 각 가정에서 제사를 모시는 것이 상례이다. 따라서 이 기간에만 죽은 자의 영혼이 새로운 생명을 얻기 위한 천도의례가 가능하며, 이것은 산 자에 의해서만 가능하게 된다. 그래서 불교에서는 49일 동안의 상장례가 중요하며, 중유에 대한 관념의 확대는 영산재·수륙재 와 같은 영혼천도의례를 가능하게 하였다. 이러한 천도의례는 무엇보

---

192 『佛說預修十王生七經』(『卍續藏』150, p.779), "慈孝男女 修齋造福 薦拔亡人 報生養之恩. 七七修齋造像 以報父母 令得生天."

다 죽은 자와 산 자의 상관관계를 전제하고 있다. 산 사람이 죽은 자를 위해 무언가를 할 수 있다는 신앙이 그러한 의례를 가능하게 했으며, 한편으로 이것은 산 자에게 위안이 될 수 있다. 게다가 천도의례는 죽은 자의 영혼만을 구제하는 것이 아니라 살아 있는 후손에게까지 복을 받는다고 하여 성행하게 된 것이다.[193] 이런 이유로 조선조의 억불정책에도 불구하고 불교의 여러 가지 의식들 가운데 영산재·수륙재 등 천도의례들은 죽은 자와 관련하여 산 자들이 할 수 있는 죽음의례로서 그 명맥을 유지할 수 있었다.

특히 1723년에 편찬된 불교의례를 집대성한 『범음집梵音集』이 주로 망자 천도의례를 중심으로 편성된 것을 보면, 당시에 망자 천도의례가 얼마나 성행했는가를 알 수 있게 해 준다.[194]

이 외에도 영가천도의 영역에는 낙태아와 무주고혼無主孤魂 천도가 있다. 사회적인 성 개방 풍조 때문인지 사람들이 낙태를 너무 쉽게 생각하는 경향이 있는데, 낙태아의 천도를 위해서는 무엇보다도 어머니의 참회가 절실히 요청된다. 끊임없이 참회하고 축원하면 낙태영가의 천도는 저절로 되는 것이라 보고 있기 때문이다. 특히 일본에서는 어려서 죽은 아이의 영가천도나 태중에서 죽은 태아(水子)의 천도를 위해 기도를 드리는 경우가 보편화되어 있다.

---

193 문화재관리국 문화재연구소 편, 『불교의식』, 문화재관리국 문화재연구소, 1989, p.172.

194 이에 대해서는 洪潤植, 『韓國佛敎儀禮の硏究』, 앞의 책, pp.180~182; 「朝鮮後期佛敎의 信仰儀禮와 民衆佛敎」, 『韓國佛敎史의 硏究』, 교문사, 1988, pp.313~314 참조.

(2) 불교의례의 분류

비록 불교가 깨달음의 종교라 할지라도 그 신앙행위의 실제를 보면, 자신들이 믿고 따르는 대상에 대한 신앙과 예경, 공양, 그리고 그들에게 소원을 비는 의례행위가 지속적으로 반복되고 있음을 부인할 수 없다.

그러기에 불교의례는 종합예술작품이다. 때문에 음악·미술·무용·문학·철학·연극·건축 등 다양한 방면에서 연구되어 왔다. 또한 불교의례는 그 종류가 많아서 복잡하게 느껴지지만 그 목적은 간단하다. 즉 대승불교의 목적인 상구보리 하화중생이 주된 목적이다.

『기신론』에서 말하는 '평상심平常心이 도道'이기 때문에 승려들의 일상적인 생활은 곧 깨달음에 이르고자 하는 수행생활이다. 이렇게 보면 불교의례는 곧 평상시의 모든 행위가 그 대상이 된다고 봐도 과언이 아닐 것이다. 그러나 의례라는 것이 의미하듯, 일정한 법식을 갖춘 행위는 별도의 체계를 갖추어 행해져 오고 있기 때문에 이에 대한 규정을 준수할 것을 강요받는다.

이러한 불교의례의 형식과 절차는 기존 연구자들에 의해 논의된 바 있다. 이를 간략히 정리해 보면 다음 표와 같다.

〈표 1〉 한국불교의례집

연구자	시기	출처	대분류	소분류
만해	1910	『조선불교유신론朝鮮佛教維新論』[195]	재공의식齋供儀式	범패사물·작법예참
			제사예절祭祀禮節	대령·시식

			평시예식平時禮式	사시불공·조석예불금송·송주
조선총독부	1912	본말사법	항례법식恒例法式	축리법식祝釐法式·보은법식報恩法式·보본법식報本法式·존조법식尊祖法式·안거법식安居法式
			수시법식隨時法式	신도가 의뢰할 때나 기타 필요에 따라
진호	1931	『석문의범釋門儀範』[196]	송주誦呪·예경禮敬·불공佛供·축원祝願·시식施食·장의葬儀·방생放生·점안點眼·이운移運·재공齋供·배송拜送·식순式順·수계受戒·기타其他·찬불讚佛	
홍윤식	1980	『불교와 민속』[197]	정기의례	세시풍속의례·일상신앙의례
			비정기의례	소재신앙의례消災信仰儀禮·사자신앙의례死者信仰儀禮·영혼천도의례靈魂薦度儀禮·기타 불교신앙의례
월운	1991	『일용의식수문기日用儀式隨聞記』[198]	광의적의식	
			협의적의식	전문의식일용의식-기초의식·상용의식·특별의식·일반의식
			정기의식	세시·성절·국절·교단적 규범·일상적 규범
			부정기의식	구하는 바가 있을 때·어려운 바가 있을 때·영가

				를 천도할 때
세민	1993	『불교의례자료 총서』[199]	자행의례	수행의례·보은의례· 회향의례·수계의례· 조석지송의례·상용의 례·선문조사예참작법
			타행의례	영산재·각배재·상주 권공재·수륙재·예수 재
			특수의례	진산의례·이운의례· 점안의례
정각	2001	『한국의 불교의 례』[200]	상용의례	일상신앙의례·불교세 시의례
			비상용의례	통과의례·사자의례· 소재의례·특별의례· 기타 불공의례

이상과 같이 연구자의 관점에 따라 그 분류법이 달라지기도 했지만, 시대적 상황에 따라 분류법이 달라지기도 했음을 알 수 있다. 즉 만해가 불교의례를 셋으로 나눈 것은 당시 불교의례가 크고 작음을 막론하고 무척 번잡하고 혼란스러웠기 때문이다. 만해는 다음과 같은 불교의식에 대한 견해를 피력한 바 있다.

---

195 한용운 저, 이원섭 역, 『조선불교유신론』, 운주사, 1992, p.102 참조.

196 진호, 『釋門儀範』, 법륜사, 1982 참조.

197 홍윤식, 『불교와 민속』, 동국역경원, 1980, p.21.

198 김월운, 『日用儀式隨聞記』, 중앙승가대학출판국, 1991, pp.9~81 참조.

199 박세민, 『불교의례자료총서』 1, 삼성암·보경문화사, 1993, pp.21~29 참조.

200 정각, 『한국의 불교의례』, 운주사, 2001, p.39.

148

"부처님에 대한 공양은 법공法供이라야 의의가 있고, 반공飯供은 의미가 없다. 그럼에도 불구하고 매일 반공을 일삼는다면 부처님을 모독하는 것이 될 뿐이니, 이를 폐기한다 하여 무슨 잘못이 있겠는 가. 다만 특별한 때(佛誕辰·成道日·涅槃日·時薦之類)에 진귀하고 깨끗한 음식을 바쳐 중생으로서의 작은 정성을 표하는 것은 용납될 수도 있는 문제겠다."[201]

이렇듯 만해는 당시의 번다한 불교의식에 대해 무척 비판적인 견해 가 있었다. 재의식 따위가 번잡스럽고 혼란스러워 질서가 없고 비열· 잡박하기가 끝이 없으며, 이것들을 통틀어서 도깨비의 연극이라고 이름 붙이면 거의 사실에 가까울 듯하다고까지 하였다. 그러면서 그 말을 입에 담기조차 부끄러워 낱낱이 따져 말하지 않겠다는 불편한 심사를 내비친다. 따라서 만해는 간결한 의식을 행할 것을 강력히 주장하면서 불교의식의 대체에 대해서만 언급한 것이다.

다음으로 조선총독부는 사찰령을 공포하여 화청和請·고무鼓舞·나 무儺舞·작법무作法舞 등을 일체 폐지시켰다. 그들은 불교의례에 대하 여 타락한 저급문화라고 혹평을 가하면서 이를 금지시켰지만, 의식이 라는 것이 사상을 통해 내적 통합을 이루고 사람들을 무리 짓게 하며, 더 나아가 사회를 이끌어 가는 원동력이 되기도 하고 사회 집단 전체의 방향을 제시할 수도 있기 때문에 이것을 원천적으로 봉쇄하려는 목적 이 있었을 것이다. 그러나 단숨에 불교의식 자체를 폐지할 수는 없는 일이었기 때문에 항례법식과 수시법식으로 나누어 최소한의 규모와

---

201 한용운 저, 앞의 책, p.104.

최소한의 인원으로 의식을 집행함으로써 그 명맥만을 유지하게 하였다. 결과적으로 그들의 의도대로 당시 불교의례는 가장 침체된 시기를 맞게 된다.

1980년에 와서 연구자의 입장에서 홍윤식이 불교의례를 본격적으로 분류하기 시작하였다. 그 후 월운, 세민, 정각 등에 이르러서는 목적과 기능, 정기적 의례인지 비정기적 의례인지에 중점을 두고 분류하는 방법을 택하고 있다. 이처럼 의례를 분류한 것을 보면 의식의 종류는 시대 상황과 문화 발전이 큰 변수로 작용함을 볼 수 있다. 사람들은 사회적으로나 개인적으로 위기에 맞닥트렸을 때 의지할 곳을 찾아 종교에 귀의하기도 하지만, 생활은 여유로우나 정신적인 위안과 심신의 안정이 필요할 때 귀의하기도 한다. 이와 같은 이유로 사람들이 모이게 되면 자연히 의식의 횟수와 종류는 많아지고 규모도 커지게 되는 것이다.

오늘날의 불교의식을 대표하는 의식으로 수륙재·생전예수재·영산재·관음재·지장재·49구재·소상재·우란분재·수륙대재 등이 있는데, 절에서 행하는 모든 법회를 모두 재(齋, upoadha)로 부르는 경우가 있다. 성도재成道齋, 산신재山神齋, 신중재神衆齋, 시왕재十王齋 등과 같은 의식을 재라고 부르는 것은 삼업三業을 정재淨齋하고 성현들께 공양을 드린 뒤에 대중공양을 하기 때문이다.

사찰에서는 재를 올리는 것 자체가 그대로 수도修道가 된다고 하기 때문에 재를 올리는 사람은 마땅히 지성심至誠心·심심深心·회향심廻向心을 가져야 된다고 한다. 인도나 중국, 버마, 태국 같은 데서는 재의 대상이 곧 스님들이 되나 한국에서는 모든 재공의식이 무속의식과 비슷하여 불보살님께 먼저 공양을 올리고 난 다음 스님들께 공양을 올리는 것으로 되어 있다.[202] 재의 의미가 원래는 신身·구口·의意를 정재하는 것과 모든 영혼을 천도하고 산사람의 정신과 육체를 밝히는 일이므로 주로 천도재의 형태로 시행되고 있다.

(3) 국행 불교의례

조선시대는 유학을 국시로 삼았던 만큼 불교가 전시대에 비해 극도로 절제된다. 그럼에도 불구하고 왕실의 의례에서는 불교가 큰 비중을 차지하는 등 아이러니한 경향을 보여준다. 왕실의 의례는 국가적 차원에서 펼쳐진다는 데 의의가 있다.

조선 전기 왕실 원찰에는 석왕사·흥천사·회암사·문소전 불당·관음굴·개경사·대자암·북신사·상원사·흥복사·연굴사·복세암·효의사 등이 거론되고, 내원당을 제외한 왕실 원당으로는 화장사·수원사 정도가 보인다.[203] 이 중 수륙재와 관련되어 자주 거론되는 관음굴의 경우, 정경공주貞慶公主가 관음굴이 자신의 원찰이라 하며 홍조洪照를 시켜 수리하고자 하는 뜻을 비치자, 세종은 홍조를 주지로 제수하기도 하였다.[204]

---

202 한정섭, 『불교의식의 바른 이해』, 삼원사, 1995, p.163.

203 조선왕조실록에서 '원찰'을 키워드 검색해 보면 세종(11)·문종(1)·세조(2)·성종(1)·연산군(2)·명종(1)·숙종(2)의 20건의 기사가 보인다. 원당은 131건이 나타나며, 내원당은 58건이다.

204 『世宗實錄』 권95, 세종 24년 2월 11일, 임인, "上謂承政院曰 貞慶公主請云 觀音窟 是吾願刹也 今已頹圮 欲令僧洪照修葺 願除此寺住持 爾等其議便否以聞 左承旨李承孫 右承旨趙克寬啓曰 宜從其請 卽命吏曹 以洪照爲觀音窟住持."

또한 불교의례인 49재를 담당했던 사찰은 흥덕사, 장의사, 흥천사, 개경사, 흥복사, 진관사, 대자암, 회암사, 내불당, 원각사, 정인사, 봉선사 등으로 한정되었다. 세종대까지 이러한 사찰들이 주로 49재를 담당하였다. 그러나 세조대에 이르면 진관사와 장의사는 여전히 49재를 지냈지만, 흥천사나 흥덕사 및 대자암 대신에 원각사·정인사·봉선사 등이 중심으로 부상하였다. 원각사는 1464년 세조대에 건립한 사찰이고, 정인사는 예종의 원찰, 봉선사는 세조의 능침 사찰로 건립되었다.[205]

다음으로 기신재忌晨齋를 설행한 사찰은 장의사(신의왕후), 흥덕사(신의왕후, 태조), 흥천사(신덕왕후), 진관사(태조, 태종비, 태종), 대자암(세종비 소헌왕후, 세종), 봉선사(세조) 등이다. 기신재는 기일에 설행하는 불교의 천도재로서 고려시대는 물론이고 조선시대에도 설행된 의례이다. 『고려사』에 보이는 최초의 기신재 기록은 성종 8년 12월의 교서에서 당 태종이 황고비기월皇考妣忌月에 도살을 금하고 천하의 승사僧寺에서 5일 동안 분수焚修·전독轉讀·염불念佛케 한 예에 근거하여, 고려 태조와 왕고대종王考戴宗의 기재忌齋는 5일 동안, 왕비 선의왕후王妣宣義王后 기재는 3일 동안 분수·전독·염불케 한 예에서 보인다.[206]

장의사는 고려시대 선종·예종·인종 등이 삼각산 승가굴에 행차하러 왔을 때 아울러 행차하던 절이었다. 장의사에 대한 조선왕조실록 최초의 기록은 태조 7년(1398) 2월 14일에 장의사에서 십이인연법석十二

因緣法席을 설행한 것이며, 같은 해 9월 22일에 태조의 원비元妃인 신의왕후神懿王后의 기재를 설행하였다.[207] 태종 11년(1411) 9월 22일에 신의왕후 기신재를 흥덕사에서 거행했는데, 태종 16년(1416) 7월까지 장의사에서 기신재를 설행했다는 기록은 보이지 않지만, 22일에 "전에는 선후先后의 기신재를 장의사에서 행하였다."고 했으니, 신의왕후 기신재는 주로 장의사에서 설행했을 것이다. 그리고 이날 "전에는 선후의 기신재를 장의사藏義寺에서 행했으나, 지금은 장의동藏義洞 문을 폐쇄하여 쌀을 운반하는 것과 왕래하는 것이 폐단이 있으니, 성내 두 절에서 서로 베풀어 행하는 것으로써 항식을 삼으라."[208]고 하였다. 같은 해 9월 18일에 신의왕후 기신을 맞아 세자가 흥덕사에 나아가 소향燒香했으니[209] 신의왕후 기신재는 이후 흥천사와 흥복사에서 거행되었을 것이다.

흥천사는 태조의 계비 신덕왕후정릉神德王后貞陵의 능침사陵寢寺로서 태조가 창건하였다. 태조 5년(1396) 12월에 임금이 행차하여 공장工匠들에게 음식을 나눠주고,[210] 이듬해 2월에도 행차하여 역사를 살피므로[211] 태조 5년과 6년에 걸쳐 창건되었을 것이다. 같은 해 10월 16일에 흥천사에서 양재법석禳災法席이 설행되었다. 태조 7년(1398) 4월 28일

---

207 『太祖實錄』 권15, 태조 7년 9월 22일 갑오, "設神懿王后忌齋於藏義寺."

208 『太宗實錄』 권32, 태종 16년 7월 22일 신해, "前此行先后忌晨 齋於藏義寺 然今閉藏義洞門 輸米及往來有弊 可於城內二寺 互相設行 以爲恒式."

209 『太宗實錄』 권32, 태종 16년 9월 19일 정미, "世子往興德寺 神懿王后忌晨 燒香."

210 『太祖實錄』 권10, 태조 5년 12월 1일 병술, "上幸興天寺 命餉工役."

211 『太祖實錄』 권11, 태조 6년 2월 19일 임인, "幸貞陵 視興天寺役."

에 임금이 직접 흥천사에 가서 사리전 터를 살핀 후 5월 1일에 흥천사 북쪽에 3층의 사리전을 건립하도록 명하고, 5월 18일에도 행차하여 조속한 완공을 부탁하는 등 사리전 건립에 태조는 깊은 관심을 가졌다. 7월 14일에 우란분재盂蘭盆齋를 베풀었고, 8월 9일에는 신덕왕후의 천회薦會를 베풀었으며, 8월 13일에는 신덕왕후의 대상재를 거행하였다.[212] 8월 13일은 신덕왕후의 두 번째 기신忌晨으로서 대상일大祥日이다. 그런데 신덕왕후를 위한 천회, 즉 천도법회遷度法會가 8월 9일에 시작되고 대상재가 8월 13일에 거행되는 점을 주목할 필요가 있다. 이는 법회와 재를 병행한 7일불사로 거행한 것과 동일하다. 정종 1년(1399) 8월 12일에 신덕왕후 기재를 흥천사에서 베풀었는데, 태상왕인 태조는 광명사廣明寺에 거둥하여 따로 기재를 베풀었다.[213] 태종 10년(1410) 8월 13일에 정윤正尹 이흥제李興濟를 보내어 신덕왕후 기신재를 설행하였다.

흥천사에는 태조의 아버지인 환조桓祖의 진전인 계성전啓聖殿이 설치되었으므로 태종 2년(1402) 4월 28일에 태상왕인 태조가 환조의 기신법회를 베풀었고, 태종 6년(1406) 5월 2일에 태상왕이 흥천사 환조의 진전인 전奠을 올리기도 하였다. 태종 11년(1411) 5월 18일에는 승려 50명을 모아 흥천사에서 『금자법화경金字法華經』을 3일 동안 독송하는 법회를 열었는데,[214] 이는 5월 24일 태조의 기신을 맞아

---

212 『太祖實錄』 권14, 태조 7년 8월 13일 병진, "設神德王后大祥齋於興天寺."
213 『定宗實錄』 권2, 정종 1년 8월 12일 기유, "設神德王后忌齋于興天寺."
214 『太宗實錄』 권21, 태종 11년 5월 18일 무인, "聚僧五十 轉金字法華經于興天寺 三日."

태조와 신의왕후를 위해 설행한 것이다.[215]

홍덕사는 태조가 살던 궁을 희사하여 만든 절로, 태조가 노비 30명을 주었고 태종도 20명을 더해 주었으며 세종은 선공감에서 빼앗아간 노비 2명을 홍덕사 스님의 요청에 따라 보충해 주었다.[216] 태종 10년 (1410) 5월 19일에 태조의 기신이 다가오므로 기일에 앞서 법회를 베풀고『육백반야경』을 읽도록 했는데, 상왕과 주상도 함께 참석하였 다.[217] 이듬해 태조의 기신일인 5월 23일 당일에 홍덕사에서 기신재를 설행했는데, 세자에게 명하여 제사를 행하게 하고 의정부와 승정원에 명하여 모두 절에 나아가도록 하였다.[218] 세종 3년(1421) 1월 선왕·선후 의 기재에 대한 항식이 정해진 뒤로는 기신재에 대한 설행기록이 현저히 줄어들었다.

"예조에서 계하였다. '지금부터는 선왕의 기재는 내자사內資寺가 장의사藏義寺에서 올리게 하고, 선후先后의 기재는 내섬사內贍寺가

---

215 『太宗實錄』권21, 태종 11년 5월 18일 무인, "適當忌晨 爲太祖與神懿王后設 法席."

216 『世宗實錄』권3, 세종 1년 3월 2일 병오, "太祖捨宮爲寺 而屬奴婢三十口 上王亦 屬奴婢二十口 今繕工奪奴二名爲泥匠 有違太祖結社願意 右奴等 如不得還寺 則將他奴充給 從之."

217 『太宗實錄』권19, 태종 10년 5월 19일 을유, "轉六百般若經于興德寺 太祖嘗捨所 居宮爲興德寺 又命書六百般若經 藏于寺 至是以太祖忌辰將近 前期設會 令僧徒 轉經 上王及上偕上寺."

218 『太宗實錄』권21, 태종 11년 5월 23일 계미, "設太祖忌晨 齋于興德寺 命世子行祭 命議政府承政院皆詣寺."

진관사津寬寺에서 올리게 하여, 영구히 정한 법식으로 삼게 하소서.'
그대로 따랐다."²¹⁹

이로써 진관사와 장의사가 선왕선후를 위한 기신재를 봉행하는
사찰로 정해졌다. 진관사의 경우 선후의 기재를 올리는 절로 정해진
후 세종 31년(1449) 4월에 태조가 조종祖宗이 아니라 왕씨王氏를 위하
여 설치한 수륙사水陸社이므로 수륙사를 다른 곳으로 옮겨야 한다는
논의[220]가 있었다. 하지만 성종 24년(1493) 1월 승정원에서 아뢰기를
"앞서 장의사와 진관사 두 절에서 기신재를 올릴 때 각기 절에 소속한
승도를 뽑아 보내도록 하여 나무를 지게 했었는데, 폐단이 없었습니
다."[221]라고 하는 것으로 보아 성종대까지 두 절에서 왕실의 기신재를
설행했음을 알 수 있다.

기신재는 세종 2년 10월 1일에 '선왕과 선후의 기신재도 산수정결한
곳에서 수륙재로써 행하라'는 조처가 내려졌기 때문에,[222] 세종대 이후
로 기신재 역시 수륙재 방식으로 변화되었을 것이다. 이후 실록에서
'기신수륙忌晨水陸'이라 기록한[223] 것은 수륙재 방식으로 설행된 기신재

219 『世宗實錄』 권11, 세종 3년 1월 19일 임오, "禮曹啓 自今先王忌齋 內資寺設於藏
義寺 先后忌齋 內贍寺設於津寬寺 永爲定式 從之."

220 『世宗實錄』 권124, 세종 31년 4월 21일 경오.

221 『成宗實錄』 권273, 성종 24년 1월 21일 정해, "前此藏義津寬兩寺忌晨齋時
各令所屬寺僧抄送 使之負木而無弊."

222 『世宗實錄』 권10, 세종 2년 10월 1일 병신, "今國行追薦七齋 旣皆以水陸詳定
自今先王先后忌晨齋 亦於山水淨處 以水陸行之."

223 『世宗實錄』 권38, 세종 9년 12월 21일 갑술, "議忌晨水陸齋用蠟燭與否.";『燕山君

를 표현한 용어이다.

조선 후기 숙종·영조·정조 연간은 원당願堂 설립의 중흥기라 할
정도로 많은 원당이 설립되었는데 영조·정조·숙종·인조와 선조 순으
로 원당을 많이 설립했으며, 특히 숙종과 영조 대에는 경상도에 많이
설립되었다.²²⁴ 이들 원당에서는 선왕·선후의 천복薦福과 추복追福을
빌고 현재의 왕과 비빈들의 수복壽福을 기원하며 왕자 탄생을 기원하기
위한 설재設齋가 행해졌다. 영조 52년(1776)에 영조 계비인 정순왕후貞
純王后는 병석에 있는 영조를 위해 강원도 건봉사乾鳳寺에서 국재國齋
를 설행했고, 순조 5년(1805)에는 순조비인 순원왕후純元王后도 국왕
을 위해 재를 설행하였다.²²⁵ 순조 2년 6월에 강원도 신흥사神興寺
용반전龍般殿에서 정조의 대상설재大祥設齋를 7주야 동안 개설했고,
이후 매년 정조의 기신인 6월 28일에 기신제를 거행하고 탄일인 9월
22일에는 탄신불공誕辰佛供을 올리도록 하였다.²²⁶ 이처럼 조선 후기에
도 왕실의 원찰과 원당에서는 추복을 기원함으로써 효를 다하려는
불교식 의례가 여전히 설행되었다.

2) 불교의례집의 간행

조선시대 불교는 교학의 부진과 대중성이라는 측면²²⁷에서 주로 논해지

日記』 권5, 연산 10년 8월 14일 신미, "德宗兩位忌晨水陸 依他設行."
224 박병선, 「朝鮮後期 願堂 硏究」, 영남대 박사논문, 2001, pp.146~147.
225 위의 논문, p.25.
226 『楡岾寺本末寺誌』「神興寺 龍般殿記」.
227 홍윤식, 「朝鮮後期 佛敎의 信仰儀禮와 民衆佛敎」, 『韓國佛敎史의 硏究』, 교문사,

고 있다. 조선시대 불교의 정치적·사회적 영향력은 쇠퇴했으나, 대중적·서민적 기반은 오히려 확대되었다고 할 수 있다. 국가에 외면당한 불교는 기복신앙으로 일반 민중들에게 다가섰다. 김용태는 "조선시대 불교신앙은 사대부 주류 계층이 아닌 여성, 일반 민인을 대상으로 한 기복신앙으로 이해되어 왔는데, 이와 같은 이해는 신앙의 주체를 선험적으로 한정하고 그 성격을 좁은 틀에서 단순화시키는 역효과를 낼 수 있다."[228]라고 서술하고 있다. 조선시대 불교가 억압을 받아 상층부가 아닌 대중들에게 집중된 것은 사실이지만 왕실에서 불교의식은 지속적으로 설행되었다. 이것은 대중뿐만 아니라 왕실에 있는 자들에게도 기복신앙이 종교생활을 지탱할 수 있는 중요한 요소 중 하나였음을 보여준다.

조선후기에 정비된 각종 의례집은 모두 신앙심의 고조를 진작하는 데 주안점이 두어져 있다.[229] 특히 다라니경陀羅尼經·진언집眞言集·불교의식집佛敎儀式集·위경류불경僞經類佛經 등이 집중적으로 간행되었다. 이러한 의례집 간행을 통해 불교가 민중화되고, 서민들이 원하는 모습으로 변형되면서 자리를 잡았음을 확인할 수 있다. 한편으로는 조선의 사회구조가 전반적으로 변화되었고, 그에 따라 민중들의 생활도 바뀌었음을 예상해 볼 수 있다.

조선시대를 지나 근대로 들어서면서 불교는 일본의 식민통치 체제

1988, p.311 참조.

228 김용태, 『조선후기 불교사 연구』, 신구문화사, 2010, p.9.

229 남희숙, 「朝鮮後期 佛書刊行 硏究-眞言集과 佛敎儀式集을 中心으로」, 서울대 박사논문, 2004 참조.

158

안에 휘말리게 되었고, 밀려들어 오는 외래의 타 종교[230]에 위축되어
설 자리를 찾지 못하였다. 근대불교는 존립 위기에 처하게 되었으며,
일본 불교에 영향을 받은 개혁사상가들의 다양한 개혁론이 제기되었
다. 그중 불교의식에 대한 지적이 많았는데, 개혁사상가들 중 한 명인
만해(萬海 韓龍雲, 1879~1944)는 의례의 절차를 폐지 혹은 단순화하자
는 극단적인 주장을 펼치기도 하였다. 한상길은 "불교선각자로서 한용
운이 수십 년에 걸쳐 다양한 개혁안을 제시하면서 의례개혁을 포기한
것은 불교 대중화의 가치를 중시했고, 의례의 간행에 재정적 후원을
한 배경에도 결국 불교 대중화의 중요성이 자리 잡고 있었을 것"[231]이라
고 주장하고 있다. 만해는 개혁을 통해 불교의례의 개선점을 찾아
이를 시행하려고 했지만, 대중들이 절실히 필요로 하는 것이 무엇인지
확인하는 과정을 거치지 않았기 때문에 의례를 불교 대중화의 하나로
인정하기까지 오랜 시간이 걸렸음을 예상할 수 있다.

　그러나 의례집은 지속적으로 간행되었고, 의례집의 중요성에 대한
인식은 더욱더 강해졌다. 조선시대의 『작법귀감作法龜鑑』을 바탕으로
1930년대에 『불자필람佛子必覽』[232]과 『석문의범』 같은 의례집이 나오

---

230 이에 대해서는 다음을 참조. 송현주, 「근대 한국불교의 종교정체성 인식: 1910~
　　1930년대 불교잡지를 중심으로」, 『불교학연구』 7, 불교학연구회, 2003,
　　pp.327~357; 이재헌, 「근대 한국불교의 타종교 인식」, 『불교 근대화의 전개와
　　성격』, 조계종출판사, 2006, pp.268~298.
231 한상길, 「한국 근현대신문에 나타난 불교의례 연구」, 『韓國思想과 文化』 54,
　　한국사상문화학회, 2010, p.354.
232 『불자필람』은 상하 2편과 부록으로 구성되었다. 상편은 朝禮鍾頌, 香水海,
　　四聖禮, 行禪祝願, 神衆壇禮式, 朝誦呪, 夕禮鍾頌, 小禮懺, 中壇禮式, 夕誦節次

기 시작했고, 개혁사상가들조차 이 작업에 동참하기에 이르렀다. 이들
은 오랜 전통이 되어버린 의례를 짧은 시간 안에 혁파할 수 없다는
현실을 받아들였고, 불교의례가 민심 안정에 가장 효과적인 방법임을
인정한 것이다.

앞서 살펴본 불교의례를 크게 네 가지로 분류해 보면 일상신앙의례·
사명일四名日의례·상장의례·영혼천도의례로 구분 지을 수 있다.[233]
이를 염두에 두면서 1993년 박세민에 의해 수집 정리된『한국불교의례
자료총서』(전4권)에는 불교의례서가 총망라되어 있는데,[234] 먼저 고려
시대 양梁 제대법사諸大法師 찬찬,『상교정본자비도량참법詳校正本慈
悲道場懺法』(10권)이 실려 있으나 정확한 연대는 알 수 없다. 정확한

등 27개 항목으로 이루어져 있다. 하편은 諸佛通請, 彌陀請, 觀音請, 地藏請,
獨聖請, 十六羅漢請, 七星請, 神衆請, 山神請, 竈王請 등의 33개 항목으로 수록되
어 있다. 부록에는 포교와 입교, 강연의식, 화혼의식 등 대중포교를 위한 각종
현대적 의식을 제시하고 있다. 崔就墟 編,『佛子必覽』, 連邦寺, 1932 목차
참조.

233 김순미,「조선조 불교의례의 시가 연구:『범음산보집』을 중심으로」, 경성대
박사논문, 2005, pp.21~22 참조. 김순미는 이 논문에서 각 분류에 따른 의례서를
자세히 제시하고 있는데 수륙재를 담은『天地冥陽水陸齋儀梵音刪補集』만이
이상의 네 가지 분류에 모두 적용되는 것이라고 분석하였다. 김순미, 위의
논문, p.23.

234 박세민이 전국 각처에 산재해 있는 고금예식문을 수집하여 영인한 것으로
그 시기가『詳校正本慈悲道場懺法』와 같이 고려까지 올라가는 것도 수록되어
있고, 20세기 중반에 간행된 것도 있어서 한국불교의례의 변천 과정, 시연
규모와 설행 상황, 불교의례의 유형, 불교의례서의 간행 실태와 유포 현황
등을 파악할 수 있다. 1집에 14편, 2집에 21편, 3집에 20편, 4집에 19편 등
총 74편의 불교의례집이 수록되어 있다.

연대가 밝혀진 것을 연대순으로 나열해 보면 다음과 같다.[235]

〈표 2〉 조선시대 불교의례서

순	의례서	권수	역·찬·편	발간 연도
1	오대진언집五大眞言集	1권	당唐 불공不空·불타바리 佛陀波利 공역共譯	1485
2	진언권공眞言勸供	1권	학조學祖 역譯	1496
3	예염미타도량참법禮念彌陀道 場懺法	10권	원元 왕자성王子成 편編	1503
4	천지명양수륙잡문天地冥陽水 陸雜文	2권	송광사松廣寺	1531
5	법계성범수륙승회수재의궤 法界聖凡水陸勝會修齋儀軌	1권	지반志磐 찬撰	1573
6	수륙무차평등재의촬요水陸 無遮平等齋儀撮要	1권	덕주사德周寺	1573
7	권공제반문勸供諸般文	1권	석왕사釋王寺	1574
8	염불작법念佛作法	1권	용천사龍泉寺	1575
9	예수시왕생칠재의찬요預修 十王生七齋儀纂要	1권	대우大愚 집술集述	1576
10	운수단가사雲水壇歌詞	1권	휴정休靜 찬撰	1627
11	예수시왕생칠재의찬요預修 十王生七齋儀纂要	1권	대우大愚 집술集述	1632
12	설선의說禪儀	1권	휴정休靜 찬撰	1634

---

235 김순미, 위의 논문, pp.25~28 참조.

13	영산대회작법절차靈山大會作法節次	1권	용복사龍腹寺	1634
14	석문가례초釋門家禮抄	2권	나암懶菴 진일眞一 찬編	1660
15	오종범음집五種梵音集	2권	지선智禪 술述, 보국사護國寺	1661
16	천지명양수륙재의찬요天地冥陽水陸齋儀纂要	1권	죽암竹庵 편編, 신흥사神興寺	1661
17	운수단雲水壇	1권	휴정休靜 찬撰	1664
18	자기산보문仔虁刪補文	10권	청淸 서하西河 편編	1664
19	선문조사예참작법禪門祖師禮懺作法	1권	설매雪梅·도성道性 공찬共撰	1670
20	승가예의문僧家禮儀文	1권	허백虛白 명조明照 편編	1693
21	제반문諸般文	1권	금산사金山寺	1694
22	석문상의초釋門喪儀抄	2권	벽암碧巖 각성覺性 편編	1705
23	중봉화상삼시계념의범문中峯和尙三時繫念儀範文	4권	월저月渚 도안道安 등서謄書	1706
24	대찰사명일영혼시식의문大刹四明日迎魂施食儀文	1권	동빈東賓 편編	1710
25	산보범음집刪補梵音集	1권	보현사普賢寺	1713
26	관세음보살영험약초觀世音菩薩靈驗略抄	1권	당唐 불공不空 역譯	1716
27	제반문諸般文(請文)	1권	해인사海印寺	1719
28	천지명양수륙재의범음산보집天地冥陽水陸齊儀梵音刪補集	3권	지환智還 편編, 중흥사重興寺	1723
29	자기문절차조례仔虁文節次條列	1권	계파桂坡 성능聖能 편編	1724

30	운수단의문雲水壇儀文	1권	천연자天然子 의원義圓 서書	1732
31	천지명양수륙재의범음산보집天地冥陽水陸齋儀梵音刪補集	2권	지환智還 편編, 도림사道林寺	1739
32	광야신공작법曠野神供作法	1권	일본日本 요변了辯·혜항慧航 교정校正	1779
33	밀교개간집密教開刊集	1권	몽은蒙隱 편編	1784
34	진언집眞言集	2권	영월映月 편編, 망월사望月寺	1800
35	조상경造像經	1권	용허聳虛 편編, 유점사榆岾寺	1824
36	작법귀감作法龜鑑	2권	백파白坡 긍선亘璇 찬撰, 운문암雲門庵	1827
37	자비도량관음참법慈悲道場觀音懺法	3권	양梁 보지寶誌·보창寶唱 찬纂	1868
38	자비지장참법慈悲地藏懺法	3권	중국中國 항주杭州	1869
39	감로법회甘露法會	1권	보광葆光 술述	1882
40	다비작법茶毘作法	1권	추담秋淡 정신井辛 편編	1882
41	승가일용식시묵언작법僧家日用食時默言作法	1권	추담秋淡 정신井辛 편編	1882
42	칠성청문七星請文	1권	추담秋淡 정신井辛 서書	1883
43	지장보살본원참의地藏菩薩本願懺儀	1권	청淸 정혜定慧 편編	1884
44	예문禮文	2권	혜명慧溟 서書	1896
45	칠중수계의궤七衆受戒儀軌	1권	회광연亙晦光蓮苞 편編	1908
46	자비수참법慈悲水懺法	3권	중국中國 서호西湖	1925

47	대각교의식大覺敎儀式	2권	백상규白相奎 찬撰	1931
48	조석지송朝夕持誦	1권	권상로權相老 편編	1932
49	나한공양식羅漢供養式	1권	조계사曹溪寺	1940
50	탄불회법식歎佛會法式	1권	일본 장선산嶂禪山 찬撰	1940
51	계살방생문戒殺方生文		청淸 주굉袾宏 찬撰	1952
52	다비작법茶毘作法	1권	신연활자본新鉛活字本	1958
53	우바새보살계송계의식優婆塞菩薩戒誦戒儀式	1권	월벽月璧 찬撰, 연활자본鉛活字本	1960

이상과 같이 간기가 명확히 밝혀진 것은 53종류로 조선 초부터 1960년에 이르기까지 방대한 자료를 담고 있다. 이 가운데는 우리나라뿐만 아니라 중국이나 일본에서 간행된 것들도 있음을 알 수 있고, 목판본, 필사본, 연활자본 등 판본도 다양하게 나타난다.[236]

다음으로 간기 미상본은 다음과 같다.

『관세음보살예문觀世音菩薩禮文』(1卷), 성달생成達生 서書, 목판본木版本.(고려대학교 도서관 소장)

『다비설茶毘說』(1卷), 백파白坡 긍선亘璇 찬撰, 필사본筆寫本.[237]

---

236 박세민의 조사에서 빠진 것들이 간간히 발견된다. 예를 들면, 선조 9년(1576) 智還 集, 『天地冥陽水陸齋儀梵音刪補集』(2卷, 목판본)이 성균관대학교 존경각(청구기호 C04-0107)에 보관되어 있는 등 1993년도 당시의 조사기법이 어떠했는지는 모르겠지만, 현재를 비롯하여 향후 발전된 기법으로 조사를 실시하면 보다 많은 자료가 축적될 것으로 보인다.

237 『대비설』은 3종이 알려져 있는데, 첫째, 대원사본은 필사본으로 광무 3년(1899)의 간기가 있고 동국대학교 중앙도서관에 소장되어 있다. 둘째, 간사자 미상본은

『동음집同音集』(1卷), 목판본.

『미타예찬彌陀禮讚』(1卷), 필사본.(고려대학교 도서관 소장)

『백의해白衣解』(1卷), 혜영惠永 찬撰, 필사본.(동국대학교 중앙도서관 소장)

『수보살계법受菩薩戒法』(1卷), 송宋 연수延壽 집술集述, 목판본.(동국대학교 중앙도서관 소장)[238]

『승가상례의문僧家喪禮儀文』(1卷), 필사본.(동국대학교 중앙도서관 소장)

『시다림작법문屍多林作法文』(1卷), 목판본.(동국대학교 중앙도서관 소장)[239]

『예념왕생문禮念往生文』(2卷), 목판본.(국립중앙도서관 소장, 고려대학교 도서관 소장)[240]

『요집문要集文』(1卷), 필사본.(동국대학교 중앙도서관, 계명대학교 동산도서관 소장)[241]

목판본으로 용화사 묵담유물관자료실에 소장하고 있으며, 셋째, 필사본은 송광사 성보박물관에 소장되어 있다.

238 간기가 알려진 것이 2권 있다. 국립중앙도서관 소장본과 안동 鳳停寺 소장본이 있는데, 국립중앙도서관 소장본은 함양의 碧松菴에서 嘉慶 2年(1797)에 발간했다는 간기가 있는 목판본이고, 안동의 봉정사 소장본은 후쇄본으로 1998년에 간행한 목활자본이다.

239 편자는 미상이지만, 宣祖 21년(1588)에 청도 雲門寺에서 刻한 것으로 기록되어 있다.

240 이 밖에 香山 普賢寺라는 발행처가 밝혀진 것이 고려대학교 도서관에 소장되어 있다.

241 동국대학교 중앙도서관에는 간기미상본 외에도 철종 11년(1860) 간기가 있는

『일판집一判集』(2卷), 목판본.(국립중앙도서관 소장)

『자비도량참법집해慈悲道場懺法集解』(2卷), 조구祖丘 해解.(청주고
인쇄박물관 소장)²⁴²

『작법절차作法節次』(1卷), 목판본.²⁴³

『정토의범淨土儀範』(1卷), 자운慈雲 찬撰, 필사본.(고려대학교 도서
관 소장)

『증수선교시식의문增修禪敎施食儀文』(1卷), 원元 덕이德異 찬撰, 목
판본.(동국대학교 중앙도서관 소장)

『청문요집請文要集』(1卷), 해운海雲 서書, 필사본.(국립중앙도서관
소장)

『화엄예경문華嚴禮敬文』(1卷), 필사본.(동국대학교 중앙도서관 소
장)²⁴⁴

이 중에는 찬자 등이 확인되는 것도 있으나 대부분 자료로서 가치를
확인하기 어려운 것들도 포함되어 있다. 이에 대해서는 정밀한 분석작
업이 요구되는 부분이며, 본고의 범위를 벗어나는 것이므로 간략하게
제시하였다.

필사본을 소장하고 있다.

²⁴² 『慈悲道場懺法集解』는 보물 제1653호로 지정되어 전한다.

²⁴³ 『作法節次』은 여러 곳에 소장되어 있다. 대표적으로 고려대학교 도서관, 동국대
학교 중앙도서관, 국립중앙도서관, 송광사 성보박물관에 각각 목판본으로 소장
되어 있다.

²⁴⁴ 여수 興國寺에서 光緒 2년(1876) 간기가 있는 필사본이 원광대학교 중앙도서관
에도 소장되어 있다.

조선시대에 의식집 간행이 지속적으로 추진되면서, 개별적인 의식집을 위해 수지受持와 집례執禮의 편리함을 고려한 통합의식집 간행이 요망되었다. 기존의 의식집을 편집하여 간행한 백파(白波亘璇, 1767~1852)의 『작법귀감』이 대표적이며, 이는 불교의례집에 주요한 전환점이라 할 수 있다.[245]

『작법귀감』은 백파가 순조 27년(1827) 전라도 장성 백양산 운문암雲門庵에서 간행한 목판본 2권 2책으로 의식문 전반에 관한 작법절차를 기록한 책이다. 상권에 삼보통청三寶通請 등 21가지, 하권에 분수작법焚修作法 등 16가지 등 총 37가지 의식에 대하여 상세히 기록하고 있다. 상하권의 목록을 살펴보면 다음과 같다.

"상권: 삼보통청三寶通請, 관음청觀音請, 지장청地藏請, 신중약례神衆略禮, 산신청山神請, 대령정의對靈正義, 상용시식의常用施食義, 상용영반常用靈飯, 통용진전식通用進奠式, 종사영반宗師靈飯, 신중대례神衆大禮, 신중조모작법神衆朝暮作法, 신중위목神衆位目, 미타청彌陀請, 독성청獨聖請, 성왕청聖王請, 조왕청竈王請, 비구십계比丘十戒, 사미십계沙彌十戒, 거사오계居士五戒, 니팔경계尼八敬戒.
하권: 분수작법焚修作法, 축상작법祝上作法, 가사이운袈裟移運, 가사점안袈裟點眼, 가사통문불袈裟通門佛, 불상시창불佛像時唱佛, 약례왕공문略禮王供文, 하단관욕규下壇灌浴規, 시왕번식十王幡式, 삼단합송규三壇合送規, 나한대례羅漢大禮, 칠성청七星請, 다비작법茶毗作法, 구병시식의救病施食儀, 순당식巡堂式, 시왕각청十王各請."[246]

245 고영섭, 『한국 불교사 연구』, 한국학술정보(주), 2012, p.324.

그리고 부록으로 간당론看堂論[247]을 싣고 있다. 백파가 의례집을
편집한 이유를 서문에서 살펴보면 다음과 같다.

"작법作法의 절차에 대한 책들이 비록 많지만, 서로 빠뜨린 부분이
있어 전체의 모양을 볼 수 없으며, 또한 경위와 높고 낮음을 모두
구분하여 말할 수 없다. 깊이 없는 학문이어서 대부분 잘못 거론한
것이 많으니, 부처님을 공양하는 경사스러운 일이 도리어 부처님의
가르침을 비방하는 큰 허물이 되는 줄 누가 알겠는가? 이에 문하생
중에 몇 명의 선납禪衲이 나에게 책 한 권을 만들어서 교정을 해달라
고 청하였다. 내가 재주가 없다는 이유를 들어 고집스럽게 사양하
자, 대중들이 구름처럼 몰려와서 간청하였다. 나는 사양할 핑계가
없어, 여러 가지 문헌을 탐구하여 수록하고 그중에 잘못된 것들을
바로잡고, 요점을 간추리고 빠진 부분을 보충하여 일관되게 하려고
노력하였다. 의례는 3단을 갖추어야 하고, 이치는 6도(육바라밀)를
포함해야 한다. 그리하여 네 모서리에 4성聲을 표시하고 또한 절구
節句마다 구두점을 찍어서 책의 이름을『작법귀감』이라고 붙인다.
그리하여 장차 문하생의 개인 참고서로 삼으려 하니, 부디 잘못
유출되어 추한 모습을 드날리지 않기를 바란다."[248]

---

246 『作法龜鑑』(『韓佛全』 10, p.553)의 總目次 참조.

247 看堂論에 대해서는 李智冠, 「看堂作法에 對한 考察」, 『佛教學報』19, 동국대학교
    불교문화연구원, 1982; 柳淳栢, 「백파긍선의 사상 연구」, 동국대학교 박사논문,
    2005, pp.232~251에 그 내용이 자세하다.

248 『作法龜鑑』(『韓佛全』10, p.552), "作法節次 卷帙雖多 互相闕如 未見全豹 且逕渭
    高低 都不辨白 膚授之學 率多錯擧 誰知供佛之慶事 翻作謗法之大愆 爰有門下

이처럼 재공齋供에 일정한 격식이 없고 완전한 것이 없음을 염려한 백파가 그의 제자들의 부탁을 받고 전에 있던 의식문의 착오와 결함을 교정, 보충하여 의식의 통일을 기하기 위하여 저술했음을 밝히고 있다. 즉『작법귀감』은 불교의식집으로 불가에서 상용하는 제반의식문을 정리하여 모은 것으로 의식의 통일과 의식문의 착오와 결함을 교정하고 보충하기 위해 저술된 것이다.

백파는 범례凡例에서 조금 더 상술하여 설명하고 있다.

"글자 하나의 고저를 나눈 것은 그 유래가 오래되었다. 이는 어찌 사람의 공력뿐이겠는가? 이 또한 하늘이 주신 것이다. 그러나 글자는 다른데 같은 뜻으로 새기거나, 글자는 같은데 다르게 풀이하는 경우에는 글을 쓰는 사람들이 진실로 자세히 알지 못한다. 그러므로 나는 이 점에 유의하여 권점圈點으로 사성을 표시해서 아는 것을 다 토로하여 이 책을 보충하였다. 그러나 나의 학문이 정밀하고 박식하지 않아서 어그러진 부분이 상당히 많을 것이니 훗날 시문에 노련한 학자의 질정을 기다리는 바이다. 거성은 맑고 소리가 멀리 나가며, 상성은 매섭고 높아지고, 입성은 곧고 빠르며, 평성은 구슬프고 평안하다."[249]

數禪 請爲一本而校正 余以不才而膠讓 衆請雲興我辭無口 於是博探諸文而收錄 正其誦訛而楷定 節要補闕 務在一貫 禮備三壇 理該六度 仍圈四聲 亦節句讀 名曰作法龜鑑 將爲門下之私儲切勿橫流而揚醜."

[249] 『作法龜鑑』(『韓佛全』10, p.552), "一字分高低 其來久矣 豈但人功 亦猶天授 然或字殊而訓同 或文均而釋異 數墨之輩 誠所未詳 肆予有意 圈標四聲 以補啓 沃 然學非精博 舛錯頗多 以俟他 日老於文墨者. 去聲淸而遠 上聲厲而擧 入聲直

위 내용에서 볼 수 있듯 한자의 특성상 음과 훈이 있어 음은 다른데 훈이 같게 새기거나, 음은 같은데 훈이 다르거나 하는 것으로 인해 사성을 표기하여 그 음과 뜻을 구별했던 것으로 사성의 의미가 표기되어 있다. 근세 불교의례 진행 시 의례집으로 가장 많이 사용되어지는 『석문의범』에도 이러한 사성 표기법은 전혀 살펴볼 수 없는 만큼 범패승에게 있어서 사성점이 표기된 의식집은 당시의 범패 시율 관계서 중요한 의례집으로 평가된다.

백파는 평소 염불에 대하여 그다지 관심을 가지지 않았으나, 노년에 염불이 깨침의 가장 빠른 방법임을 알고 염불의 중요성을 인식하고, 또 당시의 배불 정책으로 인한 불교의례 및 의식문이 사라져가는 것을 우려하여 『작법귀감』의 편술에 관심을 갖고 당시에 잘못 행해지던 의식 및 의식문을 바로잡고자 각종 염불집 등을 모아 소리의 높고 낮음을 사성점을 각 게송 옆에 점으로 표시하여 옳은 범음성을 내도록 표기한 것이다.

이는 백파가 단순히 대중들만을 위해 『작법귀감』을 저술한 것이 아니라, 당시 많은 유생들이 대중의 수가 적은 수행처 승려들을 핍박하고 불교 예식문을 비방할 때 백파는 의식작법에서 불교의 교학적 진리성, 삼계대도사에 대한 경의敬意와 바른 신행활동으로 지智의 참구에 대한 학문적 도道를 수행하는 교단을 위해서나 수행납자들에 사위의에 걸림이 없는 수행의 법풍을 세우기 위해서라도 『작법귀감』의 필요성이 강구되지 않으면 아니 되었으리라 본다. 이 또한

而促 平聲哀而安."

불교 위상에서 다른 종교의 어떤 의식에서보다 불교예문 의식의 우월성을 보이기 위함이 제일 큰 의도였을 것이다.[250]

백파의『작법귀감』은 현존하는 의식집 가운데 매우 중요한 의례집으로 불교의 범패전승에서 음성音聲으로 하는 어장魚丈이 아닌 의식집을 통한 어장이라 할 수 있다. 이처럼 백파의『작법귀감』의 의식은 신앙화, 예경화를 의미하며 불교사상의 생활화를 뜻한다고 볼 수 있다.

1929년『불자필람』이 나온 지 4년 후에『석문의범』이 간행된다. 이 책은 근대에 들어서면서 삶의 불안함을 해소하려는 대중들에게 불교의례를 접하게 하는 매개체 역할을 하였다. 의례집 간행에 앞장선 안진호는 일제강점기 탄압으로 인해 사라질 수 있었던 의례를 오늘날까지 유지될 수 있게 하는 데 큰 역할을 하였다.

안진호는 1929년에는 서울에 상경하여 서대문정西大門町 2정목二丁目 29번지[251]에 '만상회卍商會'를 열어 불교서적의 번역과 출판, 그리고 보급에 힘썼으며,[252] 이곳에서 8년 정도를 지내고 서대문구 1정목 30번지로 이주하였다.[253] 만상회는 일제하의 불교서적 출판을 대표하는 출판사이다. 이 출판사는 불교서적뿐만 아니라 불구용품, 범종

---

250 柳淳栢, 앞의 논문, p.220.

251 『불교시보』79호, 京城: 佛敎時報社, 1942. 2. 15, p.5에는 이주 전의 번지가 29번지가 아닌 28번지라고 하였다.

252 이철교, 「서울 및 近郊寺刹誌(原題: 奉恩本末寺誌 해제)」,『多寶』10, 대한불교진흥원, 1994, p.2.

253 김광식, 「일제하의 불교출판」,『大覺思想』9, 대각사상연구원, 2006, p.25.

등도 판매하는 일종의 불교서적상이면서 불교백화점이었다. 만상회의 설립자이자 운영자인 안진호는 서점에서 대부분 본인이 저술한 서적을 판매하였다.[254]

간행한 책들을 살펴보면, 강원의 사미과 교재인『초발심자경문初發心自警文』,『치문緇門』, 사집과 교재인『서장書狀』,『선요禪要』,『도서都序』,『절요節要』등을 현토와 주해하여 간행하였다. 또한『불자필람』,『석문의범』,『석문가곡釋門歌曲』,『다비문茶毘文』등의 의식집을 정리・편집하여 출판하였다. 그리고『목련경目連經』,『지장경』,『법화경』등의 번역과 함께『팔상록八相錄』,『영험실록靈驗實錄』등을 출판하였다. 식민지하의 언론 통제와 물자 공출로 인해 열악했던 시대적・경제적 여건 속에서 책을 구입하여 보는 사람도 극히 한정되어 있었지만, 이렇게 많은 책을 간행한 사실로 보아 안진호의 불교 대중화를 위한 열정이 상당하였음을 확인할 수 있다.[255]

이렇듯 불교 발전에 심혈을 기울였던 안진호는 의례집 편찬, 간행에 현저한 성과를 내었다. 그는 의례문 집성의 필요성과 중요성에 대해 누구보다 정확히 인식하고 있었다. 또한『불자필람』을 수정・보강하여 분량이 세 배 정도 늘어난『석문의범』을 펴냈는데, 당시 대중들의 많은 관심을 받았다. 미리 주문을 해야 책을 살 수 있다는 주의사항도 다음과 같이 적어 놓았다.

---

254 위의 논문, p.23.

255 윤창화,「출판과 서점을 병행한 대표적 불교 출판사 卍商會와 안진호 스님」,『불교와 문화』52, 대한불교진흥원, 2003, pp.103~109.

"본인本人이 연전年前에 경북예천포교소최취허화상慶北醴泉布教所
崔就墟和尙의 위탁委託을 수受하야 불자필람拂子必覽이란 책자冊子
를 간행刊行케 되온 바 겨우 이개년二個年을 못다가서 품절品切되고
기후其後로 전선全鮮은 물론내지우勿論內地又는 만주등각방면滿洲
等各方面에서 주문注文이 답지沓至되야 서면취급書面取扱에 전미무
展眉無○일뿐 더욱이 당국當局으로부터 심전개발心田開發을 목목○
삼아 오교선포吾教宣布를 일층一層○○함에 따라 각지농촌진흥회
各地農村振興會로부터 ○○○○케 되온 즉 교세강흥教勢降興은 ○언
言을 불不○ 일지라 어시평본인於是乎本人은 교운教運의 발흥勃興을
○○하여 다시 서적書籍의 불비不備를 애석愛惜하야 증전유증전유曾前遺
○된 것을 일일수집一一蒐集하야 오교의식吾教儀式 진행進行에 집문
성집文成을 계계計하온즉 그 양量이 전불자필람前拂子必覽보다 삼배三
倍가량은 증보增補되온지라 명칭名稱이 내용內容에 부합符合됨을
주主로 하야 석문의범釋門儀範이라 개제改題하고 차此를 인쇄印刷에
부부付하온 바 기목록其目錄만을 좌기예고左記豫告하오며 끝으로 주
의注意 몇 가지를 첨신添申하와 각지제씨各地諸氏의 감회만일感懷萬
一에 봉부奉副코저하오니 자내첨위字內僉位는 쟁선주문爭先注文하
시와 품절추회品切追悔의 단端이 무無케 하심을 ○망望하옵나이
다."[256](○은 인쇄상태가 좋지 않아 판독 불가)

이러한 예고문 내용에서 『석문의범』의 인기를 실감할 수 있으며,
대중들이 이 책에 대해 큰 관심을 가졌음을 볼 수 있다. 불교의례는

---

[256] 『金剛山』 창간호, 마지막 면.

식민지 상황 속에서 억눌린 대중들의 심신을 위로하고 안정을 갈구하는 데 큰 역할을 했던 것이다. 이 책은 한문과 한글 표기를 모두 사용하고 있는데 상하의 두 단으로 나누어서 상단에는 한문으로, 하단에서는 한글로 정리하였다.

이처럼 현재 한국 불교계가 모범으로 삼고 있는 불교의례집은 1931년 안진호가 편집한 『석문의범』이다. 1941년 태고사太古寺를 총본산으로 하여 출발한 조선불교조계종이 출현하기 이전에 만들어진 것이다. 즉 교단적 차원에서 이루어진 의례집이 아닌 개인에 의해 편찬된 것으로, 그동안 전해져 오는 의례집과 사찰별로 시행해 오던 전통적인 의례를 종합하여 발간된 책이다. 여기에는 불교교단에서 사용하는 불교의식이 총망라되어 정리되어 있어서 한국불교의례집의 저본의 구실을 하고 있다.

『석문의범』을 살펴보면 상하 2편과 격외염롱문格外拈弄門, 부록으로 구성되어 있다. 상편은 서序·범례凡例·분과分科·목차目次 순으로 되어 있고, 다음 순서인 황엽보도문黃葉普渡門부터 본격적으로 시작된다.

상권 서문의 다음 차례로 범례가 자리하고 있다. 범례에서는 본서에 대한 구성과 특징, 지향점, 그리고 독자들이 경을 읽는 도중에 혼돈될 수 있는 부분에 대해서 12가지로 나누어 기재하였다.

서문과 범례를 통한 『석문의범』의 편찬 취지는 의식문을 합리적으로 정비하는 데 일차적인 목적이 있음을 알 수 있다. 즉 대중불교에서는 방편문으로 불교의식이 반드시 필요한 것이나, 그 의식의 절차나 내용은 합리성이 결여되어서는 안 된다는 것이다.

상권은 5장으로 예경편禮敬篇·축원편祝願篇·송주편誦呪篇·재공편齋供篇·각소편各疏篇이고, 하권은 13장으로 각청편各請篇·시식편施食篇·배송편拜送篇·점안편點眼篇·이운편移運篇·수계편受戒篇·다비편茶毘篇·제반편諸般篇·방생편放生篇·지송편持誦篇·간례편簡禮篇·가곡편歌曲篇·신비편神秘篇으로 이루어져 있으며, 부록은 조선사찰일람표로 구성되어 있다.

하권은 서와 목차, 부록으로 구성되어 있으며, 서는 권상로와 함께 교정을 맡은 김태흡이 글을 실었다. 담겨 있는 내용은 최취허가 안진호와 함께 아침과 저녁에 행하는 지송과 기타 의식을 편집하여 불자필람을 인쇄·발행했고, 주문이 쇄도하여 일찍이 매진·절품되었다고 하였다. 이를 다시 증보하고 책을 펴내기를 갈망하는 자들이 많으므로 안진호는 이제야 마음을 일으켜 전에 있었던 자료를 모두 남김없이 수집하여 배열·부문하고, 제목을 고쳐 『석문의범』이라고 정했음을 알 수 있는 대목이 실려 있다.[257]

『석문의범』의 상·하권을 통틀어 가장 특징적인 점은 하권 후반부의 간례편과 가곡편이다. 『불자필람』은 이것을 부록에 실어 놓은 반면, 『석문의범』은 이 부분을 중요시 여겨 본론 부분에 옮겨 놓았다. 이는 문명개화를 맞이한 근대의 시대 상황에 맞추어 진행한 결과이고, 기독교의 의례 문화 활동을 모방했음을 알 수 있다. 강돈구는 "기독교는 우리나라에서 천주교가 창설되었던 18세기 후반 이후 예수를 메시아로 믿는 모든 종교운동을 포괄하는 개념으로, 크게 천주교와 개신교로

---

257 안진호, 『釋門儀範』, 법륜사, 1983, 하권 序.

양분된다. 천주교와 개신교는 우리나라에서의 전개 과정도 많은 면에서 상이했지만, 여기에서 동시에 취급하는 이유는 전개 과정의 구체적 '내용'은 상이하나 '골격'은 유사한 양상을 보이고 있기 때문이다. 천주교와 개신교는 전통종교와 전혀 다른 이질적인 종교였고, 또한 주요 선교국들이 모두 개항기를 전후해서 제국주의적 성격을 지니고 있으면서도 우리나라를 직접 지배하지는 못한 공통점이 있다."[258]라고 서술하고 있다.

『석문의범』은 『작법귀감』의 내용을 근대 시기에 살아가는 대중들에게 정확하고 간결하게 전달해주기 위해 내용을 축소하기도 한다. 예를 들어 『석문의범』에 담겨 있는 「관음청」의 경우 거불擧佛 후에 유치由致를 하고 향화청香花請 가영歌詠으로 마무리를 한다. 그러나 『작법귀감』은 향화청 가영에 이어 관세음보살멸업장진언觀世音菩薩滅業障眞言과 소원을 비는 탄백歎白, 다음으로 축원祝願을 실어 놓은 것으로 보아 『석문의범』이 『작법귀감』의 내용을 축소했음을 확인할 수 있다.

3) 한국 불교의례의 변화

고려시대부터 내려오던 불교가 유교의 영향을 받으면서 조선불교만이 지닌 독특한 특징을 형성하는 것은 대략 조선 중기이다. 이 시기 불교가 유교로부터 영향 받은 요소는 앞에서 지적한 바와 같이 삼강오륜이라 할 수 있다. 삼강오륜은 다시 인륜으로 집약되며, 인륜은 최종적

---

258 강돈구, 『한국 근대종교와 민족주의』, 집문당, 1992, p.165.

으로 충과 효라는 덕목으로 압축된다. 유교 측에서 불교에 가한 상투적 비판이 바로 '무부무군지교無父無君之敎'라는 대목인데, 이는 바로 불교가 충과 효가 결여되었다는 지적이다. 특히 부모—자식 간의 혈연적 관계를 강조하는 효에 대해서는 단순히 비판을 위한 비판이 아니라 심정적인 호소력을 지니고 있었기 때문에 불교 측에서도 이를 거부하기 어려웠을 것이라고 보인다. 『부모은중경父母恩重經』의 유행은 이와 같은 맥락에서 비롯된 것이다.

현재 그 판본이 전해지는 것만도 50여 종에 이르며, 특히 이 가운데서 명종 때(1546~1567)의 것이 10여 종이나 되는 것으로 보아서 조선 중기 이후로 유행했음을 알 수 있다. 『부모은중경』에 대한 간행이나 개판사업도 왕실이나 민간인 구별 없이 진행되었다. 특히 부녀자들이 그들의 부모와 조상의 명복을 빌고 가정의 만복을 기원하기 위하여 사찰을 찾는 일이 많았는데, 이때에도 이 경의 효 사상을 염두에 두고서 이를 간행하는 일은 다른 어떠한 경전보다도 많았을 것이라는 사실은 충분히 짐작이 가는 것이다.[259]

한편 당시의 양반사회에 대한 풍자와 비판사상이 일어나고 한글로 된 대중적인 서민문학이 대두되면서 이 『부모은중경』에 대한 관심이 고조되어서 이의 국역본이 효종 9년(1658)에 처음으로 나오기 시작했다는 시각도 있다.[260] 이 밖에도 또 하나의 효 경전인 『목련경』이 세조 때 찬술된 『월인석보月印釋譜』 가운데 제23권의 소재로 채택된

---

259 李載昌, 「朝鮮時代 佛敎의 主體的 展開」, 『佛敎學報』 24, 동국대학교 불교문화연구원, 1987, p.308.

260 閔泳珪, 「月印釋譜」, 『東方學志』 6, 연세대학교 국학연구원, 1963, p.9.

사실도 유교적 효와 불교사상이 결합하는 한 양태로 볼 수 있다. 이처럼 효 사상을 강조한 불교경전이 지닌 대중성으로 인해서 일반가정에서 한층 독송讀誦·서사書寫되는 일이 자주 있게 되었다. 그리고 유교의『효경』보다도 널리 보급되었다는 것은 불교의 수난기인 조선 중기 불교의 성격을 규정짓는 요소라 하겠다.

효 사상과 관련하여 명부전의 증가를 눈여겨 볼 필요가 있다. 명부전은 저승의 유명계를 사찰 속으로 옮겨 놓은 전각이다. 이 전각 안에 지장보살을 봉안하고 있기 때문에 지장전이라고도 하고, 유명계의 심판관인 시왕十王을 봉안하고 있기 때문에 시왕전이라고도 한다. 원래 지장전과 시왕전은 조선 초기 이전까지는 독립되어 있었으나 중기 이후로 명부전에 함께 모셔지게 되었다. 조선왕조가 불교를 인정하지는 않았지만, 부모에게 효도하고 죽은 부모를 좋은 세상으로 보내게 하기 위한 불교 신앙과 의식만은 배제할 수 없었던 것이다.[261] 따라서 조선시대에는 그 어떤 의식보다도 망인천도亡人薦度의 재의식齋儀式이 발달했고, 지장보살 또한 모든 중생을 성불시킨다는 맹세보다 명부시왕의 무서운 심판에서 망인을 구하여 주는 유명계의 교주 역할만이 크게 강조되었다. 그 결과로 저승 심판관인 시왕과 자비스러운 지장보살의 결합이 이루어지면서 고려시대에는 없던 명부전이라는 새로운 건물이 탄생한 것이다. 그리하여 임진왜란 이후 불교계에서는 유교의 이념에도 맞는 명부전을 건립했던 것이며, 오늘날 오래된 대부분의 사찰에 명부전이 있는 까닭도 이와 같은 시대적 상황과

---

261 金鉉埈,『사찰 그 속에 깃든 의미』, 교보문고, 1994, p.291.

깊이 관련되어 있다.[262]

또 하나 주목할 사항은 호랑이를 거느린 산신각, 수명의 장단을 담당하는 칠성각, 말세중생에게 큰 복을 내린다는 나반존자를 모신 독성각, 그리고 산신·칠성·나반존자를 함께 모신 삼성각의 존재이다. 이 각閣자가 들어간 건물들은 우리나라 사찰에만 유일하게 존재하는 건물들로써 토착신앙과 불교와의 혼합을 상징하는 건물이다.

그런데 여기서 한 가지 궁금한 것은 이들 건물이 언제부터 불교 사찰 내에 존재하기 시작했느냐 하는 것이다. 이는 토착의 민간신앙과 불교가 언제부터 본격적으로 혼합되기 시작했느냐 하는 물음이다. 이제까지는 막연하게 불교 전래 초창기부터 습합되었다고 생각해왔는데, 최근에는 조선 중기에 이루어졌다는 견해가 등장하고 있다. 즉 산신각·독성각·칠성각이 사찰 속에 건립되기 시작한 것은 조선 중기 이후, 아무리 빨라도 임진왜란 이전으로 거슬러 올라가는 것이 없다는 것이다.[263] 그렇다면 이전에는 습합되지 않다가 왜 조선 중기에 와서 민간신앙과 불교가 습합되었는가 하는 의문이 든다. 그 이유는 불교가 쇠약해졌기 때문일 것이다. 불교가 힘이 있었을 때는 타협할 필요가 없었지만 힘이 약해진 상황에서는 본래의 순수성에 벗어나는 타협을 감행해서라도 유지할 필요가 있었기 때문이다. 즉 불교사찰을 유지하기 위해서는 불교 바깥에서 어느 정도 세력을 유지하고 있는 이들 민간신앙들을 사찰 내로 흡수해야 할 절박한 상황에 직면했기 때문이라고 보인다. 그리고 이들 토착신앙(민간신앙)의 사상적 모티브는

---

262 위의 책, p.292.
263 金鉉埈, 앞의 책, pp.314~315.

대개가 도교에 기반을 두고 있다는 점도 주목되는 사항이다.

이 시기에 대중적 차원의 불·도 신앙이 사찰을 매개 고리로 해서 활발히 진행되며, 다른 한편으로는 불교 승려인 서산휴정이 도교의 사상을 다룬『도가귀감道家龜鑑』을 저술한 데서 나타나는 것처럼 사상적 차원에서도 불·도의 교섭이 이루어진다. 진정한 의미에서 불교와 도교 사이에 본격적인 교섭이 이루어지는 시기가 바로 이때가 아닌가 싶다.

조선 중기 불교의 이 같은 습합적 경향은 불교의례에서도 발견된다. 현재 한국 불교의 신행을 구성하는 요소는 좌선坐禪·간경看經·염불念佛·진언眞言인데,[264] 이 네 가지는 원래 그 뿌리가 선·교·정토·밀교에 속해 있던 것이 합쳐진 것으로 추측된다. 이 중에서 선과 교의 종합은 고려시대 의천 이래로 계속해서 추진되어 왔던 것으로 조선시대에 와서 갑자기 이루어진 것은 아니라고 보인다. 선과 정토의 관계도 마찬가지이다. 고려 후기에 등장하는 염불선은 '유심정토唯心淨土'를 강조하는데 이는 '내 마음속에 정토가 있다'는 사상적 기반을 가지고 자력적인 선과 타력적인 정토의 절충에 성공한다. 이 역시 새로운 것은 아니다. 그러므로 조선 중기에 와서 가장 관심을 끄는 대목은 선과 진언(밀교)의 혼합이다. 선·밀의 혼합이야말로 불교의례 변화의 포인트이다. 진언 암송은 선이나 염불보다도 그 현세 기복적인 효험에 있어 가장 빠르고 확실하다는 실용적인 측면 때문에 일반 대중들에 대한 흡인력이 강하였다. 이 때문에 진언(陀羅尼)은 선종사찰에 유입

---

264 韓基斗,『韓國佛敎思想硏究』, 一志社, 1980, p.103.

되게 되어 진언 중심의 불교의례가 성립되었다고 본다.

이를 살펴보면 〈참회게懺悔偈〉에 이어 〈참회진언〉, 〈청사請詞〉에 이어 〈헌좌진언獻座眞言〉, 〈귀명게歸命偈〉에 이어 〈정법계진언淨法界眞言〉·〈호신진언護身眞言〉·〈관세음보살본심미묘육자대명왕진언觀世音普薩本心微妙六字大明王眞言〉, 〈헌공獻供〉 후에 〈변식다라니變食陀羅尼〉 등 〈사다라니四陀羅尼〉, 〈가지게加持偈〉 후에 〈보공양진언普供養眞言〉·〈보회향진언普回向眞言〉, 〈봉송게奉送偈〉에 이어 〈봉송진언奉送眞言〉 등이 이를 말해주고 있다.[265] 이처럼 한국불교의례는 밀교의 진언이 높은 비중을 차지하고 있음을 알 수 있다. 그렇다면 이와 같은 밀교의례가 확립된 시기는 언제쯤일까. 조선 중기를 그 시점으로 보는 이유는 승과폐지 이후 사실상 7종에서 선교양종으로, 선교양종이 선종 하나로 최종 통합되면서 각 종파의 다양한 의례도 역시 선종 내에서 통합될 수밖에 없었던 시기가 바로 이때이기 때문이다. 종파의 통폐합이라는 외부상황의 변화가 자연스럽게 의례의 통합이라는 불교 내부적 변화로까지 이어지게 되는 결과를 초래했다고 본다.

2. 불교의 상장례 절차

상례喪禮는 "사람이 죽은 순간부터 시체를 매장하고 일정 기간 상복을 입은 후 일상으로 돌아오기까지의 모든 의례절차"[266]이다. 불교 상장례

---

265 洪潤植, 『現代佛敎新書 33권: 佛敎와 民俗』, 동국대학교 불전간행위원회, 1993, p.47.

266 김용덕, 「喪葬禮 풍속의 史的고찰」, 『한국 민속학 연구논집: 관혼상제』 15,

는 크게 임종의례臨終儀禮, 시다림尸茶林, 다비의례茶毘儀禮의 세 영역
으로 구분되는데, 이 중 시다림은 임종 후 장례가 행해지기 전까지의
행법을 의미하며, 다비의례는 장례에 관한 전체적 행법이다.

1) 임종의례

불교에서는 임종 시 염불을 외운다. 전통적으로 임종 시 '오직 나로
하여금 아미타불을 생각게 하고 나를 위해 큰소리로 염불하되 눈물을
흘리거나 우는 소리를 내어 나의 정념을 잃게 하지 말 것'을 당부하고
있다. 임종염불은 신심 깊은 불자들에게 널리 확산되어 있다.

임종염불은 죽음을 앞둔 이의 극락왕생을 위한 것이기에 병자 자신
이 마지막 순간에 행하는 염불과, 죽음이 임박한 병자를 위해 주변사람
이 행하는 염불이 있다. 특히 십념왕생十念往生이라 하여 죽음을 앞둔
긴급한 시기에 병자 스스로 '나무아미타불'을 열 번 외우면 많은 죄를
지은 이라도 극락에 갈 수 있다는 믿음이 불자들에게 널리 확산되어
있다.

그러나 병자가 직접 염불을 할 수 없는 상태라면 주변에서 병자를
위해 염불하고 법문을 들려줌으로써 의식·무의식의 상태와 무관하게
병자에게 영향을 미쳐 불법에 가까이 갈 수 있도록 도와주는 데 초점이
있다. 따라서 임종 무렵에 가족·친지 등이 행하는 임종염불 의식은
병자에게 이러한 환경과 마음가짐을 조성해 주기 위한 의미가 크며,
병자와 주변 사람들이 함께 염불을 한다면 가장 바람직한 것으로

거산, 1998, p.31.

보고 있다.

최근 조계종에서 마련한 『불교 상제례 안내』[267]에 따라 임종의례의 핵심내용을 살펴보면 다음과 같다.[268]

(1) 급박한 상황일 경우

지극한 마음으로 병자의 극락왕생을 기원하면서 '나무아미타불'을 외우는 임종염불만으로도 족하다. 자신의 기도와 염불로 병자를 편안하게 좋은 곳으로 떠나보낼 수 있다는 확신으로 병자 가까이에 앉거나 서서 조용히 염불하되 병자에게 부담을 주어서는 안 되며, 숨을 거둔 이후까지 한동안 계속한다.

(2) 승려가 집전할 경우

'삼귀의-반야심경-수계-법문' 또는 '독경-염불-극락세계발원문-사홍서원' 등으로 진행한다. 수계는 계를 받음으로써 불법을 받드는 사람이 될 것을 서약하는 핵심의식으로 삼귀의계와 오계를 주고, 연비를 한 뒤, 법명이 없는 이에게는 법명을 준다. 상황에 따라 오계는 생략해도 좋고 보호자가 대신 답할 수 있다. 숨을 거둔 뒤에 수계를 할 경우는 삼귀의계와 오계 대신 무상계를 준다.

---

267 대한불교조계종 포교연구실, 『불교 상제례 안내』, 대한불교조계종, 2011, pp.28~38.

268 구미래 지음, 『한국불교의 일생의례』, 민족사, 2011, pp.273~274. 재인용.

(3) 재가불자가 집전할 경우

'삼귀의−반야심경−수계−독경−아미타염불−극락세계발원문−
사홍서원'의 순서에 따른다. 수계는 재적사찰에 연락하여 우편·메일·
팩스 등으로 수계증을 받고, 시급한 상황에서는 전화로 법명을 받아도
무방하다. 삼귀의−수계−아미타염불−사홍서원만 하거나 아미타염
불만 하는 것으로 간소화할 수 있다.

(4) 임종을 준비하는 지침

임종이 임박하면 조용하고 쾌적한 곳에 거처를 마련하여 병자를 모시
고, 병원 중환자실에 있을 때는 입원실로 옮겨 모신다. 거처는 밝고
청결하게 정리하며, 병자의 몸을 깨끗이 닦은 뒤 면 종류의 편하고
깨끗한 옷으로 갈아입힌다. 병자에게 가장 편안한 방향과 자세로
눕게 한 다음 가볍고 따뜻한 이불로 가슴 아래까지 덮는다. 붓다의
열반 자세처럼 머리를 북쪽으로 두고 극락정토를 상징하는 서쪽을
바라보도록 해도 좋으나 고집할 필요는 없다. 거처가 너무 넓다면
병풍 등으로 칸막이하여 아늑하고 평온한 분위기를 조성한다. 평소
병자가 좋아하던 경전을 곁에 놓고 손이나 목에 염주를 걸어준다.
병자 곁에 작은 불상을 모시거나 불화·탑다라니 등을 걸어도 좋다.
불상은 아미타불이나 평소 모시던 불상이 좋다. 불상을 모셨을 경우
오색실로 불상의 집게손가락과 병자의 집게손가락을 연결하여 부처님
의 가피가 직접 미침을 나타내어 병자의 마음을 평안하게 한다.

184

2) 빈소의례 시다림

불교에서는 신도들에게 상喪이 발생하면 승려가 빈소에 참석하여 망자에게 불법을 들려주면서 극락왕생을 기원하는 것이 관례이다. 이러한 의식을 시다림(尸茶林·尸陀林)이라 한다. 시다림이란 본래 인도 마가다국 왕사성 북쪽에 있는 시타바나(Sitarvana)라는 숲에서 연유한 말로, 이 숲은 성에 사는 사람들이 주검을 버리는 일종의 공동묘지였다. 시다림에 대해 여러 경전에서는 "그 숲의 서늘한 기운이 있는 지역을 시체 버리는 곳으로 사용하기에 한림寒林이라 하고, 또한 시체들로 인해 그곳에 가는 자는 두려움으로 머리털에 차가운 기운이 느껴지므로 한림이라 칭한다."[269]라고 하였다. 이 숲에 버린 주검은 독수리들이 날아와 먹게 되기에 일종의 조장鳥葬으로 장례를 치렀던 것이다. 이들에게 사후의 육신이란 무상한 것이고, 인간이 생전에 다른 생물을 취하며 생명을 유지해 왔기에 죽어서는 이를 뭇 생명에 보시한다는 생각을 지니고 있었다. 또한 날아다니는 새가 주검을 먹음으로써 망자의 영혼이 하늘로 갈 수 있다는 믿음을 지니고 있어 조장을 천장天葬이라고도 한다.

시다림은 인도의 수행자들이 썩고 악취 나는 주검 속에서 생로병사의 고뇌로부터 벗어나 깨달음을 구하기 위한 고행의 장소로 선택되기도 하였다. 따라서 그곳은 원귀와 질병이 들끓는 공포의 장소이다 보니, 무언가로 인해 괴로움을 받는 '시달림'이라는 뜻이 '시다림'에서 부터 생겨나게 된 것이다.[270]

---

269 정각, 『불교 諸의례의 설행 절차와 방법』, 운주사, 2002, p.122. 재인용.
270 고려 성종 때 오복제도五服制度에 따라 삼일장을 하는 경우에는 첫날부터 시다림

이처럼 시다림이란 말이 주검과 관련하여 생겨난 이유에서인지, 장례를 마칠 때까지 행하는 설법이나 염불에 한하여 시다림이라고 부른다.[271] 따라서 동일한 게송이라도 임종 이후 장례까지 망자를 대상으로 행할 때 시다림이라 부르는 것이다. 시다림은 주로 고인의 주검을 안치해 놓은 빈소에서 하게 되는데, 임종 직후는 경황없이 지나가고 장지에서는 상황이 적합하지 않기 때문이다. 빈소에서는 지침을 적은 경전은 드문 편이나 『무상경無常經』에 이와 관련된 내용이 등장한다.[272]

첫째, 망자가 가졌던 물건을 세 몫으로 나누어 삼보에 보시하면 그 업이 소멸되고 복이 생긴다.

둘째, 주검은 아래쪽에 두되 옆으로 뉘어 오른쪽 옆구리를 땅에 대고 얼굴은 햇볕을 향하게 한다.

셋째, 그 위에 높은 자리를 만들어 갖가지로 장엄한다.

넷째, 승려를 청해 『무상경』을 읽게 하되, 슬픔을 멈추고 지극한 마음으로 추모한다.

다섯째, 각기 자신의 몸도 무상하여 소멸된다고 관함으로써 세간을

을 행하느라 염습 이전까지 시다림 밤샘독경이 힘겨워 '시달림 당한다'는 표현을 사용했다고도 한다. 정각, "시다림屍多林", 〈불교신문〉, 2012년 6월 16일자.

271 장례절차에 의해 입관入棺하기 전에 삭발과 목욕의식을 행한다. 과정은 삭발, 목욕, 세수, 세족으로 시신을 청결히 하고 속옷과 겉옷을 입혀 주는 착군, 착의와 복건을 쓰는 착관을 행한 후 입관한다. 이후 화장시설이나 또는 매장시설에 이르는 의식을 하고 봉안당이나 산이나 혹은 강과 바다에 바로 흩뿌림으로써 시다림은 끝나게 된다.

272 장순용 옮김, 『大藏一覽集』, 동국역경원, 2006, pp.451~452.

여의고 삼매에 들도록 한다.

여섯째, 승려의 진언을 따라 외우며, 깨끗한 물에 주문을 외어 주검 위에 뿌리고, 다시 황토에 주문을 외워 주검 위에 뿌린다.

일곱째, 탑 속에 안치하거나 화장하거나 시다림에 두거나 매장한다.

여덟째, 이 공덕으로 망자의 죄업이 사라져 부처님을 뵙고 깨달음을 얻는다.

이 내용은 인도불교 당시의 상황을 반영한 것으로 중요한 내용을 중심으로 알기 쉽게 요약하여 오늘날의 빈소의례를 참조하는 데 좋은 자료가 된다.

먼저 망자가 가졌던 물건을 삼보에 보시하게 한 것은 삼보를 받드는 의미뿐만 아니라, 승단의 존속을 가능케 하여 불법을 지키는 의미도 있어 가장 큰 공덕이 되기 때문이다. 주검을 옆으로 뉘어 오른쪽 옆구리를 땅에 대도록 한 것은 붓다의 열반 자세를 취한 것으로 초기불교에서는 임종 후에도 이러한 자세를 중시하는 관습이 있었다. 아울러 생략된 내용 중에 주검은 바람이 부는 아래쪽에, 높은 자리는 바람이 부는 위쪽에 두도록 함으로써 어둡고 막힌 곳이 아니라 바람이 통하고 햇볕이 드는 곳에 모시도록 하였다. 이는 오늘날 부패 등을 막기 위해 폐쇄된 안치실에 두는 것과 대조적이다. 높은 자리를 만든다는 것은 빈소에 영가를 모시는 영단靈壇을 마련한다는 것으로, 이 영단에 갖가지 요소를 장엄하도록 하였다. 오늘날에도 상례는 종교적 보살핌이 가장 절실한 단계에 행하는 의례이기에 영단을 불교적 요소로 장엄하여 삼보의 가피 속에서 고인을 떠나보내는 의미를 적극 반영하고 있다. 따라서 영단에 향과 등과 꽃을 올리고 연꽃형의 위패와 번, 탑다라니 등으로 장엄하거나 염주, 경전 등을 놓기도 한다.

승려를 청해『무상경』을 읽게 하는 것은 영가를 위한 시다림으로 불교 신소의례의 핵심에 해당하는 것이다. 아울러 슬픔을 멈추고 지극한 마음으로 추모하게 한 점은 유족과 친지들이 지나친 슬픔을 드러내기보다 염불과 기도로써 정성을 다하도록 강조하는 불교 상례의 일관된 지침이다.

각자 자신의 몸도 무상하여 소멸된다고 관함으로써 세간을 여의고 삼매에 들도록 한 것은 가까운 이의 죽음을 계기로 산 자들의 삶을 성찰로 이끄는 의미를 담고 있다. 붓다가 늙고 병들어 죽는 중생의 삶에서 실존적 성찰과 일대발심을 일으켰듯이, 죽음에 직면하여 어떻게 살아야 할 것인가의 문제를 돌아보도록 이끄는 것이다.

승려와 함께 진언을 외우고 물과 황토에 주문을 외워 주검 위에 뿌리는 것은 일종의 정화의식이라 할 수 있다. 의식을 모두 마친 뒤에 주검을 탑 속에 안치하거나 화장·매장하거나, 시다림에 두도록 한 것은 당시 인도사회에서 통용되었던 장례의 네 가지 방법을 제시한 것이다. 탑 속에 안치하는 것은 화장을 전제로 한 것으로 승려 등에 해당하는 것이고, 여기서 말하는 시다림은 성 밖에 주검을 두어 독수리 에게 허용하는 것으로 하층 계급에 주로 해당하는 장례법이었을 것 이다.

끝으로 지금까지 말한 대로 행한다면 그 공덕으로 망자의 죄업이 사라져 깨달음을 얻게 되리라고 하였다. 죽은 자를 위해 산 자들이 마음을 모아 최선을 다하면 그 공덕이 망자에게 미치리라는 믿음은 지장신앙의 발로로 보인다.

빈소에 머무는 동안 마지막으로 고인을 추모하고 장례를 준비하는 다양한 단계와 세부절차들이 마련되어 있다. 시다림 또한 이에 적합한 염송 내용을 마련해 놓고 있다. 예컨대 주검을 씻기고 순서대로 옷을 입히고 관에 모시는 염습·입관의 단계에서 세부절차마다 별도의 게송 이 있어, 승려를 초빙하여 시다림을 할 때는 대개 염습·입관에 맞추게 된다.[273]

염습·입관에 행하는 시다림은 영가에게 단계마다 불보살의 가르침 을 들려주어 생전의 인연에 얽매이지 않고 피안의 세계로 나아갈 수 있도록 인도해 주는 중요한 의식이다. 이 시기의 염불을 중요하게 여기는 것은 사후에 삭발 혹은 이발을 하고 목욕을 한 후 새 옷을 갈아입는다는 의미가 내세의 준비와 직결되기 때문이다.

사자의 깨달음을 위한 독경과 법문으로서의 시다림 행법의 유래와 구조에 대하여 살펴보면, 우선『불설관정수원왕생시방정토경佛說灌 頂隨願往生十方淨土經』에는 임종을 맞이한 사람의 왕생을 목적으로 한 독경설행讀經設行의 예를 보여주고 있다.

"이때에 타방국토의 보광보살이 "네 무리의 제자가 임종할 때 시방 국토에 왕생하기를 원하고자 하면 어떤 공덕을 닦아야 시방불토에 왕생할 수 있겠습니까" 하였다. …… (저 시방불토에 태어나기를 희망한다면) 임종을 당하지 않은 사람이라도 3·7일 동안 부처님 경을 염송하면, 목숨이 끊어져 중음 중에 있어 죄와 복이 결정되지

273『작법귀감』에는 삭발-목욕-세수-세족-착군-착의-착관-정좌-시식- 표백-입감의 11개 절차로 되어 있다.

못할 그때에 응당 복 닦음이 되어지리니."[274]

한편 『범망경梵網經』에서는 "부모·형제·화상·아사리의 사망일이거나 3·7일 또는 7·7일에 응당 대승 경율經律을 독송·강설하여 재회齋會에 복을 구하고 미래의 생을 다스릴 것"[275]이라 하는데, 이러한 규범등은 시다림에 대한 불전佛典 근거가 된다고 할 수 있다. 이와 같은경전의 정신에 입각하여 다비작법의 절차가 구성되어 있다.

3) 다비의례

다비의례는 『석문의범』 「다비편茶毘篇」[276]에서 자세히 소개하고 있다.장의란 인생일대의 삼대의식 가운데 하나이다. 사람은 태어나면 태어난 날을 기념하는 생일의식과 가정을 형성하는 최초의 의식인 결혼의식과 죽음을 당하여 이별을 곡하는 장의의식 이 세 가지를 삼대의식이라 한다. 이 셋 가운데서 가장 장엄하고 엄숙한 것은 역시 장의의식이다. 인도에서는 주로 장의를 다비茶毘로 했으므로 불교장의 의식을다비의식이라 한다. 다비란 인도 말을 우리말로 음역한 것으로 시체를

---

274 "爾時他方國土有一菩薩名曰普廣 而白佛言四輩弟子 臨終之日若已終者 願欲往生十方國土 修何功德而得往生 (中略) 懸命過幡轉讀尊經竟三七日 所以然者命終之人 在中陰中身如小兒 罪福未定應爲修福.", 『佛說灌頂隨願往生十方淨土經』(『大正藏』 21, p.529上-下)

275 "父母兄弟和上阿闍梨亡滅之日 及三七日乃至七七日 亦應讀誦講說大乘經律 齋會求福行來治生.", 『梵網經』(『大正藏』 24, p.1008中)

276 「다비편」은 『석문의범』 하편에 있으며, 在來式, 永訣式, 埋葬式, 名旌式과부록 崩騰神을 담고 있다.

190

불에 태우는 것을 말한다. 그런데 이 다비의식에도 외적 행의行義는 제외하고라도 시신에 해당되는 것만으로도 염殮·전제奠祭·매화장埋 火葬 등 여러 가지 의식이 있다.

사진 1. 다비의례

　다비는 연꽃 모양으로 장식한 거대한 장작더미 속에 주검을 안치한 후 직접 불을 붙여 태우고 유골을 거두는 의식으로, 세부적 의식절차에 따라 염불이 따르는 가운데 행해지게 된다. 우리나라의 다비는 7세기 중엽부터 나타나기 시작했으나 신라 말인 9세기경에 이르러 승려들을 중심으로 확산되었고, 민간에 화장풍습이 정착된 것은 12세기 이후부터이다. 당시의 화장법은 주검을 태운 후 수습한 유골을 다시 매장하는 복장復葬으로, 불교식 화장과 전통적 매장을 결합한 형태였다. 학계에서는 이처럼 화장한 뒤 수습한 뼈를 용기에 담아 묻는 무덤을 화장묘火葬墓라 일컫고 있는데, 불교의 죽음관에 동조하여 화장을 하게 되었더라도 어디까지나 무덤을 전제한 화장이었던 셈이다. 또한 화장 후 바로 무덤을 만드는 것이 아니라 일정 기간 사찰에 유골을 봉안했다가(權安) 매장했는데, 기록에 따르면 권안 기간은 2~76개월에 이르기까

지 다양하게 행해졌다.[277] 이 기간 동안 불타에 대한 예경을 통해 정토왕
생을 기원하는 의례가 주기적으로 이루어졌을 것이고, 유족들은 상중
에 있으면서 법회가 열릴 때마다 사찰을 방문하여 공양을 올렸을
것이다.

『석문의범』과 『작법귀감』을 중심으로 다비의례 절차를 살펴보면
다음과 같다.

(1) 오방례

『석문의범』의 경우 먼저 영단靈壇과 오방번五方幡을 설치한 뒤 오방번
에 모셔진 각 부처님들께 오방례五方禮를 올린다. 오방례는 동·서·남·
북·중앙 5방에 계신 부처님을 청하여 예배드리는 절차이다. 옛날에는
이 5방의 다섯 부처님을 오색번에 맞추어 써 붙이고 예배하였다.
중방 비로자나불은 황색으로 번을 쓰고, 동방 약사불은 청색번을
썼으며, 남방 보승불은 붉은 번을 쓰고, 서방 미타불은 백색, 북방
부동불은 흑색번을 각각 썼다.

그리고 예불 드릴 때는 법주가 "나무 중방화장세계 비로자나불
유원대자 접인신원적 모영가 황유리세계중"이라 하면 대중은 "귀명비
로자나불" 하고 예배한다. 그 독송은 "중방화장세계 비로자나부처님께
귀명합니다. 오직 원컨대 큰 자비로써 이끌어 주시어 새로 원적에
드는 ○○영가를 황유리세계로 목숨이 돌아가게 하옵소서. (대중은
따라서) 비로자나부처님께 귀명합니다. 동방만월세계 약사유리광부

---

277 정길자, 「고려시대 화장에 대한 고찰」, 『역사와 경계』 7, 부산경남사학회, 1983,
    pp.43~46.

처님께 귀명합니다. …… 남방환희세계 보승여래부처님께 귀명합니다. …… 서방극락세계 아미타부처님께 귀명합니다. …… 북방무우세계 부동존부처님께 귀명합니다. …… (대중은 따라서) 부동존부처님께 귀명합니다."[278]라고 독송한다.

(2) 무상계

무상계無常戒는 『원각경圓覺經』 「보안보살장普眼菩薩章」을 근거로 한다. 태어남의 원인과 결과를 밝혀 영가로 하여금 무상無常에 의해 인생관을 초탈한 것을 일깨워 주는 법문이다. 이 「무상계」에 대해서는 『석문의범』의 원형이라 할 수 있는 『작법귀감』의 일부를 살펴보도록 하겠다.

"아무 영가시여, 그대는 오늘 6근과 6진을 멀리 벗어나서 영혼의 알음알이만이 홀로 드러나 부처님의 위없는 깨끗한 계를 받게 되었으니 어찌 다행한 일이 아니겠습니까? 아무 영가시여, 겁화가 태워 버리면 대천세계도 다 부서지고 수미산과 큰 바다도 다 말라 버리고 맙니다. 하물며 나고 늙고 병들고 죽음과 근심, 슬픔, 고뇌에

---

278 『釋門儀範』第六章 葬儀篇(五方禮), "南無中方 華藏世界 毘盧仛那佛 唯願大慈 接引新圓寂 某靈 黃琉璃世界中(衆和) 歸命毘盧仛那佛(절) 南無東方 滿月世界 藥師琉璃光佛 唯願大慈 接引新圓寂 某靈 黃琉璃世界中(衆和) 歸命藥師尊佛(절) 南無南方 歡喜世界 寶勝如來佛 唯願大慈 接引新圓寂 某靈 赤琉璃世界中(衆和) 歸命寶勝如來佛(절) 南無西方 極樂世界 阿彌陀佛 唯願大慈 接引新圓寂 某靈 白琉璃世界中(衆和) 歸命阿彌陀佛(절) 南無北方 無優世界 不動尊佛 唯願大慈 接引新圓寂 某靈 黑琉璃世界中(衆和) 歸命不動尊佛."

시달리는 이 몸인들 어찌 이를 멀리 벗어날 수 있겠습니까? 아무 영가시여, 머리카락·털·손톱·치아·피부·살·근육·골수·뇌·때· 색신들은 모두 흙으로 돌아가고, 침·눈물·고름·피·진액·거품·가 래·정액·대변·소변들은 모두 물로 돌아가며, 따뜻한 기운은 불로 돌아가고, 움직이는 기운은 바람으로 돌아가 사대가 제각기 흩어지 면 오늘 이 죽은 몸은 장차 어느 곳에 있겠습니까? 아무 영가시여, 사대는 허망한 것이며 임시로 있는 것이어서 사랑하고 아낄 만한 것이 못 됩니다. 그대는 시작이 없는 옛적부터 오늘에 이르기까지 무명을 연하여 행을 일으키고, 행을 연하여 인식작용을 일으키며, 인식작용을 연하여 명색을 일으키고, 명색을 연하여 육입을 일으키 며, 육입을 연하여 촉을 일으키고, 촉을 연하여 수를 일으키며, 수를 연하여 애를 일으키고, 애를 연하여 취를 일으키며, 취를 연하여 유를 일으키고, 유를 연하여 생을 일으키며, 생을 연하여 늙음·죽음·근심·슬픔·고뇌를 일으킵니다. 그러니 무명만 없앤다 면 행도 없어질 것이요, 행을 없애면 식이 사라질 것이며, 식이 사라지면 명색이 사라질 것이요, 명색이 사라지면 육입이 사라질 것이며, 육입이 사라지면 촉이 사라질 것이요, 촉이 사라지면 수가 사라질 것이며, 수가 사라지면 애가 사라질 것이며, 애가 사라지면 취가 사라질 것이요, 취가 사라지면 유가 사라질 것이며, 유가 사라지면 생이 사라질 것이요, 생이 사라지면 늙음·죽음·근심·슬 픔·고뇌가 사라질 것입니다."[279]

---

[279] 『作法龜鑑』(『韓佛全』10, p.601), "某靈 汝今日 逈脫根塵 靈識獨露受佛無上淨戒 何幸如也 某靈 劫火洞燃 大千俱壞 須彌巨海 磨滅無餘 何況此身 生老病死 憂悲

　이처럼 12연기에 따라 태어남의 원인과 결과를 밝혀 무명의 어리석음에서 벗어나면 생로병사의 고뇌가 사라짐을 깨우쳐 주고 있다. 이는 빈소에서만이 아니라 이후 49재를 치를 때도 자주 등장하게 된다. 근본무명이 없어져야 생사도 없어지는 것이다. 즉 연기법에 의한 수행자가 생사윤회에서 벗어나 깨달음을 추구하듯 영가도 이처럼 수행하여 깨달음을 얻길 바라는 것이다.

(3) 염습

염습이란 죽은 이의 몸을 씻긴 후에 옷을 입히는 일이다. 여기에는 〈목욕편沐浴篇〉, 〈세수편洗手篇〉, 〈세족편洗足篇〉, 〈착군편着群篇〉, 〈착의편着衣篇〉 등이 있다.

　①〈목욕편〉은 시체를 목욕시킬 때 외우는 글로써 그 독송은 "새로 원적에 드는 ○○영가이시여, 만약에 사람이 부처님의 경계를 알고자 하면 마땅히 그 뜻이 맑아서 허공과 같이하여야 할 것입니다. 멀리 망상 및 나아가는 마음을 여의면 마음 가는 곳마다 걸림이 없을 것입니다. …… 이제 마음속에 허망한 티끌과 때를 씻고, 금강불괴의 몸을 얻었으니, 청정법신은 내외가 없고, 거래생사에 한결같이 참된 모습이군요."[280]이다.

苦惱 能與遠違 某靈 髮毛爪齒 皮肉筋骨 髓腦垢色 皆歸於地 唾涕膿血 津液沫淡 精氣大小便利 皆歸於水 暖氣歸火 動靜歸風 四大各離 今日亡身 當在何處 某靈 四大虛假 非可愛惜汝從無始已來 至于今日 無明緣行 行緣識 識緣名色 名色緣六入 六入緣觸 觸緣受 受緣愛 愛緣取 取緣有 有緣生 生緣老死憂悲苦惱 無明滅 則行滅 行滅則識滅 識滅則名色滅 名色滅則六入滅 六入滅則觸滅 觸滅則受滅 受滅則愛滅愛滅則取滅 取滅則有滅 有滅則生滅 生滅則老死憂悲苦惱滅."

불교의 원류인 인도에서는 지금도 갠지스 강가에서 많은 이들이 강물에 목욕하는 것을 흔히 볼 수 있다. 인도인에게는 이 물은 신성함 그 자체이다. 신성한 물에 육체를 씻음으로써 업장이 소멸되어 내생에는 좋은 곳으로 다시 태어난다는 믿음을 가지고 있다. 이러하듯 의례에서도 목욕의식을 하는 것은 업장소멸, 즉 번뇌를 제거함의 행위라고 할 수 있다. 『다비작법』 목욕편에서는 다음과 같은 게송이 있다.

"누구든지 부처님의 경계를 알려고 하면
그 뜻 바르게 하고 허공같이 해야 할 것입니다.
망상과 여러 갈래 세계를 멀리 여의면
마음 가는 곳마다 걸림이 없을 것입니다."[281]

이 게송은 80권본 『화엄경』 「여래출현품如來出現品」의 게송으로서 오염된 마음을 부처의 마음상태처럼 청정히 할 것을 제시하고, 이 청정한 마음으로 망상을 없애면 육도윤회를 벗어나 해탈로 이르게 된다는 의미이다. 즉 목욕을 함으로써 오염된 마음을 씻어 깨끗한

---

280 『釋門儀範』 第六章 葬儀篇(沐浴篇), "新圓寂 某人靈駕 若人欲識佛境界 當淨其意 如虛空 遠離妄想及第趣 令心所向皆無碍 某靈(堂淨其意) 如虛空麼(或未然) 更聽 註脚 此正覺之性 上至諸佛 下至六凡 一一堂堂 一一具足 塵塵上通 物物上現 不待修成 了了明明(拈挂杖云) 還見麼(打下法杖云) 還聞麼 旣了了見 旣歷歷聞 畢竟是個甚麼 佛面猶如淨滿月 亦如千日放光明 今玆沐浴 幻妄塵垢 獲得金剛 不壞之身 淸淨法身無內外 去來生死一眞常."

281 『作法龜鑑』 「茶毗作法」(『韓佛全』 10, p.596), "若人欲識佛境界 當淨其意如虛空 遠離妄想及諸趣 令心所向皆無礙某靈."

마음인 자성청정심自性淸淨心을 되찾는 것이다. 이 오염된 마음은
곧 번뇌이다. 『다비작법』목욕편에서는 다음과 같이 말하고 있다.

"이제 여기에서 목욕을 하여 환 같고 허망한 티끌과 같은 때를
썻어 내어 금강처럼 견고하여 무너지지 않는 몸을 얻습니다. 청정한
법신은 안과 밖이 없고, 생사에 오고감이 없는 한결같이 참되고
항상 그대로의 모습입니다."[282]

백파는 시신을 목욕시키는 진정한 의미는 먼지와 때(번뇌)를 깨끗이
썻어 해탈의 경지에 이른 부처처럼 목욕함으로써 곧 부처의 경계에
이르렀음을 알려 즐거움을 표현하고 있다.

②〈세수편〉은 손을 씻을 때 외우는 글로서 "새로 원적에 드는 ○○영
가이시여, 와도 온 곳이 없는 것은 밝은 달이 천강에 드리운 것 같고,
가도 가는 바가 없는 것은 밝은 허공에 형상을 제찰諸刹에 나눈 것과
같습니다. …… 이제 손을 씻었으니 이치를 밝게 가려 가서서 시방에
불법이 손바닥 안에서 달이 밝듯 그려질 것입니다. 눈으로 푸른 산을
살펴보니 작은 나무 하나가 없어 천애의 낭떠러지에서 손을 놓는
대장부입니다."[283]로 독송된다.

---

282 『作法龜鑑』「茶毗作法」(『韓佛全』10, p.596) "今玆沐浴 幻妄塵垢 獲得金剛之身
清淨法身無內外 去來生死一眞常."

283 『釋門儀範』第六章 葬儀篇(洗手篇), "新圓寂 某人靈駕 來無所來 如朗月之影
晛千江 去無所去 似澄空而形分諸刹 某靈 四大各離如夢中 六塵心識本來空 浴
識佛祖回光處 日落西山月出東 今玆洗手取理分明 十方佛法 皎然掌內 滿目靑山
無寸樹 懸崖撒手丈夫兒."

다비작법에서는 세수의 의미를 다음과 같이 말하고 있다.

"사대가 각기 흩어지니 꿈같고 허깨비 같으며 육진과 삼식은 본래가
빈 것입니다. 부처님과 조사들이 빛 돌린 곳 알고자 하면 서산에
해 지고 동녘에 달이 뜹니다."[284]

"이제 세수를 하였으니 이치를 밝게 가려 취해서 시방의 부처님
법이 손바닥 안에서 밝게 그려질 것입니다."[285]

한국 사회의 통용어로 '손을 씻는다'의 의미는 과거의 부정한 일이나
나쁜 일들을 청산할 때 쓰는 표현이다. 따라서 과거 인연에 의해
쌓인 업을 소멸시키는 의미이다. 세수를 하게 되면 이치가 밝게 가려져
서 불법이 손바닥 안에서 밝게 드러날 것이라고 이야기하고 있다.
손을 씻는다는 것은 번뇌를 제거한다는 것이고, 번뇌를 제거하면
불법의 이치가 밝게 드러나고, 밝게 드러난다는 것을 '부처님 법이
손바닥에 밝게 그려질 것'이라는 말을 통해서 강조하고 있다.

　③〈세족편〉은 발을 씻을 때 외우는 글로 "새로 원적에 드는 ○○영가
이시여, …… 이제 발을 씻어 만행을 원만히 이루었고, 한 번 들어
한 걸음 나가니 법운에 올랐습니다. 다만 한 생각으로 무념에 돌아가서

---

284 『作法龜鑑』「茶毗作法」(『韓佛全』 10, p.597), "四大各離如夢幻 六塵心識本來空
　　欲識佛祖廻光處 日落西山月出東."

285 『作法龜鑑』「茶毗作法」(『韓佛全』 10, p.597), "今玆洗手 取理分明 十方佛法
　　皎然掌內."

높이 비로의 정상을 향해 걸어가십시오."[286]로 독송된다.

『다비작법』에서는 세족의 의미를 다음과 같이 말하고 있다.

"이제 발을 씻어 온갖 행을 원만히 이루었으니, 발을 한 번 들어
한 걸음에 법운法雲에 오르소서."[287]

법운法雲은 법운지法雲地를 의미하는 것으로, 법운지는 보살 십지
가운데 제10지로 최고의 위치이다. 지금까지 의식에 따른 수행의
결과 내심內心과 외경外境이 청정해졌고 궁극의 이치를 증득하였음을
전제로 드디어 법운지에 이르게 되었음을 말하고 있다. 이는 '목욕편'
의식(=수행)의 1차적 완료이며, 동시에 등각을 향한 2차적 수행의
출발을 의미한다.[288]

붓다는 당시 시대적 관습에 따라 걸식 후 돌아와 발을 씻고 자리에
앉은 다음 설법하곤 하였다. 여기서 발을 씻은 후 자리, 즉 법상에
앉는 것은 1차적 행위의 완료와 동시에 2차적 행위인 설법하기 위한
시작점이 된다는 점에서 일치하고 있다. 이처럼 세족편의 '세족'도
마찬가지로 단순히 발을 씻으신 것만을 나타내는 것이 아니라 삭발,
목욕, 세수로 인해 내외內外의 경지가 청정해져 법운지에 올랐음과

---

286 『釋門儀範』第六章 葬儀篇(洗足篇), "新圓寂 某人靈駕 生時的的不隨生 死去堂堂
不隨死 生死去來無干涉 正体堂堂在目前 今玆洗足 萬行圓成 一擧一步 超登法
雲 但能一念歸無念 高步毘盧頂上行."

287 『作法龜鑑』「茶毗作法」(『韓佛全』10, p.597), "今玆洗足 萬行圓成 一擧一步
超登法雲."

288 심상현, 『불교의식각론』8, 앞의 책, p.97.

동시에 등각을 향할 준비가 완료되었음을 나타낸다.

④〈착군편〉은 속옷을 입힐 때 외우는 글로 "새로 원적에 드는 ○○영
가이시여, …… 이제 속옷을 입었으니 육근 문을 깨끗하게 보호하여서
부끄럽고 뉘우치는 마음에 장엄으로 단번에 보리를 증득하게 뛰어오를
것입니다. 만일 법어로 인하여 (마음의) 근본을 깨닫는다면 육진이
원래 내 몸으로 한줄기 신령스러운 빛일 것입니다."[289]로 독송된다.

『다비작법』의 착군편에서는 착군의 의미를 다음과 같이 말하고
있다.

> "이제 여기에서 속옷을 입었으니 육근의 문을 깨끗하게 보호하고서
> 부끄럽고 뉘우치는 마음으로 장엄하였으니, 단번에 보리를 증득할
> 것입니다."[290]

위의 인용문에서 착군은 육근六根을 깨끗이 보호하고 있는 것이라고
하고 있는데, 이때 육근이라 함은 안이비설신의眼耳鼻舌身意를 말한다.
육체가 존재할 때에는 시간적·공간적 제약을 받는 걸림이 있지만,
육체 곧 사대육신이 없어졌을 때는 시간적·공간적 걸림이 없다. 깨달
음을 얻기 위해서 깨달음을 방해하는 적을 물리쳐야 하는데, 가장

---

289 『釋門儀範』第六章 葬儀篇(着裙篇), "新圓寂 某人靈駕 四大成時 這一點靈明
不隨成 四大壞時這 一點靈名不隨壞 生死成壞等空花 冤親宿業今何在 今旣不在
覓無 蹤 坦然無碍 若虛空 某靈 刹刹塵塵皆妙体 頭頭物物總家翁 今玆着裙 淨護
根門 慚愧莊嚴 超證菩提 若得因言達根本 六塵元 我一靈光."

290 『作法龜鑑』「茶毗作法」(『韓佛全』10, p.597), "今玆着裙 淨護根門 慚愧莊嚴
超證菩提."

큰 적은 바로 자기 자신이다. 이 적은 육근을 통해서 들어온다. 그렇다면 이 적은 무엇인가? 바로 번뇌이다. 이 번뇌는 여섯 가지가 있다. 육근의 대상이 되는 색성향미촉법色聲香味觸法의 육진六塵이 바로 그것이다. 결국 여섯 가지 번뇌가 들어오는 문을 없애버리면 번뇌는 들어올 곳을 잃어버리고 사라지게 된다. 번뇌가 사라지면 곧 깨달음을 얻는 것이다.

⑤〈착의편〉은 겉옷을 입힐 때 외우는 글로 "새로 원적에 드는 ○○영가이시여, …… 지금 겉옷을 입어 더러운 모습을 가렸으니 바로 이것이 여래유인如來柔忍의 옷이요, 나의 떳떳한 바탕입니다. 우리 부처님께서 연등불을 뵙고 (수기를 얻음은) 다겁을 더하여 인욕선행을 하셨기 때문입니다."[291]로 독송된다.

『다비작법』에서는 착의를 다음과 같이 설명하고 있다.

"지금의 이 착의는 몸의 더러운 곳을 가리고 덮음이요, 여래께서 부드럽게 참으심은 이 내가 원래 불변인 까닭입니다. 우리 스승께오선 연등불을 친견하시고 다겁 동안 일찍부터 인욕선이 되셨습니다."[292]

291 『釋門儀範』第六章 葬儀篇(着衣篇), "新圓寂 某人靈駕 來時是何物 去時是何物 本無一物 浴識明明眞主處 靑天白雲萬里通 今自着衣 掩庇形穢 如來柔忍 是我元常 我師得見練燈佛 多劫曾爲忍辱仙."

292 『作法龜鑑』「茶毗作法」(『韓佛全』10, p.597), "今玆着衣 掩庇形穢 如來柔忍 是我元常 我師得見燃燈佛 多劫曾爲忍辱仙."

본문에서 말하는 옷은 단순한 옷이 아니라 여래 인욕의 옷, 즉 가사와 같은 의미를 지닌다. 인욕은 대승불교의 수행법인 육바라밀 중의 하나이다. 수행승들이 죽음의 숲(시타바나)에 들어가서 수행하는 것도 바로 인욕忍欲이다.

(4) 발인

발인은 이제 방안에서의 모든 장례의식을 마치고 밖으로 시신을 내모셔 출상하는 의식을 말한다.

　①〈기감편起龕篇〉은 관을 들고 밖으로 옮길 때 외우는 글로 그 독송은 "묘각 앞에서 선열로써 음식을 삼으니, 남북 동서에 어느 곳을 가도 쾌활할 것입니다. 비록 그러나 이처럼 대중에게 묻습니다. ○○영가는 열반의 길머리에서 지금 어디에 있습니까. 곳곳의 푸른 버들가지에 말을 매였으며, 집집의 문 밖엔 장안으로 통하는 길입니다."[293]이다.

　②〈반혼착어返魂着語〉는 일단 옮겨 모신 다음 영혼으로 하여금 정신을 가다듬어 향단에 내려오라 이르는 법어로, "영가의 밝은 성품의 각은 묘하여 사량하기 어려운데, 가을 못에 비친 달에 계수나무 그림자가 더욱 차갑다. 목탁소리 요령소리 여러 번에 깨침의 길이 열렸으니, 잠시 동안 진계를 벗어나 이 향단에 이르시라."[294]고 독송한다. 어산魚山

---

293 『釋門儀範』第六章 葬儀篇(起龕篇), "妙覺現前 禪悅爲食 南北東西 隨處快活 雖然如是 敢問大衆 某靈 涅槃老頭 在什麼處 處處綠楊堪繫馬 家家門外通長安."

294 『釋門儀範』第六章 葬儀篇(返魂着語), "靈名性覺妙難思 月墮秋潭桂影寒 金鐸數聲傳淸信 暫辭眞界下香壇 靈鷲拈花示上機 肯同浮木接盲龜 飮光不是微微笑 無限淸風付與誰 自歸依佛 自歸依法 自歸依僧."

이 앞의 게송을 외우면 다비법사가 뒤의 게송을 외우고 함께 12불에게 예배한다. 염불은 "만첩청산위범찰 일단홍일조서방 원승삼보가지력 고어운거향연방"이라 독송한다.

③〈12불〉은 법계의 중생을 제도하는 열두 부처님으로, 법사가 선창하면 대중은 후창으로 "귀명모모불"이라 한다. 그 게송으로는 "서방극락세계 대자대비 아미타부처님께 귀명합니다. 오직 원합니다. 황금 연화보좌로 허공으로 솟아 오시어서 이 몸을 맞이해 이끌어 정토에 나게 하소서. (대중 화창) 아미타부처님께 귀명합니다. 서방극락세계 대자대비 아미타부처님께 귀명합니다. 오직 원합니다. 몸이 이 세상 벗어나면 안락의 국토에서 곧 불호佛號를 좇아 믿음을 받고 행을 바치겠습니다. (대중 화창) 아미타부처님께 귀명합니다. 서방극락세계 대자대비 아미타부처님께 귀명합니다. 오직 원합니다. 관음세지 보살님의 인도에 따라 행하며 가장 선한 사람으로 편류해서 불국정토에서 살겠습니다. (대중 화창) 아미타부처님께 귀명합니다. 서방극락세계 대자대비 아미타부처님께 귀명합니다. 오직 원합니다. 보배의 땅에서 경을 보고 행하며 원림園林에 유희하면서 삼공三空을 크게 깨닫고 8고八苦에 들지 않겠습니다. (대중 화창) 아미타부처님께 귀명합니다. 서방극락세계 대자대비 아미타부처님께 귀명합니다. 오직 원합니다. 아라한의 지혜로 뛰어나서 이 불퇴심으로 생이 없는 가피의 증명을 받으며 무생인에 도달하겠습니다. (대중 화창) 아미타부처님께 귀명합니다. 서방극락세계 대자대비 아미타부처님께 귀명합니다. 오직 원합니다. 금모래같이 밝은 물이며 보배나무 허공에 뜬 4다라니를 깨닫고 육바라밀 지혜를 얻으리오다. (대중 화창) 아미타부처님께 귀명합니다. 서방

극락세계 대자대비 아미타부처님께 귀명합니다. 오직 원합니다. 한없
는 수명을 받아 한없는 빛을 얻으며 모두가 평등심에서 빛나는 얼굴로
마음대로 넉넉히 놀겠습니다. (대중 화창) 아미타부처님께 귀명합니
다. 서방극락세계 대자대비아미타부처님께 귀명합니다. 오직 원합니
다. 지혜로운 자를 가까이하여 착한 사람을 위로 같이하며 여래를
뵈옵고 문득 수기를 받아 듣겠습니다. (대중 화창) 아미타부처님께
귀명합니다. 서방극락세계 대자대비 아미타부처님께 귀명합니다.
오직 원합니다. 움직이지 않는 지혜를 얻고 스스로 자재한 몸을 이루며
오분향을 사르고 육도중생을 원만하게 (제도)하겠습니다. (대중 화
창) 아미타부처님께 귀명합니다. 서방극락세계 대자대비 아미타부처
님께 귀명합니다. 오직 원합니다. 모든 부처님께 같이 돌아가서 하늘과
사람을 크게 교화하고 맑고 깨끗한 몸으로 정토의 묘법을 보이고
알리겠습니다. (대중 화창) 아미타부처님께 귀명합니다. 서방극락세
계의 대자대비하신 관세음보살님께 경배합니다. 서방극락세계의 대
희대사하신 대세지보살님께 경배합니다. 오직 원합니다. 관음·세지
보살님의 큰 서원을 유행하여 연화보좌 가르쳐서 주시도록 정토에
나겠습니다. (대중 화창) 관음·세지 양대 보살님께 귀명합니다."[295]로

---

[295] 『釋門儀範』 第六章 葬儀篇(十二佛), "南無西方極樂世界 大慈大悲阿彌陀佛 唯願
金臺寶座 乘空而來 接引此身 往生淨土(衆和) 歸命阿彌陀佛 南無西方極樂世界
大慈大悲阿彌陀佛 唯願 便隨佛號 脫此界身 信受奉行 安樂國土(衆和) 歸命阿彌
陀佛 南無西方極樂世界 大慈大悲阿彌陀佛 唯願 觀音勢至 引導而行 隨上善人
游歷佛國(衆和) 歸命阿彌陀佛 南無西方極樂世界 大慈大悲阿彌陀佛 唯願 經行
寶地 遊戲園林 大悟三空 不聞八苦(衆和) 歸命阿彌陀佛 南無西方極樂世界 大慈
大悲阿彌陀佛 唯願 阿唯越智 是不退心 證彼無生 達無生忍(衆和) 歸命阿彌陀佛

204

게송을 외운다. 다음은 법사가 앞에서 했던 〈무상계〉와 〈오방번〉을
외우고 다음 〈회향게〉를 외우면서 영구靈柩 있는 곳을 세 번 돈다.

④〈회향게回向偈〉는 "원컨대 이 공덕으로써 일체중생에게 널리 미
쳐서 나와 내 가족, 그리고 모든 중생들이 마땅히 극락정토에 태어나서
무량한 수명을 가진 부처님(아미타불)을 함께 뵙고 모두 함께 불도를
이루어지이다."[296]라고 게송을 외운다. 〈회향게〉가 끝나면 법주가 요령
을 흔들고 다음 게송을 외운다. 게송이 끝나면 명정 앞에서 하직을
한다. 〈하직게〉를 외울 때 종두는 종을 한 번 친다. 그 게송은 "사바세계
영원히 벗어나 서방세계에 태어나서 미타불을 친견하면 이것이 극락이
라 한다. 시방에 상주하시는 부처님께 널리 예배합니다. 시방에 상주하
시는 진리의 법에 널리 예배합니다. 시방에 상주하시는 스님들께
널리 예배합니다."[297]

南無西方極樂世界 大慈大悲阿彌陀佛 唯願 金沙瑩水 寶樹浮空 悟四總持得 六
波羅密(衆和) 歸命阿彌陀佛 南無西方極樂世界 大慈大悲阿彌陀佛 唯願 遇無量
壽 得無量光 自在優遊 光相齊等(衆和) 歸命阿彌陀佛 南無西方極樂世界 大慈大
悲阿彌陀佛 唯願 親近智者 同上善人 得遇如來 便聞授記(衆和) 歸命阿彌陀佛
南無西方極樂世界 大慈大悲阿彌陀佛 唯願 得不動智 成自在身 五分香然 六度
圓滿(衆和) 歸命阿彌陀佛 南無西方極樂世界 大慈大悲阿彌陀佛 唯願 還同諸佛
大化人天 以淸淨身 演說妙法(衆和) 歸命阿彌陀佛 南無西方極樂世界 大慈大悲
觀世音菩薩摩訶薩 南無西方極樂世界 大喜大捨大勢至菩薩摩訶薩 唯願 觀音勢
至 大願流行 指授花臺 令生淨土(衆和) 歸命觀音勢至兩大菩薩."

296 『華嚴經』(『大正藏』 9, p.159中), "願以此功德 普及於一切 我等與衆生 當生極樂
國 同見無量壽 皆共成佛道."
297 『釋門儀範』 第六章 葬儀篇(回向偈), "永辭娑婆 往生西方 親見彌陀 是爲極樂
普禮十方常住佛(절) 普禮十方常住法(절) 普禮十方常住僧(절)."

⑤〈하직게下直偈〉는 "성현의 가는 걸음 허공을 떨치고, 세상 육신 이미 벗어 극락에 이르네. 이제 망자 또한 이와 같아서, 오음을 받지 않고 즐거운 곳 향하네. 꽃잎을 흩어 뿌린다.(3번) 영산회상 불보살님께 귀명합니다.(3번) 대성 인로왕보살님께 귀명합니다.(3번)"[298]이다. 〈하직게〉가 끝나면 다음 제문을 읽고 제문이 끝나면 상제들은 곡하고 재배한다. 이때 선창이 "나무서방대교주 나무아비타불"을 부르며 서서히 행여 뒤를 따라가기도 하고 영구차에 올라 장엄염불을 하면 대중은 같이 따라가며 염불한다.

⑥〈발인제문發靷祭文〉은 발인할 때 쓰는 제문으로 "○○년 ○○월 ○○일에 제자 ○○ 등은 삼가 차와 과일이며 보배로운 성찬을 올리고 감히 ○○당 대사의 영전에 밝히니, 이 자리에 내려와서 운감해 주시기를 고합니다. 슬픈 마음 거두지 못해 호곡합니다. 오늘로 당해 천명을 마치고 홀연 변해 진령覺靈이 되고 자비로운 말씀 멀어졌기에 모두가 탄식해 마지않습니다. 복받치는 슬픔 눈물에 가슴 메어 흐느껴 울고, 받들어 모실 수 없는 까닭으로 참된 얼굴이 너무 적막합니다. 제자 ○○ 등은 살아 계실 때 삼평동지로써 능히 사후에 과보를 받지 않는다는 정란의 효로서 하늘을 우러르고 땅을 두드리며 감회가 스스로 망망합니다. 장차에 정성스럽게 공양과 진미의 한을 참뜻을 표해 살면서 엎드리고 생각합니다. 흠향하옵소서. 서방대교주 나무아미타불"[299]이라 쓴다.

---

298 『釋門儀範』第六章 葬儀篇(下直偈), "聖賢行步振虛空 已脫色身到淨邦 如今亡者 亦如是 不受五陰向樂方 散花落(三說) 南無靈山會上佛菩薩(三說) 南無大聖引路 王菩薩(三說)."

⑦〈노제문路祭文〉에서 노제란 상여가 먼 길을 갈 때나 그가 평상시 맺은 인연이 깊은 곳을 지나갈 때 길거리에서 지내는 제이다. 이때 법사는 간단한 시식을 하고 다음과 같은 제문을 읽는다. "○○년 ○○월 ○○일에, 제자 ○○ 등은 삼가 차와 과일이며 보배로운 성찬을 올리고 감히 ○○당 대사의 영전에 밝히니, 이 자리에 내려와서 운감해 주시기를 고합니다. 슬픈 마음 호곡하면서 부릅니다. 영으로 변하심이 어제와 같거늘, 문득 오늘에 미쳐서 음성과 형상을 못 보게 되었으니, 어찌 사모하지 않겠습니까. 몸은 부평초와 같이 동서로 돌아다니므로 살아서는 삼평과 같이 효행을 하지 못하였고 돌아가신 뒤에도 신찬과 같은 효행의 모범을 보이지 못하니 하늘을 우러러보고 땅을 두들겨보아도 더욱더 망망할 뿐입니다. 이와 같이 박하게 제물들을 올리고 참으로 영가께 아뢰오니 엎드려 바라오건대 흠향하소서!"[300] 다시 행여가 목적지에 도착하면 화장 시는 화장 준비가 완성될 때까지 다음 글을 읽고 미타彌陀불공을 드린다.[301] 행여 옆에 미타단을 차리고 하면 된다.

---

299 『釋門儀範』第六章 葬儀篇(發靷祭文), "維歲次 某年某月某日 弟子某等 謹以茶菓 診羞之奠 敢昭告于某當代師之靈前 哀乎尊位 今當終天之變 浩嘆慈音之隔 嗚呼 哀哉侍奉無由 眞容寂寞 弟子某等 生前未做 似三平之能 死後不報如丁蘭之孝 仰天咕地 自懷茫茫 用表眞情 西方大敎主 南無阿彌陀佛."

300 『釋門儀範』第六章 葬儀篇(路祭文), "維歲次 某年某月某日 弟子某等 謹以茶菓之 奠 敢昭告于 某堂大師之靈 靈變如昨奄及某日 音容洞隔 何迨追慕 身爲浮萍 住止東西 生不做三平 死不効神贊 仰天扣地 益自茫茫 聊將薄奠用 訴眞靈 伏惟 尙饗."

301 『釋門儀範』第六章 葬儀篇(彌陀佛供).

(5) 화장과 매장

화장은 시체를 불로 태워 장사지내는 것이다. 일반 화장장에 들어가면 정해진 장소에 번호를 따라 관을 넣거니와, 그렇지 않고 정한 장소에서 할 때는 땅을 고르고 5방에 각기 2·3척 길이에 물그릇을 파고 놓고(요즈음은 철판을 깔기도 함) 그 위에 나무와 숯을 쌓아놓은 뒤에 관을 얹고, 또 나무와 숯을 관이 보이지 않게 쌓고 가마니와 마람 같은 것에 물을 축여 잘 덮고 사방에는 오방번을 세우고 불을 놓되 불을 놓을 때 다음과 같은 제편諸篇을 외운다.

①〈거화편擧火篇〉은 불을 들고 서서 외우는 글로 그 독송으로는 "이 한 점 횃불은 삼독의 불이 아니라, 여래의 일등一燈 삼매三昧의 불입니다. …… ○○영가시여, 회광반조廻光返照하여 몰록 무생無生을 깨닫고, 뜨거운 번뇌의 고통을 벗어나고 쌍림雙林의 즐거움을 얻으소서."[302]라는 게송이 독송된다.

②〈하화편下火篇〉은 불을 놓으면서 외우는 글로서 정월·5월·9월에는 서쪽에서부터 놓고, 3월·7월에는 동쪽에, 4월·8월·12월은 남쪽에서부터 놓는다. 그 게송의 독송으로는 "3가지 인연이 어울리고 합하여 잠깐 이루어졌다가, 사대四大가 흩어져서 떠나니 홀연히 허공으로 돌아감을 얻었습니다. …… 크게 붉은 불꽃 안에서 찬바람이 부는군요."[303]라는 게송이 독송된다.

---

302 『釋門儀範』 第六章 葬儀篇(第五火葬擧火篇), "此一炬火 非三毒之火 是如來一燈 三昧之火 其光赫赫 遍照三際 其焰煌煌 洞徹十方 得其光也 等諸佛於一朝 失其 光也 順生死之萬劫 某靈 廻光返照 頓悟無生 離熱惱苦 得雙林樂."

303 『釋門儀範』 第六章 葬儀篇(第五火葬下火篇), "三緣和合 暫時成有 四大離散 忽得

208

③〈봉송편奉送篇〉은 혼령이 잘 가시기를 봉송하면서 외우는 글로 그 독송으로는 "간절히 써 비구 ○○영가시여, 이미 인연에 의해서 적멸을 따랐고, 이에 법에 의하여 다비합니다. 백 년 동안 도를 넓히시던 몸을 태우니, 한 길로 열반에 드셨습니다. 우러러 대중을 의지하여 깨달음의 길로 돕고저 합니다."³⁰⁴라는 게송이 독송된다. 그 다음 십념十念을 게송 한다. 그리고 표백表白³⁰⁵을 게송 하는데, 이는 사실대로 여쭙는 글이다. 이때 대중과 법사는 염불 송경으로 불이 타들어가는 것을 본 다음 오방번을 태우고 헌옷을 버리고 새 옷을 갈아입도록 권하는 〈창의편唱衣篇〉을 외운다.

④〈창의편〉은 영혼이 위패에 안주하도록 전하는 글로 "이 향연으로 인하여 자리에 내려오셔서, 창의를 보고 듣고 알아서 증명하옵소서. …… 육근과 육진을 벗어버리고 삼계를 벗어나, 일천 성현의 바른 길을 밟고, 일승一乘의 묘장妙場에 유희하소서. 바다 하늘에 처음 밝은 달이 뜰 때, 바위 밑 나무에서 울던 원숭이가 그친 때입니다."³⁰⁶라

<hr/>

還空 幾年遊於幻海 今朝脫却 慶快如蓬 大衆且道 向什麼處去 木馬倒騎翻一轉 大紅焰裡放寒風."

304 『釋門儀範』第六章 葬儀篇(第五火葬奉送篇), "切以 沒故比丘 某靈 旣隨緣而順寂 乃依法以茶毘 焚百年弘道之身 入一路涅槃之門 仰憑大衆 資助覺路."

305 『釋門儀範』第六章 葬儀篇(第五火葬奉送篇), "上來 稱揚聖號 資薦往生 惟願 慧鑑分明 眞風散彩 菩提園裡 開敷覺意之花 法性海中 蕩滌身心之垢 高馭雲程 和南聖衆."

306 『釋門儀範』第六章 葬儀篇(第五火葬唱衣篇), "因此香烟降筵席 證明唱衣見聞知 法身本來恒清淨 斷除煩惱證菩提 浮雲散而影不留 殘燭盡而光自滅 今玆佑唱 用表無常 仰憑大衆念 十念 上來唱衣 念誦功德 奉爲靈駕迥脫根塵 超出三界 鶩踏 千聖之正路 遊戲一乘之妙場 海天明月初生處 岩樹啼猿正歇時."

는 게송이 독송된다.

⑤〈기골편起骨篇〉은 뼈를 뒤적이면서 외우는 글로 그 독송으로는 "한줄기 신령스러운 광명이 걸림 없어 한번 몸을 던져 몸을 뒤척이니 얼마나 자재하십니까. 형상도 없고 공한 것도 없고 공하지 아니 한 것도 없으면, 즉시 이것이 여래의 진실한 모습입니다."[307]라는 게송이 독송된다.

⑥〈습골편拾骨篇〉은 남은 뼈를 주우면서 외우는 글로 그 독송으로는 "취해도 얻지 못하고 버려도 얻지 못합니다. 이러한 때를 당해서 어떻게 해야 하겠습니까. 돌咄, 잠깐 눈썹을 일으켜 불속을 보십시오. 분명히 한 줌의 황금 뼈로소이다."[308]라는 게송이 독송된다.

⑦〈쇄골편碎骨篇〉은 주은 뼈를 빻으면서 외우는 글로 그 독송으로는 "만일 어떤 사람이 향상관(向上關: 話頭)을 터득하면 비로소 산하대지 에 가는 티끌 하나도 걸림이 없다는 것을 깨달을 것이니, …… 가는 곳마다 항상 담연함을 여의지 아니하면 찾아도 가히 보지 못할 줄 알 것입니다."[309]라는 게송이 독송된다.

⑧〈산골편散骨篇〉은 빻은 뼈를 흩으면서 외우는 글로 그 독송으로는 "마른 재가 들판에 퍼져 날리니, 뼈마디를 어디서 찾으리까. 땅에

---

307 『釋門儀範』第六章 葬儀篇(第五火葬起骨篇), "一點靈明了無所碍 一擲翻身 多少 自在 無相無空無不空 卽是如來眞實相."

308 『釋門儀範』第六章 葬儀篇(第五火葬拾骨篇), "取不得 捨不得 正當伊麽時 如何委 悉 咄 剔起眉毛火裡看 分明一掬黃金骨."

309 『釋門儀範』第六章 葬儀篇(第五火葬碎骨篇), "若人透得上頭關 始覺山河大地寬 不落人間分別界 何拘綠水與靑山 這個白骨 壞也 未壞也 壞則猶與碧空 未壞則 靑天白雲 靈識獨露 有 在不在 還識這個麽 不離當處常湛然 覓則知君不可見."

떨어지는 한 소리가 비로소 뇌관에 이를 것입니다. 돌咄, 한 점의
신령스러운 광명은 안팎이 아니거늘, 오대산 봉우리에 공연히 흰
구름만 걸리어 있나이다. 환귀본토진언 옴 바자나 사다모(3번)"³¹⁰라고
게송 된다. 그 다음엔 산좌송散座頌을 게송 한다. "또한 법신은 백억의
세계에 두루하고, 널리 금색을 놓아 인천을 비추니, 물物을 따라 나타난
모습은 못 속의 달과 같으니, 체원體圓을 보배 연화대에 정좌하소서."³¹¹
라는 게송이 독송된다.

　다음으로 매장을 할 때는 미타불공을 마친 뒤에 관을 들어 땅속에
묻게 되는데, 하관할 땐 다음 〈하관편下官篇〉을 외운다.

　〈하관편〉은 "일체 모든 중생의 몸과 마음은 모두 허깨비 같아서
몸은 사대로 이루어졌고 마음은 육진으로 돌아갑니다. 사대가 제각기
흩어졌으니, 무엇이 어떻게 화합했습니까. 대중은 말해보시오. ⋯⋯
문득 지하로 돌아가니, 영원한 유택을 찾아 몸과 영혼 안녕하시고,
자손을 오래 오래 안락하도록 보살피소서. 그러면 영혼은 안양安養으
로 돌아가서 자재함이 넉넉하고 유희할 것입니다."³¹²라는 게송이 독송

---

310 『釋門儀範』第六章 葬儀篇(第五火葬散骨篇), "灰飛大野 骨節何安 驀地日聲 始到
　　牢關 咄 一點靈明非內外 臺空鎖白雲間 還歸本土眞言 옴 바자나사다모(3번)."
311 『釋門儀範』第六章 葬儀篇(第五火葬散骨篇), "法身遍萬百億界 放金色照人天
　　應物現形潭底月 體圓正坐寶蓮臺."
312 『釋門儀範』第六章 葬儀篇(下棺篇), "一切諸衆生 身心皆如幻 身相屬四大 心性歸
　　六塵 四大體各離 誰爲和合者 大衆且道 今日靈駕 向什麼處去 一切佛世界 猶如
　　虛空華 三世悉平等 畢竟無來去 某靈 還會得 次平等 無來去底 一句麼 旣或未然
　　退讓一步 和泥合水 更聽註脚 旣捨人間 百濟幻身 奄歸地下 永年幽宅 體魄安寧
　　長保子孫 魂歸安養自 在優遊 還歸本土眞言 옴 바자나 사다모(3번)."

된다.

시신을 관에 넣는 절차를 입관入棺이라고도 한다. 또한 입감入龕이라고 하여 관棺 대신 감龕을 사용하기도 한다. 감은 감실龕室이다. 감실은 부처를 바위나 석굴의 벽 등을 파서 부처를 모셔놓은 장소를 말한다. 이런 의미로써 입관 대신 입감이라 표현한 이유도 지금까지의 의례행위를 통해 망자가 마침내 깨달음을 얻어 부처와 같은 경지에 이르게 되었다는 표현으로서 입감이라고 한다. 일본에서는 망자를 호도께(ほとけ), 즉 부처라고 부르는데 '다비茶毘'의 절차를 통해서 보면 그 의미가 뜻하는 바를 이해할 수 있다.

사진 2. 하관

(6) 영결식

〈영결식永訣式〉은 영가와 인연 중생들이 서로 마지막 인사를 드리는 곳이다.[313] 절이나 집 어느 곳이고 정한 장소에 모이면 임시로 상을 차리고 제물을 정돈한 다음, 제주와 내빈이 좌우로 들어서서 식을 거행한다.

사진 3. 영결식

---

313 『釋門儀範』第六章 葬儀篇(永訣式).

Ⅳ. 불교 상장례문화의 콘텐츠화

여기에서는 편의상 불교 상장례를 크게 연극적 요소와 음악적 요소로 나누어 살펴보고자 한다. 전남 진도의 상장례에서 볼 수 있듯이 우리의 상장례문화는 슬픔의 문화가 아닌 축제의 문화였다. 이는 슬픔의 한을 축제의 장에서 승화시켜 내는 조상들의 지혜가 배어 있다.

　본 장에서는 현대 상장례문화 콘텐츠를 크게 영상문화 콘텐츠와 음악문화 콘텐츠로 구분하여 살펴보고자 한다. 영상문화 콘텐츠에서는 연극·영화·뮤지컬을 중심으로 살펴보고, 음악문화 콘텐츠에서는 만가와 상엿소리를 검토해 보도록 하겠다. 그리고 나서 불교 상장례문화 콘텐츠의 제작과 그 활성화 과제에 대해서 논의해 보겠다.

1. 공연 영상 콘텐츠

장례문화 미디어를 중심으로 최근 상장례문화 콘텐츠를 연극과 영화, 그리고 뮤지컬로 나누어 살펴보면 다음과 같다.

1) 연극 콘텐츠화

(1) 가마귀

연극 〈가마귀〉[314]는 이태준(1904~?) 작가의 동명 단편소설[315]을 각색한 연극으로, 죽음이라는 공포 속에서 우리의 삶이 아름다운 이유에 대한 답을 찾아보고, 죽음과 직면했을 때 나의 마지막 모습은 어떠할지 생각하게 만드는 연극이다.

이 연극에서는 죽음 앞에서 한없이 나약해지는 인간의 모습과 그 곁에서 아무것도 해줄 수 없는 어리석은 인간의 모습을 표현하고 있다. 75분이라고 하는 그리 길지 않은 공연시간 동안 인간의 죽음에 대해 숙고할 수 있는 기회를 제공해 주고 있다.

연극 중에서 여자는 폐병에 걸려 죽음에 직면해 있다. 죽음이라는 공포는 항상 우리 주위를 맴돌고 있지만, 삶에 대한 원초적인 생존 욕구는 죽음의 공포보다 더 강렬한 것을 보여주고 있다. 죽음을 초극하려는 생의 의지를 느끼게 한다. 또한 삶의 현실에 적극적으로 대응하지 못하는 인물들의 모습과 허무 의식과 패배주의적 의식을 통해 근대화

---

314 일시: 2018. 07. 18.~2018. 07. 22. 출연: 서진, 김선용, 서승인. 장소: 스튜디오76 (구 이랑씨어터). 관람등급: 만 8세 이상. 관람시간: 75분.

315 이태준, 『가마귀』, 한성도서, 1937.

과정에서 소외된 삶의 의미와 지표를
잃어버린 불우한 우리들의 모습을 엿
볼 수 있다.

사진 4. 연극 〈가마귀〉 포스터
(2018)

(2) 충전의 신

연극 〈충전의 신〉[316]의 시놉시스에서는
"젊은 나이에 사망한 주인공 현구와 갑
작스런 가족의 죽음을 맞이하게 된 현
지와 작은 삼촌은 장례 지도사의 도움
을 받아 장례를 치를 준비를 한다. 현구
는 자신이 죽은 상황에서 망자로 등장
하여 그의 장례식에 관여하며 갈등을
극대화시킨다. 그들이 겪는 갈등은 꼭
그들만의 것이 아닌 우리 주변, 사회에
만연한 소외와 단절의 문제를 보여준
다."[317]라고 하였다. 그것을 핸드폰 충
전기라는 매개체를 통해 보여주며 소
외와 단절의 문제를 심도 있게 다뤘다.

연극의 시작부터 상복을 입은 배우
와 속이 보이는 관 속에 누워 있는 배우

사진 5. 연극 〈충전의 신〉
포스터(2016)

---

316 일시: 2016. 12. 7~2016. 12. 18. 출연: 이홍재, 문하나, 김동해, 박도하. 장소:
   지즐소극장. 관람등급: 만 12세 이상. 관람시간: 70분.
317 〈충전의 신〉 팸플릿 시놉시스.

가 관객을 맞이한다.[318] 출발에서부터 죽음의 의식인 장례가 방법론으로써 제시되고 있다. 극에서는 죽음 자체보다 죽음에 이르는 과정을 보여주고 있고 장례 절차를 준비하면서 겪는 갈등을 이야기하고 있다. 죽음과 그것이 끼치는 영향, 그리고 그 영향으로부터 벌어지는 인간관계와 심리변화를 통해 장례절차의 의미를 다시 한 번 생각하게 해준다. 궁극적으로 주인공의 어떤 집착에서 보이는 욕망이 결국 소통임을 말해주며, 기계문명에 지배받는 우리들에게 진정한 소통이란 무엇인지 생각할 기회를 제공해 주고 있다.

관객들은 모두 주인공 현구의 조문객이 되어 죽음으로부터 소통의 단절이 된 주인공의 마음을 공감한다. 특히 현구가 장례 지도사에게 관에 충전기 선이 나갈 수 있는 작은 구멍을 뚫어 달라는 부탁을 하는 장면 등, '죽은 자는 말이 없다'는 서양의 속담을 무색케 할 정도로 말이 많은 망자의 모습에서 소통에 대한 중요성을 느끼게 한다. 장례 지도사는 보조적인 역할이지만, '곁에 있는 사람의 소중함'이라는 보편적 진리를 깨닫게 해주는 존재이다.

(3) 메멘토모리

〈메멘토모리〉[319]에서는 너무나도 평온하고 행복하던 그 순간, 한 생명

---

318 객석 입장 전에는 방명록을 작성하도록 했고, 이름을 적고 나면 검은 상복을 입은 배우가 묵례를 건네는 등 독특한 분위기를 연출한 점이 특징이다.

319 일시: 2016. 11. 30~2016. 12. 4. 출연: 강길우, 김범수, 박의진, 박소연, 김아영. 장소: 키작은 소나무. 관람등급: 전체 관람가. 관람시간: 70분. 〈메멘토모리〉는 2018년 6월 28일 영화로도 방영되었다.

이 갑작스레 죽음을 맞이한다. 찰나의 인생에서 우리는 무엇으로 삶을 기억해 낼 수 있을까. 이 연극은 죽음에 대한 이야기이다. 하지만 그와 동시에 삶을 강력하게 다루고 있다. 또한 너무나도 행복한 순간에 죽어가야만 했던 많은 작은 생명들에 대한 잊힌 이야기를 하고 있다.

**사진 6. 연극 〈메멘토모리〉
포스터(2016)**

　생의 마지막 순간에 우리는 무엇을 남기고 싶을까라는 질문과 함께 삶과, 죽음, 행복한 순간에 죽어야만 했던 작은 생명들의 소중함을 생각나게 한다. 극중 무대 바닥에 시가 적힌 종이들이 가득 널브러져 있는데, 아마 사람들이 죽는 순간 남기고자 한 글을 상징적으로 보여주는 것일 것이다. '죽음을 기억하라(memento mori)'[320]는 외침은 죽음으로 끝나는 이 삶에서 현실의 삶을 되돌아보고 죽음을 잘 준비하라는 교훈을 준다. 또한 가족과 친구와 내 이웃의 소중함을 잊지 말고, 죽음의 고통을 통해 삶의 아픔을 치유할 수 있도록 이끌고 있다. 특히 연극의 시작과 끝에는 만가(상엿소리)가 울려 퍼져 죽음에 대한 인식을 극대화시켜 준다. 11개의 편지(죽

---

320 나바호 인디언들에게서도 다음과 같은 메멘토 모리의 교훈이 전해지고 있다. "네가 세상에 태어날 때 너는 울었지만 세상은 기뻐했으니, 네가 죽을 때 세상은 울어도 너는 기뻐할 수 있도록 그런 삶을 살아라."(윌셔 플레이스, "'메멘토 모리'의 삶", 〈LA중앙일보〉, 2014. 03. 11. 미주판 23면: http://www.koreadaily. com/news/read.asp?art_id=2388360)

음)와 4개의 단막이야기(삶)를 만가로써 연결하여 삶과 죽음, 그리고 다른 사람의 죽음에 대해 기억할 것을 강조하였다. 만가는 곧 삶과 죽음, 이승과 저승의 연결 고리로 기능하고 있다. 또한 사후의 죽음이 아니라 살아 있는 자의 문제로서의 죽음, 그리고 지금 여기 이곳에서의 죽음에 대한 성찰을 엿볼 수 있다.

(4) 고모를 찾습니다

사진 7. 연극 〈고모를 찾습니다〉 포스터(2016)

〈고모를 찾습니다〉[321]에서는 노년의 고독사와 고령화 사회 등을 그리고 있다.

주 내용은 30년간 연락이 닿지 않았던 켐프(Kemp)는 고모로부터 곧 세상을 떠날 것 같다는 편지 하나에, 다니고 있던 은행을 그만두고 고모 그레이스(Grace)에게로 향한다. 하지만 고모는 30년간 연락이 없던 그를 원망하는 것인지 그에게 한마디도 하지 않고 침대에서 뜨개질만 한다. 죽는다는 편지를 받고 고모의 집을 찾은 켐프는 "곧 죽는다더니 아직 살아계실 줄은 몰랐네요."라고 하면서 연극이 시작된다. 고모가 언제 죽을 것인지, 관은 어떻게 할 것인지, 장기기증, 크리스마스 때까지 살아 있을 것인지

---

[321] 일시: 2016. 11. 22.~2016. 12. 11. 출연: 하성광, 정영숙. 장소: 예술의전당 자유소극장. 관람등급: 만 13세 이상. 이 연극은 캐나다 작가 모리스 패니스가 쓴 'Vigil(임종)'이 원작이다.

등 켐프는 고모의 죽음에 의연하다 못해 뻔뻔하며 고모의 죽음을 간절히 바라기까지 한다.

나아가 고모를 죽음에 이르게 하기 위해 전기충격장치를 만들고 잠자는 고모의 얼굴을 베개로 누르려고 하기도 하고, 음식에 독약을 넣기도 하는 등 고모를 간절히 죽이려 애쓴다. 그 이유는 무엇일까.

어려서부터 외로웠던 켐프는 혼자만의 세계에 빠져 놀았다. 그러다가 고통과 자기혐오가 종교가 될 수 있음을 깨닫고 성당에 다니기 시작했지만, 성당 수녀들이 켐프를 도둑으로 의심하여 성당 다니는 것도 그만뒀다. 어머니의 학대, 아버지의 자살, 그리고 또 어머니의 고통스러운 죽음을 지켜보면서 죽음이라는 것에 대해 적극적이고 능동적으로 대처하게 된 것 같다. 고모가 하루빨리 죽기를 바랐지만, 어느 순간인가부터 고모가 죽는 것을 슬퍼하고 가슴 아파하며 고모의 임종을 지켜보게 된다.

(5) 잔치

〈잔치〉[322]는 2011년 차범석 희곡상을 수상한 김수미 작가의 연극이다. 인생의 종착역에 다다른 부부가 마지막 존엄을 지키기 위해 내리는 결단을 통해 가족과 삶의 진정한 의미를 돌아보는 작품이다.

2016년 제37회 서울연극제 공식 초청작으로 선정된 잔치 속의 한 가족의 이야기를 통해 가족이 해체되고 생生 박제화 되어가는 초현대사

---

322 일시: 2016. 04. 29.~2016. 05. 07. 장소: 남산예술센터 드라마센터. 출연: 최형인, 조영진, 이정은, 한희정, 김현숙, 정원조, 오정환 외. 관람등급: 만 13세 이상. 관람시간: 110분.

220

회를 살아가고 있는 우리 모두에게 가족과 삶의 참된 가치에 대해 돌아보게 한다.

연극 중 실제로 음식을 만들어 요리하는 음식 냄새를 관객들과 공유한다. 이는 연출가의 무대 전반에 사실성을 강화하고자 하는 의도가 담겨 있다. 노모가 준비하는 음식들을 모두 실제로 만들어 시청각은 물론 후각까지 자극하여 잔치의 풍성함을 확장시켰다.

"치매로 기억을 잃어가는 노모는 오랫동안 떨어져 있던 자식들을 불러 모아 잔치를 준비한다. 형제들은 각자 처절한 삶을 살면서 이웃보다 못할 정도로 서로에 대해 아는 게 없다. 오랜만에 만나도 서로에게 상처 주는 말만 한다."[323]

사진 8. 연극 〈잔치〉 포스터(2016)

정치인이 된 첫째 아들, 시카고로 시집가서 사춘기 아들과 함께 돌아온 딸, 연극 연출가로서 대표적인 작품은 없지만 자신의 꿈을 포기하지 않는 막내 아들, 그리고 시대적 배경 때문에 자신의 꿈이었던 음악을 할 수 없어 죽음을 택한 또 한 명의 아들, 그들을 모이게 한 노모의 잔치는 단어 그 자체로 축제이자 즐거움이었다. 그러나 노모는 늙고 병든 남편을 시중 들며 사는데, 자신

---

323 연극 〈잔치〉 팸플릿 중.

에게 병이 오자 자식들에게 피해를 주고 싶지 않아 자신이 깨끗하게 정리하려고 한다. 노모가 준비한 잔치의 의미가 파국을 맞는 결말은 쓸쓸함을 자아낸다. 극에 등장조차 하지 않는 중풍 걸린 아버지의 장례를 치르게 되면 자식들이 또 먼 걸음을 달려와야 하기에 어머니는 자식들의 부담을 덜어주기 위해 몸도 가누지 못하는 아버지를 자신의 손으로 거두고 인사 온 순경에게 잘못을 밝히고 연행된다. 자신의 살 날 조차 얼마 남지 않았기에 어떻게든 자식들에게 짐을 지우지 않게 하기 위해 어렵게 모인 자식들에게 해줄 것이라고는 음식밖에 없고, 그 음식만 해주고 끝내 떠나는 어머니의 모습은 안타까움의 극치였다.

또한 1980년대 민주화운동을 하다 못다 한 삶을 살다간 셋째 아들의 영혼이 잔칫상을 준비하는 정든 집 위로, 엄마의 품속으로, 때론 하늘 위, 지붕 위에서 잠시 부모자식 간에 인연을 맺었던 슬프고도 아픈 삶이 그려지고 있다.

(6) 호스피스: 죽음을 주사한 간호사

〈호스피스: 죽음을 주사한 간호사〉[324]는 작가가 경험한 대학시절 중환자실 간호사를 하다가 이단의 종교에 빠지고 끝내 자살을 했던 한 여성의 이야기를 모티브로 기획되었다. 중환자실이 어떤 공간이기에, 어떤 환경이었기에 평범하고 모범생이기만 했던 한 사람의 정신세계를 그토록 허물어트린 것일까 하는 생각에서 출발되었다.

---

[324] 일시: 2015. 10. 28.~2015. 11. 01. 장소: 키작은 소나무. 감독: 진모영. 등급: 만 16세 이상. 관람시간: 90분.

222

**사진 9. 연극 〈호스피스〉
포스터(2015)**

우리는 살아가면서 숱한 죽음을 마주한다. 그리고 그것이 주는 공포 이상의 현실적 고통도 경험한다. 하물며 매일 매일 식물인간 상태의 환자들을 돌봐야 하는 상황에서 나약한 한 인간은 무엇으로 버텨야 하는 것일까. 그 잔혹한 환경 안에 둘러싸인 나약한 인간의 이야기를 그렸다.

실제로 미국에서 모르핀 과다투여로 환자를 사망하게 한 범죄자가 있었다. 그 사건 기록을 취재하며 재판이라는 형식에서 과거와 현재가 교차하도록 극을 구성하였다. 여러 가지 요인들이 주인공 강인수에게 왜곡된 의지를 심었다. 그 과정을 보면서 죽음과 삶의 문제, 안락사와 고통스런 생명 연장의 문제[325]와 그로 인해 고통 받는 가족의 문제까지 들여다보고 있다.[326]

---

[325] 안락사에 대한 최근 연구는 다음을 참조. 나해란, 「환자의 죽음욕구에 대한 윤리적 분석: 에드먼드 펠레그리노의 임상판단양식을 중심으로」, 연세대학교 박사논문, 2018; 정화성, 「삶의 終了段階에 있어서 患者의 自己決定權에 관한 연구: 延命治療中斷을 中心으로」, 중앙대학교 박사논문, 2015; 유상호, 「좋은 죽음에 대한 의사의 개념과 교육」, 서울대학교 박사논문, 2014; 오석준, 「인격주의 생명윤리 관점으로 본 '자기결정'에 대한 고찰」, 『인격주의 생명윤리』 8-1, 가톨릭생명윤리연구소, 2018, pp.69~96; 홍준표, 「연명의료에 대한 윤리적 논쟁」, 『가톨릭사상』 56, 대구가톨릭대학교 가톨릭사상연구소, 2018, pp.209~246; 이은영, 「존엄한 죽음에 관한 철학적 성찰: 연명의료결정법과 안락사, 존엄사를 중심으로」, 『인격주의 생명윤리』 8-2, 가톨릭생명윤리연구소, 2018, pp.109~137.

삶의 유한함 앞에 자유로운 인간은 없고, 그 유한함 속에서 죽음의 존엄은 어떻게 지켜져야 하는지, 그 속에서 답을 찾을 수 없었기에 강인수는 범죄라는 방식의 답을 낸 것은 아닌지 가늠해 본다. 생과 사의 경계에서 늘 죽음을 맞닥뜨리는 중환자실 간호사의 환경이 어쩌면 나약한 인간들을 대표하는 바로 그러한 실존의 위치가 아닐까. 사회가 점점 복잡해지고 시민사회화 됨에 따라 우리 사회는 '무엇을 할 것인가', '어떻게 살 것인가', '웰빙 – 잘 먹고 잘 살기', '웰다잉' 등에 관심을 가지며 변화되고 있다.

(7) 멧밥 묵고 가소

〈멧밥 묵고 가소〉[327]에서는 제사를 통해 가족 간 갈등을 그리고 있다.

작품 배경은 부산으로, 어느 최 씨 집안의 제삿날이 핵심이다. 차남 정준의 집에서는 제사 준비가 한창이고 기독교 신자인 장남 형준 내외는 부담스러운 마음으로 정준의 집을 찾는다. 다른 종교만큼

---

[326] 최근 유럽에서 60, 70대 노인들이 잇달아 안락사를 선택하고 있고, 안락사를 허용하지 않고 있는 고국을 떠나 스위스에서 죽을 권리를 행사한 외국인이 지난 17년간 1,700여 명에 이르고 있기에, 전 세계적으로 안락사에 대한 찬반논란은 급격히 가열되고 있다.

(〈연출노트〉, 「ARTNEWS」, 2015. 11. 20. http://artnews.biz/?p=2084).

[327] 일시: 2015. 10. 01.~2015. 11. 29. 장소: 해오름 예술극장. 관람등급: 만 13세 이상. 관람시간: 90분. 〈멧밥 묵고 가소〉는 최해주 작가의 작품으로 2010 창작희곡 인큐베이팅 최종 당선작이자 2013 수성아트피아 낭독경연 최종 우승작이다. (한국대학연극학과교수협의회, 한국연극교육학회 공편, 『(2010) 창작희곡작품 인큐베이팅 프로그램 공모희곡당선집』, 한국대학연극학과교수협의회, 한국연극교육학회, 2010)

224

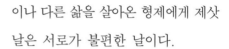

사진 10. 연극 〈멧밥 묵고
가소〉 (2015)

사진 11. 영화 〈크로닉〉
포스터(2016)

이나 다른 삶을 살아온 형제에게 제삿
날은 서로가 불편한 날이다.

유교 문화권이 우리나라에서는 제사
가 당연시되어 왔으나, 기독교 문화가
도입되면서부터 종교 간 갈등의 요소
로도 작용하고 있다. 우리에게 밥은 단
순히 먹는 음식의 의미만이 아니다. 밥
은 사랑이고 관심이고 이해이며 용서
를 담고 있다. 조상에게 올리는 밥인
멧밥 역시 같은 의미를 지닌다.

2) 영화 콘텐츠화

(1) 크로닉

영화 〈크로닉(Chronic)〉[328]에서는 삶과
죽음에 대한 통찰을 보여준다. 자신의
인생을 대신해 환자의 꺼져가는 삶이
필요했던 남자와 죽음을 앞둔 환자들을
돌보는 호스피스 간호사인 데이비드는
누구보다 자신의 환자들에게 헌신하
며, 다른 간호사들과 달리 환자들의 삶
에 아주 깊숙이 개입한다. 자신이 맡은

---

[328] 개봉: 2016. 04. 14. 감독: 미셸 프랑쿠. 출연: 팀 로스(데이비드), 사라 서덜랜드
외. 관람등급: 15세 관람가. 관람시간: 94분.

환자에 따라 아픈 아내를 잃은 남편이었다가, 죽은 형을 그리워하는 건축가가 되기도 하는 그는 정작 본인의 삶에는 관심을 두지 않는다. 그런 데이비드의 태도가 과하다고 생각한 환자의 가족들은 우연한 사건으로 인한 오해로 그를 환자 학대로 고소하고, 결국 그는 직장을 잃게 된다. 이후 그를 믿는 지인의 소개로 다시 간호 일을 이어나간다.

살아 있지만, 기준에 따라 살아 있는지 애매모호하게 보일 수도 있는 환자들을 데이비드는 세심하게 안고 씻기고 간호한다. 사자死者의 염을 하듯 엄숙함과 긴장감이 스크린 안에 가득해진다. 스크린의 사각 프레임이 마치 생자의 관이 된 듯, 화자가 실제로 관에 들어가게 되면 데이비드는 또 다른 생자의 염을 시작한다.

이처럼 죽음의 문턱에 서 있는 환자들에 대한 희생은 결국 그들이 죽을 때까지 이어지지만 그 희생의 고귀함을 알기는 쉽지 않다. 죽음 이후, 죽음을 지켜보는 사람들과 죽음을 처리하는 사람들, 그리고 역설적이지만 죽음에 이르게 하는 사람들도 모두 죽음에 직면하게 된다. 다시 말해서 환자에 대한 보호조치자 또한 환자가 되어 죽음에 이르게 된다는 말이다. 따라서 내가 환자이며 간호사라는 인식을 함께 가지고 있어야 할 것이다.

(2) 님아, 그 강을 건너지 마오

다큐멘터리 영화 〈님아, 그 강을 건너지 마오〉[329]에서 89세 소녀감성

---

[329] 개봉: 2014. 11. 27. 장르: 다큐멘터리. 감독: 진모영. 출연: 조병만, 강계열. 등급: 전체 관람가. 개봉된 지 한 달 만인 2014년 12월 20일을 기준으로 개봉 24일 만에 관객수 200만 명을 넘어 〈워낭소리〉를 제치고 다큐멘터리 영화

226

사진 12. 영화 〈님아, 그 강을
건너지 마오〉 포스터(2014)

강계열 할머니와 98세 로맨티스트 조병만 할아버지는 76년째 인연을 맺고 있다. 이들은 어딜 가든 고운 빛깔의 커플 한복을 입고 두 손을 꼭 잡고 걷는 노부부이다. 봄에는 꽃을 꺾어 서로의 머리에 꽂아주고, 여름엔 개울가에서 물장구를 치고, 가을엔 낙엽을 던지며 장난을 치고, 겨울에는 눈싸움을 하는 매일이 신혼 같은 백발의 노부부가 장성한 자녀들은 모두 도시로 떠나고 서로를 의지하며 살던 어느 날, 할아버지가 귀여워하던 강아지 '꼬마'가 갑자기 세상을 떠난다. 꼬마를 묻고 함께 집으로 돌아온 이후부터 할아버지의 기력은 점점 약해져 간다. 비가 내리는 마당, 점점 더 잦아지는 할아버지의 기침소리를 듣던 할머니는 친구를 잃고 홀로 남은 강아지를 바라보며 머지않아 다가올 또 다른 이별을 준비한다.

영화 제목인 '님아 그 강을 건너지 마오'는 고전가요 〈공무도하가公無渡河歌〉[330]를 연상케 한다.

역사상 가장 빨리 관객 수 200만 명에 도달한 흥행 기록을 세웠다. 〈온라인 일간스포츠〉(2014년 12월 21일). "님아 그 강을 건너지 마오 200만 돌파, 독립영화의 새 역사 써. 40% 좌석 점유율", 〈일간스포츠〉, 2014. 12. 21.

330 〈공무도하가〉의 내용은 다음과 같다. "자고子高가 새벽에 일어나 배를 저어 가는데, 머리가 흰 미친 사람이 머리를 풀어헤치고 호리병을 들고 어지러이 물을 건너고 있었다. 그의 아내가 뒤쫓아 외치며 막았으나 다다르기도 전에 그 사람은 결국 물에 빠져 죽었다. 이에 그의 아내는 공후空篌를 타며 '공무도하公

"임이여 물을 건너지 마오
임은 결국 물을 건너시네
물에 빠져 죽었으니
장차 임을 어이할꼬."[331]

이처럼 임의 죽음에 대한 슬픔이 고금을 막론하고 사람들의 정서에
는 동일하게 다가오는 것 같다. 특히 이 영화에서는 노년의 문화와
죽음을 동시에 이해할 수 있게 해준다. 2000년에 한국 사회가 고령화
사회로 진입하면서 노년 영화가 속속 등장하기 시작하였다. 노년을
다루는 다양한 매체 중에서 영화는 창작자와 수용자가 가장 적극적인
소통을 이루는 매체로 이미 대중에게는 생활의 일부가 되었다고 해도
과언이 아니다.[332] 대표적인 한국 노년 영화를 간략히 정리해 보면
다음 표와 같다.

無渡河'의 노래를 지으니, 그 소리는 심히 구슬펐다. 그의 아내는 노래가 끝나자
스스로 몸을 물에 던져 죽었다. 자고가 돌아와 아내 여옥麗玉에게 그 광경을
이야기하고 노래를 들려주니, 여옥이 슬퍼하며 곧 공후로 그 소리를 본받아
타니, 듣는 자가 눈물을 흘리지 않는 이가 없었다. 여옥은 그 소리를 이웃
여자 여용麗容에게 전하니 일컬어 공후인이라 한다.",『한국민족문화대백과사
전』「공무도하가」(http://encykorea.aks.ac.kr)

331 "公無渡河 公竟渡河 墮河而死 將奈公何." 「公無渡河歌」(『海東繹史』)

332 허남영,「독일과 한국의 노년 영화 비교 연구:〈아무르〉(2012)와〈님아 그
강을 건너지 마오〉(2014)에 나타난 죽음의 양상을 중심으로」,『독일언어문학』
80, 한국독일언어문학회, 2018, p.163.

〈표 3〉 대표적 한국 노년 영화

번호	제목	제작연도	감독
1	집으로	2002	이정향
2	죽어도 좋아	2002	박진표
3	워낭소리	2009	이충렬
4	그대를 사랑합니다	2011	추창민
5	님아, 그 강을 건너지 마오	2014	진모영
6	수상한 그녀	2014	.
7	장수사회	2015	강제규
8	헬머니	2015	신한솔
9	계춘할망	2016	
10	죽여주는 여자	2016	이재용

이상의 노년 영화는 어느 정도 산업으로서의 흥행에도 성공한 작품으로 노년에 대한 관심과 인식전환에 긍정적인 메시지를 던져준 영화들이다. 여기서 〈님아, 그 강을 건너지 마오〉는 흥행에도 가장 성공했고, 노년의 관계를 아름답게 표현한 영화이다. 할아버지의 묘소 앞에서 우는 할머니의 모습으로 시작하여 끝 장면에서도 역시 할아버지 묘소이다.

다큐멘터리에 등장하는 주인공 강계월 할머니는 죽음을 통한 이별을 가슴 깊이 슬퍼하기는 해도 그것이 마지막이라는 절망은 하지 않는다. 할머니가 이미 죽은 아이 여섯 명의 내복을 사서 할아버지 무덤가에서 태우는 장면과 죽음을 앞둔 할아버지의 옷을 미리 태워주는 장면은[333]

할머니가 삶과 죽음을 연장선상에서 이해하고 있음을 보여주기 때문이다. 할머니에게 죽음이란 죽은 할아버지와 잃었던 여섯 아이들을 다시 만나는 삶의 연장선상으로서의 의미를 지닌다.[334] 이러한 세계관은 키우던 개 '꼬마'가 죽었을 때 할아버지가 죽은 '꼬마'를 목줄 채 묻으려 하자 할머니는 강력하게 꼬마의 목줄을 풀어주라고 이야기한다. "모가지의 이거 끌러, 줄을 끌러. 줄은 왜 안 끌러, 줄을 끌러 응, 그거 끌러."[335]라고 하여 강아지 '꼬마'를 목줄 채 땅에 묻는다는 것은 '꼬마'가 저승에 목줄까지 매고 간다는 의미로 할머니에게는 도저히 용납되지 않은 상황이다. 이렇듯 할머니는 죽음 자체를 이승의 마지막이라고 생각하지 않는다.

영화는 2년 가까이 노부부의 생활을 자연스럽게 찍어내는 과정에서 할아버지의 삶에서 죽어가는 모습까지 담아내었다. 그만큼 삶과 함께 늘 공존하는 죽음에 관해 중요한 것들을 이야기하고 있다. 죽음은 강을 건넘으로써 상징화된다. 노부부의 76년 동안의 변함없는 사랑 이면에는 죽음이라는 삶의 무게가 함께하고 있다.

---

333 "할아버지 가져가서 내년 봄 되면 입으셔요. 이건 할아버지 런닝셔츠야. 날 따뜻해지면 입어. 내가 없더래도 잘하세요. 깨끗이 낯도 닦고 깨끗하게 다녀요.", 〈님아, 그 강을 건너지 마오〉 할머니 대사 중.

334 신원선, 「〈님아 그 강을 건너지 마오〉에 구현된 삶과 죽음의 두 양상」, 『인문과학 연구논총』43, 명지대학교 인문과학연구소, 2015, p.487.

335 〈님아, 그 강을 건너지 마오〉 할머니 대사 중.

(3) 만다라

영화 〈만다라〉는 한국영화 역사상 손꼽히는 걸작으로 정평이 난 작품
이다.[336] 원작은 김성동의 유명한 소설이며, 수도승의 구도의 나날을
그린 진지하고 내면적인 내용으로, 상업영화의 전성기가 아직 계속되
고 있던 당시로서는 흥행할 것 같지 않던 수수하고 소박한 기획이었다.
실제로 한국영화에는 이미 많은 걸작과 명작이 있기는 했지만, 스토리
나 액션, 연기에서가 아니라 인간내면 정신의 깊이를 다룸으로써
내면에서 빛나는 그 무엇을 통해 보는 이의 마음을 움직이게 하는
이러한 작품은 거의 전례를 찾아보기 어렵다. 그만큼 이 소설을 굳이
영화화한 데는 임권택을 비롯한 스태프 일동의 남다른 결심이 필요했
던 것이다.[337]

문학작품을 영화화한 작품의 경우는 한국영화의 주된 경향을 이뤄
온 '문예영화'와 맥락을 같이하고 있다. 이러한 경향의 작품들은 불교문
학에 나타난 메시지의 영상화 작업의 모색이라는 성격을 지니는 것이
다. 이러한 경향의 작품들 가운데에서 〈꿈〉과 〈무영탑〉은 여러 차례
영화화됐다는 점에서 특별히 주목을 요한다. 수행과 깨달음의 세계를
묘사한 작품들은 수적으로도 적지 않은 비중을 차지할 뿐 아니라,
질적인 면에서도 우수한 작품이 많아 한국의 불교영화를 대표할 만한

---

336 영화 〈만다라〉(임권택, 1981)에서 曼茶羅는 법계의 온갖 덕을 갖추었다는 뜻으로
범어는 Manderava이며 聖花로서의 흰 연꽃을 의미하는 天妙華(a white lotus
flower)를 일컫는다. 이 영화는 김성동 소설을 영화화했고, 1982년 베를린영화
제 본선에 진출하여 영상 미학적으로 완성미를 보여주었다.

337 사토 다다오, 『한국영화와 임권택』, 한국학술정보, 2000, p.164.

유형이라고 할 수 있다. 〈아제 아제 바라
아제〉, 〈달마가 동쪽으로 간 까닭은?〉,
〈화엄경〉, 〈유리〉 등 국제영화제에서
좋은 평가를 받은 한국불교영화의 대부
분이 이 유형에 속하는 작품들이라는
점에서도 수행과 깨달음의 세계를 묘사
한 작품들은 한국불교영화를 대표할 만
한 것이라 하겠다. 이러한 흐름은 한국
불교의 선불교적 전통과 밀접한 연관성
을 지니는 것이기도 하다.

사진 13. 영화 〈만다라〉
포스터(1981)

〈만다라〉는 주로 등장인물의 죽음을 묘사할 때의 경건함에서 공통된
패턴을 느끼게 한다. 임권택은 어린 시절에 해방 후의 좌우 대립과
한국전쟁을 체험하면서 가까운 친지들이 죽어가는 것을 많이 보아
왔다. 더욱이 좌우익 충돌이 격화된 시기에는 좌익에 속한 사람들이
붙잡혀서 처형되는 모습을 지켜보도록 강요당한 적도 있었다. 그는
사람들이 대수롭지 않게 죽을 수도 있음을 목격하며 자랐다. 그러한
자신의 체험을 통해서 그의 작품 속에서 죽음을 맞는 등장인물 한
사람 한 사람에 대해 그 죽음의 의미를 묻거나 혹은 무언가 남기고
싶은 말이 있었던 게 아닐까 하고, 일일이 죽은 이에게 마음을 바짝
갖다 대는 듯한 작품을 만들어낸 것이다.

지산의 죽음과 그의 시신을 암자와 함께 태워 버리는 장면에서
이 영화가 표현하고 싶었던 것을 전부 다 그려내고 있다고 볼 수
있는데,[338] 〈만다라〉의 클라이맥스는 지산의 죽음이다. 모든 영화에서

죽음이 표현되지만 이처럼 경건하고 관객으로 하여금 숙연케 하는 장면도 드물 것이다. 영화에서 주인공이 죽으면 그 영화가 끝나듯 우리의 인생도 내가 있기에 삼라만상 모든 것이 존재하듯 이 세상의 나는 모든 이들의 나요, 모든 인간의 존엄성에 대한 '나'임을 불교의 가르침은 전한다.

죽음은 삶의 일부이지만 새로운 삶의 시작임을 알아차린 이가 수행의 절정을 맛본 이라는 가르침을 〈만다라〉에서 엿볼 수 있다. 〈아제 아제 바라아제〉에서도 죽음은 삶의 일부분이지만 죽음처럼 중생을 일깨우는 가르침을 제시한다. 〈아제 아제 바라아제〉에서 순녀의 은사 스님인 노비구니의 죽음은 순녀에게 그 옛날 붓다가 제자들에게 열반 문턱에서의 가르침을 되새기게 한다.

"자! 떠나라 비구들이여, 중생구제의 원력을 안고"라고 한 것처럼 순녀가 스승의 사리를 가슴에 품고 떠나는 장면은 영화에서 말하는 메시지를 충분히 표현하였다.

"이 영화 〈만다라〉에서 종교문제와 삶의 문제 사이에서 갈등하고 결국 죽음을 택하는 지산 역할을 전무송 씨가 하셨지요. 그 후 감독님 작품 〈아제 아제 바라아제〉를 보면 다시 전무송 씨가 출연하 거든요. 주인공인 순녀의 아버지로 강하게 암시가 되는데, 〈아제 아제 바라아제〉를 〈만다라〉의 연장으로 본다고 가정한다면 그가 죽음에서 다시 부활한다는 의미로 등장하는 게 아닌가 생각됩니다. 감독님께서 의도하신 건지요?

338 사토 다다오, 앞의 책, pp.174~177.

그런 오해가 생길 줄 알았으면 전무송 씨를 출연시키지 않았을
겁니다. 쓸데없는 오해를 산 거 같군요. 〈만다라〉와 〈아제 아제
바라아제〉를 연장선상에 놓고 배역을 결정하지 않았어요. 다만
전자가 소승적 수행을 해가고 있는 비구승들의 이야기라면, 후자는
대승적 수행을 하는 비구니승을 다루었다는 점에서 어떤 연계를
찾을 수는 있겠지요."[339]

임권택은 〈만다라〉에서 소승적 수행을 지향하는 비구의 삶을 조명했
고, 〈아제 아제 바라아제〉는 대승적 수행을 하는 비구니들의 고행을
그렸다고 한다. 소승과 대승은 수행에서는 많은 차이점이 있고 교리적
인 해석도 대비되는 부분이 적지 않다. 소승불교와 대승불교서는
죽음에 대한 관점에서도 차이가 있음을 알 수 있다.

(4) 아제 아제 바라아제

영화 〈아제 아제 바라아제〉[340]도 〈만다라〉와 같이 소설을 영화화한
것으로, 그 내용은 입산한 한 여승이 전통적인 출가 본연의 모습으로

---

339 유지나, 『임권택 영화, 나를 찾아가는 여정』, 민음사, 2007, pp.182~183.
340 〈아제 아제 바라아제〉(임권택, 1989)는 대승불교에 있어서 법의 진실다운 이치에
    부합한 최상의 지혜, 실상을 비추어 보는 지혜로서 나고 죽는 이 언덕을 건너
    열반의 저 언덕에 이르는 배나 뗏목과 같다고 한다. 곧 지혜의 빛에 의하여
    열반의 신묘한 경지를 이르는 『대반야경』의 요체인 『반야심경』의 마지막 주문
    산스크리트어 Gate, gate, Paragate, Parasagate, bodbisvada를 음역한 것이다.
    〈아제 아제 바라아제〉는 1989년에 주연 강수연이 모스크바 국제영화제에서
    여우주연상을 수상했으며 예술적인 완성도가 높다는 평을 받은 바 있다.

사진 14. 영화 〈아제 아제 바라아제〉 포스터(1989)

소개되고 있으나, 출가 후 이 여승은 자신의 짧은 불교적 지식을 내세우며 전통적인 승려의 모습과는 달리 이 영화를 보는 이로 하여금 불교가 세속화되어 가는 듯한 느낌을 가지게 하고 있다. 결국 인연이 맺어져 환속했지만 남편들이 여러 명 죽는 액난을 당하게 되었고, 결국 또 다시 입산하게 된다. 이 모든 것을 예언적으로 알고 있었던 스승은 마지막 설법을 하고 입적한다. 스승의 다비식이 끝나고 결정심을 얻고는 환속의 길을 또다시 간다. 마지막 장면은 시장바닥이다. 이 영화는 그 내용이 선禪과 교敎의 소재를 결합했고, 종교성과 세속성의 결합을 불교원리 속에서 표출시킨 작품으로서 정통적인 불교 사회영화라고도 볼 수 있다.

이 영화는 불교정신의 탐구를 진지하게 시도하고 있는 작품 중의 하나로서 불교의 이미지를 제시하지는 않는다. 장르상 불교영화이면서 정신이 고양된 청춘영화이기조차 하다.

모범적인 비구니는 열반을 나타내고, 강수연이 분장한 비구니는 생사에 따르니 불교의 철학교서인『기신론起信論』에 나오는 '불변진여不變眞如'와 '수연진여隨緣眞如'에서 강수연은 생사에 따르는 수연진여의 역할을 충실히 하였다. 한편 이 영화는 운동권 학생을 도피시켜 준다거나 빨치산과의 심정적 접촉을 도모한다거나 하는, 이 사회의 가진 자 측에서 볼 때는 유쾌하지 않은 작품이다. 그런 점에서 감독은

세계영화로의 야심으로 만들었다고 볼 수 있다.[341]

한국불교의 특징 중 하나로 회통會通불교를 거론한다. 영화에서 순녀가 처음 만나 퇴학을 당하게 되는 동기가 되었던 교사는 민족주의자이고, 자살하려는 치산의 자식에게서 사회주의를 거론함으로 우리 민족사의 격동과 혼란의 시대적 상황에서 불교가 염세적이거나 세상과 동떨어진 종교가 아니며 중생고와 세상의 대립과 분열을 포용하고 아우르는 순녀의 보살행은 통불교적인 수행전통을 의미한다. 격동과 혼란의 민족사에서 상처받고 희생당한 중생과 함께하며 그들 속에서 아픔과 고뇌를 통합하는 통불교의 교의적 특성을 순녀의 보살행이 보여준다. 순녀의 보살행은 원효의 화회和會와 회통會通의 논리체계를 말하며, 원효 화쟁사상의 기본 구조인 모순과 대립을 한 체계 속에서 묶어 담는 보살행을 순녀의 보살행에서 보여준다. 환속한 비구니의 에로틱한 정사 장면에서 이타행을 실천하는 성녀로 그려졌다는 표현도 크게 어긋나는 지적은 아니다. 하지만 순녀의 보살행은 적십자 마크가 선명한 시골 병원의 보조 간호사로 중생구제의 원력을 세우고 동분서주하는 모습이 그려지고 있다.

여기에서도 죽음이 크게 시야를 압도한다. 스승의 사리를 가슴에 품고 수행과 중생구제의 길을 떠나는 순녀의 모습에서 원효처럼 머리를 기르고 자신을 낮추어 소성거사라 하며 중생을 일깨워주던 천년 전의 원효처럼, 영화 속에서의 순녀가 비록 머리를 길은 재가자일지언정 출가 수행자 못지않은 서원을 엿보게 한다. 스승의 사리를 수습하

---

341 법전, 「불교소재영화 2편을 보고」, 『僧伽』 제7호, 중앙승가대학교, 1990, pp. 266~270.

며 내뱉는 순녀의 대사와 천개 만개의 절을 지으려는 순녀의 원력은
보살행의 시작이며 깨달음의 실천이다. 여기에서 영화가 반증하는
의미는 사뭇 깊다. 죽음이 삶의 전부이지만 죽음은 새로운 시작임을
알아차려야 한다. 스승은 죽음으로 제자에게 무상無常을 설하고 아무
말 없이 말 있음을 말한다. 어떠한 표현으로도 그 가슴 뭉클한 스승의
죽음으로 제자가 느끼는 깊이를 표현할 수 없다. 오직 영화는 그러한
장면으로 관객에게 호소하고 메시지를 전해 주는 것이다.

(5) 달마가 동쪽으로 간 까닭은?

그 밖에도 여러 불교영화에서 죽음의 문제를 다루고 있지만, 특히
〈달마가 동쪽으로 간 까닭은?〉[342]에 주목할 필요가 있다. 이 영화는
한국영화 제작의 전통적 관행을 깨뜨렸다는 점에서 획기적인 작품이지
만, 주제 면에 있어서도 불교영화로서는 보기 드물게 개인적 구도를
다루었다는 점에서 특이하다. 이 작품에서 깨달음은 생사의 해탈이라
는 문제로 집중되는데, 생사의 의미를 아직 모르는 동승 해진,[343] 끊임없
는 번뇌의 노정에 있는 기봉, 그리고 이미 해탈의 경지에 이른 노승
혜곡의 모습을 통해 번뇌와 해탈의 과정을 동시에 보여준다. 그래서

---

342 1989년 배용균 감독이 제작. 기획 8년, 제작 4년이라는 기간이 소요되었다.
당시 배용균 감독이 제작, 연출, 각본, 촬영, 미술, 편집, 조명 등 모든 과정을
직접 처리해서 주목을 받기도 하였다. 영화에 대한 자세한 정보는 다음을
참조.〈한국영화 데이터베이스〉(http://www.kmdb.or.kr/db/kor/detail/mo-vie/K/04202)

343 해진은 새의 죽음과 자신이 죽을 뻔한 경험을 통해 단지 어렴풋이 죽음에
대해 두려움을 느낄 뿐이다.

이 작품의 주요 무대는 사바세계와 격리
된 조그만 암자이며, 사바세계는 기봉이
떨쳐버리지 못하는 번뇌의 뿌리로서만
비쳐진다. 즉 중생구원이라는 대명제의
〈만다라〉, 〈아제 아제 바라아제〉에서의
사바세계와는 그 의미가 다른 것이다.
그리고 물과 불, 밤과 낮, 새와 소 등
삶과 죽음을 의미하는 풍부한 상징 화면
은 그 자체로서도 아름다울 뿐 아니라
번뇌와 해탈의 과정이라는 주제와도 잘

사진 15. 영화 〈달마가 동쪽으
로 간 까닭은?〉 포스터(1989)

어울린다.[344] 또한 〈달마가 동쪽으로 간 까닭은?〉은 불교영화로서
그 사상의 핵심개념을 풍부한 자연 속에 녹여내어 한국영화의 새로운
제작구조를 제시하였다.

이상에서 살펴본 불교영화 콘텐츠에서 죽음은 이 세상과의 단절이
아니라 새로운 시작임을 알리고 있다. 산 자들에게 죽음은 수많은
이야기를 한다. 근본·초기 불교에서의 죽음관도 죽음이 새로운 삶이라
는 역설을 말하고 있다. 불교영화에 나타난 죽음은 불자들의 의식에
어떠한 형태로든 영향을 미친다. 죽음이 미화되거나 승화될 수 없지만
죽음은 현실이며, 죽음이 세상과의 단절이든 소통이든 영화는 죽음관
을 새롭게 정립하는 계기를 마련하여 준다. 모든 불교영화에서 죽음의
문제를 다루고 있는 것은 아니지만, 대개의 불교영화에서는 죽음을

---

344 김지석 외, 『한국영화 읽기의 즐거움』, 책과 몽상, 1995, pp.59~60.

주요하게 다루고 있다.

3) 뮤지컬 콘텐츠화

(1) 퍼펙트맨

뮤지컬 〈퍼펙트맨〉[345]은 저승사자가 인간의 죽음에 관련된 문제를 해결해 주기 위해 회사를 설립하여 의뢰인들의 사건을 해결해 주는 에피소드들을 풀어내며, 죽음과 삶의 의미를 생각해볼 수 있는 코믹 뮤지컬이다.

〈퍼팩트맨〉에서는 모두 다섯 가지 죽음을 이야기하고 있다.

첫째, 아등바등 현실에 치여 무료하고 힘든 삶을 술 한 잔으로 털어내던 평범한 샐러리맨의 어이없는 죽음.

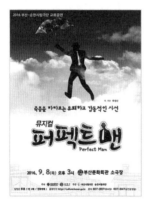

둘째, 엄마와의 미래 일기를 그리며 평범한 삶을 꿈꿨던 불치병에 걸린 어린 소녀의 예정된 죽음.

셋째, 비극적인 사랑과 욕망에 대한 자기 환멸에 의해 스스로 자살을 하는 동성애자의 죽음.

넷째, 이중적인 의사, 동성애자가 사랑했던 남자의 죽음.

다섯째, 계속되는 시험 탈락에 의한 좌

사진 16. 뮤지컬 〈퍼펙트맨〉 포스터(2016)

---

345 일시: 2016. 9. 8. 15:00. 장소: 부산문화회관 소극장. 관람대상: 만 5세 이상. 망자를 저승으로 인도하는 저승사자를 영어로 퍼팩트맨(Perfect man)이라 한다. 이 저승사자들이 주식회사를 차렸는데, 그들의 임무에 대해 다루고 있다.

절과 사랑받지 못하는 자신에 대한 슬픔에 휩싸이다 한눈에 반한 남자를 보며 삶의 희망을 찾아가던 20대 여자의 어이없는 죽음.

이상의 다섯 가지 죽음을 재미있는 무대연출과 때로는 슬프고 때로는 경쾌한 음악과 함께 전달하고 있다. 어떠한 삶이 잘 사는 삶인가. 〈퍼팩트맨〉에서는 '잘 죽는 삶이 잘 사는 삶'이라는 점을 보여준다. 그러나 이 〈퍼팩트맨〉이 웹툰 〈신과 함께〉를 표절했다는 비판을 받고 있다는 점은 아쉬움으로 남는다.

(2) 씻김, 상엿소리

뮤지컬 〈씻김, 상엿소리〉[346]는 삶과 죽음을 예술적 신명으로 담아낸 축제로 진도 상장례를 이해하는 데 좋은 콘텐츠라 하겠다. 제석거리를 통해 남은 자를 위무하고 다시래기로 풀어내는 생명에 대한 예찬, 고풀이, 희설, 씻김, 길닦음에 남긴 이별의 슬픔과 축원을 담아낸 신명나는 굿을 보여준다. 지전춤, 다시래기, 북춤, 북놀이 등 진도 상장례의 온전한 형태가 무대에 오른다.[347]

---

346 일시: 2016. 3. 25.~3. 26. 장소: 대학로예술극장 대극장. 출연: 강준섭, 강송대, 김애선, 박병원. 관람등급: 만 8세 이상. 관람시간: 90분.

347 이 공연은 진도의 7개 무형문화재의 명인들과 30여 명의 예술가들이 참여하며 진도에서조차 쉽게 만나기 어려운 구성으로 준비되었다. 진도를 제외하고 이러한 구성의 공연을 만날 기회는 그동안 마련되기 쉽지 않았으나, 한국문화예술위원회가 프랑스 세계문화의 집과의 업무협약으로 마련한 투어공연을 위해 특별히 마련된 것이다. 상상축제를 진행하는 프랑스 세계문화의 집은 유네스코 인류무형문화유산의 공연을 꾸준히 소개하는 기관으로 그동안 판소리, 영산재, 산조, 시나위, 전통무용, 영산회상, 가곡, 봉산탈춤, 아리랑을 포함한 경기서도민요 등 30여 년 동안 전통예술을 프랑스와 유럽, 세계에 소개해오며 유네스코

사진 17. 뮤지컬 〈씻김, 상여소리〉 포스터(2016)

진도 씻김굿(중요무형문화재 제72호)은 세계적인 명성을 지닌 프랑스 상상축제(Festival de L'Imaginaire)의 공식프로그램으로 선정되어 프랑스의 알자스, 파리와 헝가리 부다페스트 국립극장 투어를 진행하기도 하였다.

진도 씻김굿은 망자의 고(원한)를 풀어주는 고풀이와 그 영혼을 씻기는 씻김, 편안한 저승길을 기원하는 길닦음 등 예술적 연희성을 가진 무속이다. "씻김굿은 무녀 일행이 주도하는 노래와 춤으로 표현된다. 이런 점에서 씻김굿은 산 사람들이 죽은 이를 떠나보내기 위해 펼치는 송별 축제라고 할 수 있다."[348] 특히 씻김굿에서 연주되며 진도를 기반으로 전승되어온 시나위 합주는 전통음악계 전반에도 큰 영향을 끼쳤으며, 오늘날에는 전통음악의 외연을 넓히는 핵심 장르로 부각되는 전통음악이다. 이는 진도를 대표하는 기악곡으로도 잘 알려져 있다.

진도가 우리나라에서 상장례 전통이 강한 지역인 이유는, "진도는 후삼국시대부터 남해안과 서해안을 잇는 길목으로서의 중요한 위치성

인류무형문화유산 등재에 중요한 역할을 해왔다. 허중학, "진도 상장례 씻김, 상엿소리를 무대에서 만나다", 〈서울문화IN〉(http://www.sculturein.com). 2016. 03. 21.

348 이경엽, 「신명을 울리다: 삶의 끝자락에서 펼치는 송별 축제-국가무형문화재 제72호 '진도 씻김굿'」, 『문화재사랑』 2016년 5월호, 문화재청, 2016, p.16.

때문에 정권 찬탈을 위한 각축장이 되어 역사적으로 많은 인명 피해를 겪는 수난의 역사를 가지고 있다는 점에서 죽음의식에 대해 남다른 친밀성을 가질 수밖에 없는 지역이다."[349] 또한 진도는 섬이라는 지정학적 위치 때문에 토속적 문화유산은 외부의 영향을 적게 받는 지역이다.[350] 그만큼 진도의 상장례문화가 그 원형을 잘 유지하고 있음을 알 수 있다.

진도 만가(상엿소리, 무형문화재 제19호)는 여성들이 소리를 메기고, 받는 것과 더불어 풍장(꽹과리, 장구, 북, 징)이 꽃상여 행렬을 이끌어가는 것을 가장 큰 특징으로 볼 수 있다. 이 행렬 중에는 남도소리인 흥타령을 부르기도 하고, 북놀이를 연행하기도 한다.

진도 다시래기(중요무형문화재 제81호)는 진도 지방에서 초상이 났을 때, 특히 타고난 수명을 다 누리며 행복하게 살다 죽은 사람의 초상일 경우, 동네 상여꾼들이 상제를 위로하고 죽은 자의 극락왕생을 축원하기 위해 전문예능인들을 불러 함께 밤을 지새우면서 노는 민속극적 성격이 짙은 상여 놀이이다. 진도 다시래기는 다섯 마당으로 이루어져 있다. 첫째 마당은 가상제 놀이로 가짜 상제가 나와 상여꾼들과 농담을 주고받는다. 둘째 마당은 봉사인 거사와 사당, 그리고 중이 나와 노는데, 진도 다시래기의 중심 굿으로 민속가면극에서의 파계승 마당에 해당된다. 셋째 마당은 상여꾼들이 빈 상여를 메고 만가를 부르는데 다른 지역의 상엿소리와 달리 씻김굿의 무당노래가 중심을

---

349 김미경, 『진도 축제식 상장례 민속의 연희성과 스토리텔링』, 민속원, 2013, p.94.

350 김미경, 같은 책.

이루고 있다. 넷째 마당은 묘를 쓰며 부르는 가래소리를 하면서 흙을 파는 시늉을 한다. 다섯째 마당은 여흥 놀이로 이어져 예능인들은 후한 대접을 받는다.[351]

다시래기 놀음은 망자의 관 앞에서 하는 마음 사람들의 코믹한 연극으로서, 연기력이 우수한 사람을 선발해 봉사와 봉사 처, 승려로 분장시켜 연행되었다. 봉사 처는 만삭의 임신 중이다. 봉사는 뒤늦게 자식을 얻게 된 것을 몹시 기뻐한다. 그러나 그의 눈이 보이지 않는 것을 이용하여 승려는 봉사 처와 밀애를 나누며, 실은 잉태한 자식도 승려의 아이임이 밝혀진다. 엄숙한 장례의 분위기에서 임신과 출산에 관한 이야기는 금기禁忌로 되어 있었지만 진도에서만은 예외였다. 또한 부잣집 초상에서는 출상 전날 밤에 진도 씻김굿과 진도 다시래기, 진도 만가를 모두 볼 수 있다.

2. 음악 콘텐츠

1) 만가

인간은 철학적인 관념과 종교적인 신념에 의해서 다양한 내세관을 형성하고 있지만 죽음의 현실 앞에서는 쉽게 수긍이 가지 않는다. 그것은 삶이 일회적이기 때문이다. 이는 또 현실과의 단절을 의미한다. 자신이 죽어서 영혼의 세계와 교류하지 않는 한 생전에는 다시 볼 수 없는 엄연한 이별이다. 그렇기 때문에 인간은 죽음 앞에서 쉽게

---

351 "진도 다시래기", 〈국가무형문화재 제81호〉, 문화재청 문화재검색(http://www. heritage.go.kr)

공포에 싸이게 되며 망자를 보내는 유족은 단장의 비애에 빠지게 된다. 이러한 고통으로부터 다소 위안을 주는 것이 '만가'이다. 만가는 망인의 왕생극락을 기원할 뿐만 아니라 유족을 위무慰撫하고 희망을 가지고 삶을 영위할 것을 교시敎示하는 힘을 지녔다.

만가 중에서 유명한 것은 전남 진도 지역의 만가인 〈진도 만가〉로 1987년 8월 25일 전라남도 무형문화재 제19호로 지정되어 전하고 있다. 〈진도 만가〉는 1975년 남도문화제에서 입상을 했을 때 이를 연구했던 학자들이 붙인 이름이다. 원래 진도에서는 '상엿소리'라고 했는데, '상엿소리를 한다', '상여 운구를 한다', '상여 나간다' 등의 동사적 개념으로 사용해 오던 말이다.[352] 불교 상엿소리는 만가의 일종이지만 독립시켜 살펴보고, 우선 일반적으로 논해지는 만가의 종류부터 살펴보도록 하겠다.

(1) 밤샘 노래

출상 전날 상두꾼들이 빈 상여를 메고 마당에서 제자리걸음을 하면서 상엿소리를 하는 것이 흔히 '대도둠'이라고 하는 초상집 밤샘 풍습이다.

---

[352] 〈디지털진도문화대전〉(http://jindo.grandculture.net), 「개설」, 최종검색일: 2018. 11. 09. 특히 나경수·김현숙, 『진도 만가』(국립남도국악원, 2007)에서는 민속학적 관점에서 바라본 진도의 장례문화와 진도의 장래음악인 상엿소리를 싣고 부록에 사설과 악보를 제시하고 있다. 여기에는 진염불, 중염불, 에소리, 제화소리, 하적소리, 자진염불, 천근소리, 가난님보살, 다구질소리가 담겨 있다. 김미경은 진도 만가의 연희적 양상을 가악, 춤, 연극의 방면에서 살펴본 바 있어 주목된다. 김미경, 「진도 축제식 상장례 민속의 연희성과 스토리텔링」, 고려대학교 박사논문, 2009, pp.91~104.

244

'대도둠'이란 '대(상여)를 돋운다'(들어올린다)는 뜻으로, 지역에 따라
'상여도둠', '대어름', '대떨이'라고도 한다. 요즘은 대도둠을 구경하기
어렵지만, 옛날에는 거의 전국적으로 이루어졌던 장례 풍습이다. 진도
의 경우 진도 다시래기가 바로 밤샘 노래를 대변한다. 진도 다시래기는
상가에서 출상 전날 밤 시작하여 밤샘을 하면서 노는 놀이로 노래와
춤, 그리고 재담으로 진행되는 총체적 극적인 민속놀이로 온 마을
사람들이 상가에 모여 비통하고 슬픈 밤을 웃음과 멋과 흥겨운 가락으
로 보내는 장례문화의 하나이다.[353]

실용적인 측면에서 보면 대도둠은 상두꾼들이 상여를 메고 갈 인원
을 미리 정하고 운상運喪 연습을 해보기 위한 것이다. 상두꾼들은
빈 상여를 메고 마당에서 제자리걸음을 하면서 상엿소리를 맞춰보곤
한다. 지역에 따라서는 상두꾼들이 빈 상여를 메고 상가를 벗어나
동네를 한 바퀴 돌면서 일가친척들 집에서 음식이나 돈을 추렴하기도
하는데 이것도 밤을 새는 무료함을 달래기 위한 것으로 이해할 수
있다. 하지만 초상집 밤샘 풍습에는 실용적인 차원으로는 설명하기
힘든 점이 있다. 먼저 상두꾼들이 이런 행사를 정해진 시간에 맞춰서
한다는 점에 주목해야 한다. 전남 고흥에서는 상두꾼들이 초경初更부
터 오경五更까지 두 시간 단위로 '경 아뢰는 소리'를 다섯 번 하였다.

<hr>

[353] 진도 다시래기는 1985년 2월 1일 국가지정 중요무형문화제 제81호로 지정되었
다. 다시래기의 핵심은 춤과 재담, 그리고 음악이 어우러지는 속에서 출산
놀이가 재미있게 진행된다는 것이다. 죽음을 이승에서 저승으로 나간 것(出)으
로 보고, 생을 반대로 들어오는 것(入)으로 보는 생사관의 발로이다. 나경수·김
현숙, 앞의 책, pp.38~39.

초경은 저녁 7~8시, 오경은 새벽 5시~6시다. 이때 하는 소리는 상엿소리를 그대로 하는 경우도 있고, 별도의 노래를 부르는 곳도 있다. 이런 풍습은 실용적인 측면보다는 망인의 혼백을 위로하는 의례의 성격이 강하다.

그 밖에 전남 신안군 비금도에는 '밤달애'라는 초상집 밤샘놀이 풍습이 있었다.[354] '밤달애'란 밤을 새운다는 뜻으로 해석된다. 비금도에서는 사당패 놀이에 가까운 놀이판이 벌어졌는데, 밤달애 노래를 보면 어느 정도인지 알 수 있다. 비금도 사람들은 이 노래를 옛날 사당패들이 그랬던 것처럼 소고를 들고 춤을 추면서 불렀다고 한다. 초상집에서 밤을 새면서 노래하고 춤추고 웃는 것은 유교식으로 점잖게 장례를 치르는 문화권의 사람들에게는 도무지 이해하기 힘든 풍습이다. 이런 풍습을 이해하려면 그 지역 사람들의 죽음에 대한 전통적인 관념을 이해해야 한다. 사람이 살만큼 살다 죽었을 경우 그것은 나쁜 일이 아니다. 그래서 이를 호상好喪이라 한다. 이때는 무조건 슬퍼할 일이 아니라 오히려 돌아가신 망인의 영혼을 즐겁게 해드려야 한다는 것이 사람들의 생각이었다. 그래서 상주들까지 합세하여 즐거운 놀이판을 벌이는 것이다.

---

[354] 밤달애는 '밤(夜)'과 '달래다'에서 '달래'의 옛말인 '달애'가 결합된 복합어이다. 밤달애에 대한 이해는 다음을 참조. 김선태, 「비금도 밤달애 망자의 말」, 『황해문화』 82, 새얼문화재단, 2014, pp.119~120.

(2) 무덤 가래질소리

장지에서 무덤을 파고 하관下官을 하고 봉분을 만들기까지의 일을 일컬어 '산역山役'이라 한다. 산역은 산에서 땅을 파내는 일이기 때문에 산신이나 토지신에게 깍듯이 제사를 올리고 나서 작업을 시작한다. 묏자리가 적당하면 하관할 구덩이만 파면 되지만, 지형이 불리하여 전체적으로 다듬을 필요가 있을 경우에는 여러 사람이 달려들어 가래질을 해야 한다.

가래는 긴 자루가 달린 삽날에 줄을 달아 양쪽에서 잡아당길 수 있게 한 도구이다 세 명이 각각 삽질을 하는 것보다 세 명이 한 조가 되어 가래질을 하는 편이 훨씬 능률적이다. 가래질을 하면서 부르는 노래가 가래질소리다. 가래질소리는 장례요답게 느리고 슬픈 노래가 있는가 하면, 노동요처럼 빠르고 경쾌한 것도 있다.

    에-낭청 가-래로구-나
    에-낭성 가-래로구나
    다궈주소 잘 다궈주소
    어-낭성 가-래로구나.[355]

이런 가래질은 노동을 하면서 부르는 노래인데도 노동요의 성격을 거의 가지고 있지 않다.

---

[355] 제보자: 김응환, 채록지: 강진군 군동면 신전면 벌정리 논정마을 마을회관, 2014. 03. 21. 『한국구비문학대계』(https://gubi.aks.ac.kr).

(3) 무덤 다지는 소리(회다지소리)

상엿소리와 더불어 아직 살아 있는 장례요는 하관한 뒤 봉분을 만들면서 부르는 무덤 다지는 소리(회다지소리)다. 회다지소리는 시신을 묻고 회를 섞은 흙으로 무덤의 봉분을 다질 때 부르는 소리다. 회다지소리의 원형이 비교적 잘 보존되어 있는 곳은 경기도 양주이다.[356]

현재 양주 상여 회다지소리 공연은 성공적으로 여러 의 초청 공연을 마쳤다. 젊은 층에게는 다소 생소한 우리 장례문화의 전도사로 자임하는 "양주 상여-회다지 보존회원"들은 '상여-회다지소리'를 '공연'의 형태로 계승 발전하려는 노력을 기울여 왔다. 그리고 그 공연물로서의 '상여-회다지소리'는 호평을 받게 되었다. 그리하여 1992년 경기도 민속예술공연대회에 출전하여 장려상을 수상하기도 하였다. 그 후 1998년 9월 21일에 경기도 무형문화재로 지정되기에 이른다. 1999년에는 양주시 백석읍 오산리에 '양주 상여 회다지소리 전수회관'을 건립하였다. 이는 이와 비슷한 무형문화재들이 현장 콘텐츠화 될 때의 방향을 보여주고 있다. 즉 양주의 '상여-회다지소리' 공연은

---

356 회다지소리에 대한 연구는 강원도 횡성과 경기도 양주가 중심이 되어 왔다. 연구로만 보면 횡성 지역에 대한 연구가 주를 이룬다. 각 회다지소리에 대해서는 다음을 참조. 김선풍, 「횡성 회다지 구」, 『영동문화』 2, 관동대학교 영동문화연구소, 1986; 유효철·김효실·정병환, 「전통 민요의 현장 문화 콘텐츠화 방향 연구: 양주 상여 회다지소리를 중심으로」, 『인문콘텐츠』 7, 인문콘텐츠학회, 2006; 유명희, 「횡성 지역 축제의 변화와 횡성 회다지소리의 역할」, 『강원문화연구』 32, 강원대학교 강원문화연구소, 2013; 이윤정, 「횡성 회다지소리의 음악적 특징」, 『한국민요학』 41, 한국민요학회, 2014; 이창식, 「횡성 회다지소리의 전승과 활용」, 『남도민속연구』 28, 남도민속학회, 2014; 이영식, 「횡성지역 회다지소리의 전승 기반과 과제」, 『한국민요학』 43, 한국민요학회, 2015.

248

성공적인 전통문화의 현장 콘텐츠화 사례의 모범이 되고 있다.[357]

무덤을 다지는 방법에는 두 가지가 있다. 하나는 무덤 안에 들어가서 다지는 것이고, 다른 하나는 무덤 밖에서 다지는 것이다. 강원도 영서지방에서는 안에 들어가 다지는 경우가 많은 반면, 영동지방에서는 대체로 밖에서만 다진다. 곳에 따라서는 안팎에서 계속 다지기도 한다. 무덤 안에 들어가 다질 때에는 첫 켜에 흔히 횟가루를 섞어 넣고 다지기 때문에 이를 '회다지'라 하고, 무덤 밖에서 다지는 것은 보통 '달구질'이라 한다.

강원도의 회다지는 무덤을 단단하게 만들기 위한 것이다. 황토에 횟가루를 섞어 넣고 다지면 습기를 흡수하면서 굳어 콘크리트처럼 단단해진다. 산간에는 무덤을 침범하는 짐승이 많기 때문에 무덤을 단단하게 다져야 한다. 첫 켜에는 횟가루를 섞어 넣고 다지고, 두 번째부터는 흙만 붓고 다지기를 거듭하여 보통 세 번 다지면 평토가 된다. 이때 흙을 조금씩 넣고 다져 다섯 번이나 일곱 번, 또는 아홉 번 만에 평토가 되도록 다지는 경우도 있었다. 무덤을 이렇게 여러 번 다지면 물론 봉분이 단단해지는 효과도 있지만, 자손들이 정성을 다했다는 심리적인 만족감을 얻을 수 있다. 여러 번 다질수록 많은 사람이 동원되고 그만큼 돈이 많이 들기 때문에 부잣집이라야 많이 다질 수 있었다.

상여가 장지에 도착하면 상여에서 곧바로 관을 내린다. 상여와 함께 가져온 음식으로 마지막 상을 차리고 마지막으로 제사를 지낸다.

357 구체적인 내용은 다음을 참조. 김헌선, 『양주 상여와 회다지소리: 경기도 무형문화재 제27-1호』, 월인, 2006, pp.141~150.

그 후 미리 준비된 무대에 하관한 이후 관 위에 흙을 덮는다. 주변에서는 가족들의 곡소리가 이어지고 무덤 주변을 한 바퀴 돌며 가래질을 한다. 이어 달구꾼들이 흙을 다지기 위해 모여서면서 회다지소리가 시작된다. 무덤 터 다지는 일을 '덜구 찧는다'고도 하며 '회다진다'고도 부른다고 한다.[358] 그래서 '덜구소리'라고 부르기도 한다.

회다지소리는 무덤을 둘러싸고 '에헤여라 달고'라는 후렴구에 맞추어 춤을 추듯 한가지로 움직인다. 한쪽 발을 교대로 내밀기도 하고 장대를 잡은 손을 교대로 바꾸는 등의 행동을 반복적으로 하면서 무덤 주위를 돈다. 좌우 사람과 번갈아 마주 보는 동작을 취하기도 하고 장대로 흙을 찧는 동작도 이루어진다. 소리에 맞춰 발을 움직이고 손을 뻗는 행동이 반복하는 동작은 마치 춤을 추는 듯 흥겨움을 느끼게 된다. 땅을 밟는 반복적이고 수고로운 노동이 여럿이 모여 추는 춤의 형태로 변모하는 것이다. 회다지소리는 장단의 흥겨움뿐만 아니라 간단한 동작이 반복되는 회다지꾼들의 행동에 보는 이들도 흥을 느낄 수 있다.

우리나라의 장례문화는 사자를 생각하며 슬픔에 빠지기보다는 사자를 극락까지 편안히 인도하는 의식이다. 상여와 요여가 죽은 이가 저승으로 순조롭게 갈 수 있도록 인도하고 새롭게 부활하도록 기원하는 의미라면, 회다지소리는 사자의 입장에서 후회와 이승에서의 삶에 대한 당부의 기능을 한다. 살아 있는 사람들을 위로하고 새로운 삶에 대한 의지를 북돋워주는 것이다. 즉 상여를 옮기는 과정은 사자를

358 임재해, 앞의 책, pp.73~77.

250

위한 의식이었다면 회다지 과정은 이승에 살아 있는 자를 위한 의식인 것이다. 상여를 매고 장지까지 가는 동안 사람들은 마치 저승을 다녀오는 듯한 기분을 느끼게 된다.

회다지소리는 이런 죽음에 대한 이야기가 사설에 반영되는 경우가 많은데, 보통 사람이 죽는 것에 대한 허무한 심정이나 죽음에 대한 인정의 감정이 교차되어 나타난다. 이렇게 장례 경험을 하는 사람들을 위해 회다지소리는 죽음에 대한 회한과 남은 사람들을 위한 위안을 하는 역할도 함께 수행하고 있다.

하관 직후 엄숙한 분위기와 다르게 회다지소리를 하는 동안은 노래를 부르고 춤을 추는 놀이의 분위기로 전환된다. 양주의 회다지소리는 긴달고소리, 꽃방아타령, 어러러소리 3종이 있는데, 그 사설의 가짓수가 다양하다는 특징을 가지고 있다. 긴달고소리는 규칙적인 장단에 소리를 하는데, 그 내용은 일정하지 않다. 늙음에 대한 한탄도 있고, 죽음에 대한 탄식도 있으며, 초한가나 회심곡도 있다. 어떤 사설로 메길 것인지는 선창자가 상황에 따라 결정한다고 한다.

회다지소리는 선소리꾼이 메기고 달구꾼들이 받는 형식으로 진행되는데, 회다지에 참여하지 않는 다른 상두꾼들이 그 소리를 함께하면서 흥을 돋운다. 사설 내용은 대부분 죽음에 대한 회한이나 죽은 이에 대한 안타까움에 대한 것이 대부분이었지만, 다음과 같이 회다지를 보는 사람들을 위한 신명풀이를 위한 내용도 포함되어 있다.

(상략) …… 에어리 달고 / 먼데 사람은 듣기 좋고 / 에어라 달고 가깐데 여러분 보기도 좋게 / 에어리 달고

삼동허리 굽밀어가며 / 에어리 달고

높은 데는 쾅쾅 놓고 / 에어리 달고

낮은 곳도 쾅쾅 놓으며 / 에어리 달고

아주 쾅쾅 밟아를 주세 / 에어리 달고

인제 가면 언제 오시리 / 에어리 달고

오실 날을 알려를 주소 …… (하략)[359]

죽음에 관련된 의식으로 무겁고 어두울 수 있지만 흥겨운 장단과 마치 춤을 추는 듯한 회다지꾼들의 동작, 듣는 사람을 위한 즐거운 사설은 죽음을 넘어서고자 하는 의도를 담고 있다. 관을 묻고 봉분을 만드는 마무리 행위인 회다지소리는 죽음에 대한 무거운 마음을 벗고 놀이를 위한 신명풀이로 마무리되는 것이다. 회다지소리는 땅을 다지는 소리로 내용상 의식요지만, 성격은 노동요의 성격을 지니고 있기 때문에 흥겨운 느낌의 소리이다.

소리뿐만 아니라 내용상으로도 소리를 듣는 이들은 흥미를 느낄 수 있다. 달구질이 끝나면 봉분을 완성하는 것으로 회다지소리 공연은 마무리된다. 회다지소리는 20여 분 간 진행되는데, 관객의 참여나 관객의 호응도에 따라 회다지소리가 진행된다. 선소리꾼은 상황에 맞춰 사설의 내용을 바꾸어 부르고, 구경하는 사람들은 함께 메기는 소리를 하면서 상황에 따라 더 오랜 시간 동안 재연되기도 한다. 죽음을 다루는 의식이지만 무겁고 우울한 분위기로 일관되기보다

---

359 제보자: 조병철 외, 채록지: 안산시 상록구 양상동 윗버대 경로당, 2011. 02. 12. 『한국구비문학대계』(https://gubi.aks.ac.kr).

함께 모인 사람들을 위한 놀이의 특성을 보인다.

상여 회다지소리는 장례요로서 특성을 지닌 장례절차가 반영된 의식인 동시에 볼거리와 즐길 거리가 담긴 놀이, 축제의 모습을 가지고 있다.[360] 특히 축제식 상장례 풍속은 진도 다시래기에서 절정을 이룬다. 이는 오랜 전통의 소산으로, 『수서隋書』「고구려전」에 의하면 "처음과 끝에는 슬퍼하며 울지만, 장례를 하면 곧 북을 치고 춤추며 음악을 연주하며 죽은 이를 보낸다."[361]라고 적고 있다. 이 기록은 진도에서 풍물을 치며 춤과 노래로써 운상하는 현재 모습의 원형이라 할 만하다.

무덤 다지는 풍습도 시대마다 동네마다 달라진다. 옛날에는 회다지 꾼들이 연춧대(상여 밑에 가로지르는 통나무)를 뽑아서 들고 다지곤 했는데, 요즘 상여는 조립식이라 연춧대가 없어 팔목 굵기의 횟대를 따로 마련하여 들고 다진다. 그렇지 않으면, 맨손으로 손뼉을 치면서 다지기도 하고, 일꾼들끼리 어깨동무를 하고 다지기도 한다. 무릉리에서는 여덟 명의 회다지꾼들이 횟대를 들고 무덤 안으로 들어가서 다진다. 회다지소리는 느린 소리로 시작하여 곧 주간 빠르기의 소리로 넘어간다.

(4) 회심곡

회심곡은 불교 가사歌辭의 하나인 별회심곡別回心曲 계열의 만가를 의미한다. 회심곡은 화청和請에서 유래된 것으로 화청은 리듬 악기의 장단에 불교적 가사를 붙인 것이다. 이것은 회심곡, 염불타령 등 민속

잡가에 많은 영향을 미쳤다. 화청은 제불보살을 고루 청하여 정토왕생을 비는 데 본 뜻이 있었으나, 현재는 화청의 방법이 된 음악, 즉 음곡音曲을 통칭하여 화청이라 부른다. 법열의 경지를 음악적으로 승화시킨 것으로 제반 의식에 두루 쓰이는 범패와 비교할 때 화청은 대중의 호흡에 알맞은 대중적 가요로서 천도의식의 회향 때에만 쓰이고, 집회나 법회의 자리에서 불교를 쉽게 이해하고 신봉하게 하는 법문을 대신하는 음악이다.[362]

불교 가사가 문전 염불의 정착이거나 이를 배경으로 하여 창작된 것처럼 회심곡 역시 염불승의 문전 염불에서 온 것이다. 가사문학은 내세정토에의 지향의식을 담고 현세를 내세를 위해 극복해야 할 예토穢土로 보고 있는데, 이와 같은 평민 교화 의식이 회심곡에도 그대로 나타나고 있다. 따라서 회심곡은 인간 모두 석존의 공덕에 힘입어 이승에서 선악 간에 살다가 죽은 후에는 저승에 가서 심판을 받아 인과응보의 법대로 선인은 극락으로 가고 악인은 지옥으로 떨어지므로 그것을 경계하면서 착실히 마음을 닦으라고 권면하는 노래이다.

회심곡 유형은 크게 13개 단락으로 나눈 구분[363]과 11개 단락으로 나눈 구분[364]이 있다. 즉 전자는 회심곡을 '허두-탄생-성장-노쇠-득병-치병-사자내습-신세자탄-임종장면-사자압송-저승풍

---

362 김성배, 『한국 불교가사의 연구』, 문왕사, 1974, p.126.

363 유종목, 『한국 민간의식요 연구』, 집문당, 1990, p.113. 특히 유종목은 장례의식 요의 중핵을 상엿소리로 보고 있다. 같은 책, p.53.

364 임헌도, 「향두가의 분단적 고찰」, 『공주사범대학논문집』 17, 공주사범대학교, 1979, pp.6~12.

경-죄인국문-권선'으로 나누어 회심곡 형의 의미 단락을 자세히
세분화했으나 '죄인국문' 단락은 또다시 세분화시켰다. 후자는 '부모은
공-탄로사설-신병타병-혼비백산-가련인생-무의무탁-포박
대령-공덕심판-적선여경-단죄무한-권선징악'으로 구분하였다.
전자의 '죄인국문'은 '선인치하'와 '죄인단죄' 단계로도 나누어 볼 수
있다.[365]

　그러나 모든 회심곡 형이 이와 같은 단락을 모두 갖추고 있는 것이라
고 볼 수는 없다. 회심곡 형도 현장에서 구연이 되는 만큼 상황에
따라 변화가 있게 된다. 즉 구연자의 즉흥적 창작 내용이 첨가될
수 있다는 말이다. 다만 정도에 따라 구연자가 기억에 의지하는 경향이
훨씬 우세하다. 그러나 회심곡이라는 일정한 줄거리를 재생해 내기
때문에 전반적으로 탄생-죽음-사후라는 시간적 전개 순으로 배열되
어 일대기적 특징을 보이는 점은 공통이다. 이는 회심곡이라는 전승물
을 창자가 선적, 논리적으로 재구성한 것에서 비롯된다.

　회심곡의 내용을 살펴보기 위해 『한국구비문학대계』에서 추출해
보면 아래와 같이 모두 57건이 검색된다.[366]

---

365 권윤희, 「상여가 연구: 죽음의식을 중심으로」, 서강대학교 석사논문, 1998,
　　p.13.
366 『한국구비문학대계』(https://gubi.aks.ac.kr).

〈표 4〉『한국구비문학대계』의 회심곡

번호	유형	제목	제보자	채록일	채록지
1	민요	회심곡1	임점동	2013	경기 광명시 소하2동 358-14 설월경로당
2	민요	회심곡1	임점동	2013	경기 광명시 광명5동 170번지 광명5동 주민센터 2층(문화의집)
3	민요	회심곡2	임점동	2013	경기 광명시 소하2동 358-14 설월경로당
4	민요	회심곡2	임점동	2013	경기 광명시 광명5동 170번지 광명5동 주민센터 2층(문화의집)
5	민요	회심곡3	임점동	2013	경기 광명시 소하2동 358-14 설월경로당
6	민요	회심곡3	임점동	2013	경기 광명시 광명5동 170번지 광명5동 주민센터 2층(문화의집)
7	민요	회심곡4	임점동	2013	경기 광명시 소하2동 358-14 설월경로당
8	민요	회심곡5	임점동	2013	경기 광명시 소하2동 358-14 설월경로당
9	민요	무가: 대잡기(회심곡: 중중모리)	이심화		전남 영암
10	민요	배례 회심곡	류장열	2009	경남 양산시 상북면 석계리 846번지 상북면마을회관
11	민요	회심곡	임점동	2013	경기 광명시 소화2동 산46-2

					번지 임점동 씨 자택
12	민요	회심곡	이순자	2016	경기 성남시 분당구 이매로 89번길 50 이매1동경로당
13	민요	회심곡	심분이	2011	안산시 상록구 사사동 안골 (발기울) 심분이 자택
14	근현대 구전민요	회심곡	이구영	2011	안산시 단원구 대부남동 남4 리 흘곳경로당
15	민요	회심곡	안승금	1979	(정보 없음)
16	민요	회심곡	류필남	2011	경남 남해군 남해읍 아산리 중앙경로당
17	민요	회심곡	김청옥	2012	경남 산청군 단성면 창촌리 칠정마을 칠정마을회관
18	민요	회심곡	정채남	2014	마산숯꾼놀이 보존 사무실
19	민요	회심곡	김종천		경남 창원시 의창구 대산면 유등리 840 동곡마을회관
20	민요	회심곡	조용민	2011	경남 합천군 광도면 노산리 노산경로당
21	민요	회심곡	진경선	2011	경남 통영시 용남면 동달리 1009-2번지 달포마을회관
22	민요	회심곡	공감동	2011	경남 통영시 명정동 명정경로 당
23	민요	회심곡	안영시	2010	경남 합천군 덕곡면 포두리 863번지 포두리경로당
24	무가	회심곡	배석분	2010	부산 남구 대연6동 부연경 로당
25	민요	회심곡	이춘조	2013	경북 경산시 용성면 용천리 경로당 여자방

26	민요	회심곡	유주일	2012	경북 고령군 개진면 구곡리 마을회관
27	민요	회심곡	김형섭	2012	경북 영양군 일월면 가곡리 김형섭 씨 자택
28	민요	회심곡	최상철	2009	전북 무주군 무풍면 철목리 철목마을회관
29	민요	회심곡	이연희	2009	전북 무주군 무풍면 철목리 철목마을회관
30	기타	회심곡	강효신	2009	전북 장수군 계북면 임평리 127-1번지 내림마을회관
31	민요	회심곡	한준희	2010	전북 진안군 안천면 신괴리 괴정마을 505번지
32	민요	회심곡	임준철	2015	충북 보은군 보은읍 산성리 65-2
33	민요	회심곡	차종운	2016	충북 옥천군 군북면 국원리 250 안말 경로당
34	민요	회심곡	황옥분	2009	제보자(황옥분) 자택 / 충북 제천시 금성면 양화리 미륵당 길24
35	민요	회심곡	황옥분	2009	제보자(황옥분) 자택 / 충북 제천시 금성면 양화리 2반 746번지
36	민요	회심곡	정해교	2009	제보자(정해교) 자택 / 충북 제천시 수산면 상천리 백운동 288
37	민요	회심곡	이두형	2009	제보자(이두형) 자택 / 충북 제천시 백운면 애련리 웃한치 길14

38	민요	회심곡	이원섭	2009	제보자(이원섭) 자택 / 충북 제천시 봉양읍 옥전리 옥전길 302
39	민요	회심곡	이강민	2009	충북 제천시 봉양읍 명도리 명도길183 마을회관 옆 정자
40	민요	회심곡	윤복선	2011	제주 제주시 한경면 고산1리 경로당
41	민요	회심곡	미상		경남 밀양
42	민요	회심곡	배용운	1981	경기 강화군 길상면
43	무가	회심곡	김남수	1981	강원 양양군 서면
44	민요	회심곡	임소조	1980	충남 대덕군 기성면
45	민요	회심곡	이병길	1980	충남 대덕군 동면
46	민요	회심곡	강서천	1985	전북 정읍군 칠보면
47	민요	회심곡	고임식	1982	경북 군위군 군위읍
48	민요	회심곡	여동환	1979	경남 거제군 장승포읍
49	민요	회심곡	양경생	1981	제주 남제주군 안덕면
50	민요	회심곡	변은갑	1982	전남 장성군 북일면 신흥리
51	민요	회심곡	김필련	1984	경남 울주군 강동면
52	근현대 구전민요	회심곡 2	정채남	2014	마산 숯꾼놀이 보존회 사무실
53	무가	회심곡 해원	박가화	1982	경기 용인군 이동면
54	민요	회심곡(높은 산으로 갈 때)	미상		경남 밀양
55	민요	회심곡	최점용		경남 사천

		(상엿소리)			
56	민요	회심곡 回心曲	강보석	2012	경기 광주시 중부면 광지원리 179번지 광지원리 경로당
57	민요	회심곡 / 가창 유희요	최남순	2012	강원 동해시 망상동 약천길 122-4 최남순 댁

채록지역은 서울을 제외한 국내 전 지역에 해당되는데, 경기도 광명·성남·안산·강화·용인·광주, 강원도 양양·동해·전남·영암, 경남 양산·남해·산청·마산·창원·합천·통영·거제·울주·밀양·사천, 부산, 경북 경산·고령·영양·군위, 전북 무주·장수·진안·정읍, 전남 장성, 충북 보은·옥천·제천, 충남 대덕, 제주가 그것이다. 대부분이 민요 회심곡이며, 무가(강원도 양양, 경기도 용인) 회심곡도 간혹 채록되었다. 가장 최근에 채록된 것을 중심으로 민요 회심곡과 무가 회심곡의 내용을 소개해 보겠다. 먼저 민요 회심곡의 내용이다.

"일심으로 정념은 극락세계라 보홍오 오호오호이어암이로다
보홍오 오호 오홍이에헤에
염불이면 동창 시방에 어진 시주님네 평생 심-중에 잡순마음들
연만하신 백발노인 일평생을 잘사시고 잘노시다 왕생극락을 발원하시고
젊으신네 생남발원 있는 아-기는 수명장수
축원이 갑니다 덕담이 갑니다
곤이곤명은 이댁전에 문천축원 고사덕담 정성지성 여쭐뒬랑

대주 전 영감마님 장남한 서방님들 효자충남한 도령님들
하남엔 여자에게 저-끝에는 금년생들
곤이곤명 이댁전에 일평생을 사시자하니
어디 아니 출입들을 하십니까 삼생인연은 불법만세
관재귀설 삼재팔난 우환질병 걱정근심 휘몰아다
무-인도 깊은 섬 중에다 허리둥-실이 다 버리시고
일심정기며 인간오복 몸수태평 얻어다가
귀한 아들 따님전에 전법하니 어진 성-현의 선남자 되리로다
명복이 자래라 아하아 헤나네 열의열 사십소사 나하아아."[367]

다음은 무가 회심곡 중 하나이다.

"일심으로 공들이니 극락세계가 염불이며 동서사방 신중님네 평생
신중 잡순마음
연만하신 백발노인 일평상을 잘노시고 잘사시다 왕생극락으로
발원하오
젊은신네 생남발원 없던낙이 생낙이오 장남하신 서방님들 호자충
남 도련님들
한낱여자에게 저겉에는 금년생들 일년생을 사시다가 삼봉겯거
불법만체
감제구슬 삼대팔란 호환질병 걱정근심 힘으로다 부인도 깊은심중

---

367 제보자: 이순자(1947년생), 『한국구비문학대계』(https://gubi.aks.ac.kr) 위의
표 12번 항목.

둥실이 타버리고

소원성취 발원하니 이댁아중 대통할때 대명당에 집을짓고 수명당
에 우물받아

아들낳이면 호자놓고 딸을후이면 열녀로다 동방석에 맹을빌고
강대공에 나이빌어

선팔시 후팔시 일백육십으로 점지하고 석중에다 복을 빌어다가
물복은 흘러들고

구룡복은 숨어 시시깨몽 만복래요 피리소리 한금추리다 일생오복
으로 문수태평으로

귀한아들 딸님전에 명복축원 하옵니다 허란 나무아미타-불 관세
음-보살 억조창생 만명하라

신주님 이내말쌈 들어보소 이세상에 나온사람 사람밖에 또있나요

탄구탄세 불법말쌈 들어보니 제이열에 석가여래에 공덕으로 어머
님전 살을빌고

아버님전 피를받아 칠성님전에 명을 칠성님전 복을빌어 석달만에
피를보고

여섯달만 육신생겨 십생만에 탄생하니 그부모가 우리길러낼때
어떤공덕 들어서

진자리는 어머님이 불쌍하신 어머님이 누워시고 마른자리는 아기
들 눕히시고

음석이라도 맛을보고 순대썬것은 어머님이 잡수시고 맛있는것은
아기를 주고

오뉴월 단한밤에 모기빈대 들쎄리 곤곤한잠을 못다 주무시고 다떨

어진 살부채를 손에들고

혼갖씨름 다하다 어리둥실 나를 주시면은 동지섣달 서남풍에 백설이 날시

그자손이 추울세라 덮은데 덮어주고 바른팔 왼젖을 물리놓고 양인양친이 앉아서

그자손의 엉덩이를 뚝딱치며 사랑스러워서 하신말쌈이 은자동아 금이로구나

민지친신에 보배동아 순지건곤 일월동아 나라에는 충신동아 부모에는 호자동아

형지간에 우애동아 일가친척에는 화목동 동네방네 귀염둥아 오색비단에는 새색동아

비단에는 오색동 금을주니 너를사나 은을주니 너를살까 애지중지 길른정

사람마다 부모은공 생각하며 태산이라도 무겁지 않겠습니다

어란 나무아미타-불 관세음보살-

여보시오 사자님네 죽은길에도 노소가 있소 늙은신네나 젊으신네나 늙으신네 먼저가고

젊은청춘 나중갈때 공명천지 하나님말에 흘러가는 우리라도 선후나중 있겠군요

수미산천 만잠봉에 천상녹수가 나린들 차례로마 차례로야 흘러흘러 사왕극락으로 나리소

길러보니 부모은공 갚자하니 인간뱅 사자하니 공들이자 면치못할 죽음이라

껌은머리 백발되어 얼굴은 주름잡아 아니먹던 귀가 칠백되고 박씨
같은 이가 다빠져

이아니도 원통한데 자손들은 나를보고 망년이라 하는소리 애닯고
도 원통하다

다는문을 탁차면서 여보시오 청춘들아 너가 본래부텅 청춘이면
낸들 본래부텅 백발이냐

백발보고 웃지마라 나도 어저끼 청춘소년해라 하였거늘 금일백발
혼수로다

우리부모 나를 빌렸을때 백일정성 산천기도를 명산대천을 찾으
시며

온갖정성 다들이니 힘든낭기 꺾어지며 공든탑이 무너질까

지성이마 감천이라 부모님의 뼈를빌러 삼각산에 탄생하니 지극하
신 우리부모

나를곱게 길러서 겨울이마 추울새라 따뜻한데 눕히시고 여름이마
더울새라

시원한데 눕히시고 온각정성 다들이서 천금주고 나를 곱게길러
무정세월 우수같이

가는봄도 오고가고 하는 인생한변 늙어지마 다시 젊지는 못하는가

어제오날 성튼몸이 지난나절 빙이들어 실낱같은 약한몸에 태산같
은 빙이드니

부르나니 어머이오 찾는것은 냉수로다 인삼녹용 드신들 아무의미
나 있을까

맹인불러 설경한들 경덕이나 있을손가 명산대첩 찾아가서 소지한

장 받친

하나님전 비나니오 비나니오 모진목숨 꺾어질때 제일전에 진강대왕

제이전에 초강대왕 제삼전에 송비대왕 제사전에 옥황대왕 제오전에 염라대왕

제육전에 평선대왕 제칠전에 태산대왕 제팔전에 평든대왕 제구전에 토씨대왕

제십전에 청루대왕 열대왕에 맹을받아 한손에는 잔금짚고 또한손엔 쇠사줄을 빗기차

활동같이 구은길을 화살같이 날라와서 당너문을 탁차면서 성명삼자 불러내어

어서가자 바삐가자 누본부라 지체하면 누명령이라 지체하면 팔뚝같은 쇠사줄로

실날같은 이내몸에 걸빵하여 끌어내니 혼비백산 내죽겠네

애고답답 사자님아 분하고도 원통하다 내일신이 인간하중 망극

명사십리 해당화야

꽃진다고 설어말아 명년춘삼월 봄이오면 너는다시 피건만은 우리인생 한변죽어지마

북망산천 험한길을 어이가 옛노인이 하신말쌈이 저승길이 머다더니 대문밖을 썩나서

적삼내어 손에들고 혼백불러 추원할때 어떤곳은 낭자하 일적사자 손을긋고

월적사자 등을밀어 풍우같이 재촉하면 천방지방 몰아간다

높은데는 낮아진다 동기간이 많다한들 어느누구 대신가며 친구벗이 많다한들

어느누구 도행하 애고답답 사자님아 이내말쌈 조금들어주 시장한데 점슴하나 시게 잡수시고

신발이나 고쳐신고 노잣돈이나 갖고 쉬어가세 액일하 들은치도 만치하고

신몽치를 등을 어서가자 바삐가자 서성에 문닫는다

달라들어 인정사정 슬픔없다 열두대문 들어가니 무섭기도 끝이없고 두럽기도 침낭없다

대명하고 기다릴때 옥사장에 분부듣고 남자죄인 등대할때 정신차려 살펴보니

열세왕에 차개하고 재판관이 무섭구나 남자죄인 여자죄인 들어봐라

인간세상 살어갈때 무슨공덕 하얏는가 바른대로 아리오라 임금에게 극간하고

나라에는 충신되고 부모에는 호자되고 배고픈이 밥을주어 하사구제하야

헐벗은이 옷을주어 훈화공덕 하얏던가 배고픈이 밥을주어 급수공덕 하얏던가

깊은물에 다리놓아 월천공덕 하얏던가 부처님에 고향올려 마음닦어 성심하여

염불공덕 하얏던가 높은산에 불당지어 중생공덕 하얏던가 병든중생 약을주어

266

할인공덕 하야 방방곡곡 학당지어 맹인공덕 하였던가 너의죄목
신중하니
풍두옥에 가두니 차례대로 재결할때 도산지옥 하산지옥 함변지옥
급수지옥
달사지옥 독사지옥 천륭지옥 거해지옥 컴컴한 험한지옥 공경하매
하는말이
이내말을 들어봐라 시부모께 지성으로 하얐던가 동생행렬 우애하
며 부모말쌈 거양하고
형지부모 하였으니 충두옥에 가두이다 나무본산 아미타불 대자대
비 관세음보살
다 차례대로 재결하여 다 장군몸이 되었으니 산신불러 앤원하고
석가여래 아미타불
바삐 시행하라
여보시오 동포님네 이내말쌈 들어보소 선녀되어 가겠느냐 선녀되
어 가겠으니
극락으로 가겠느냐 나무아미타불 여보시오 사바세계
사는중생들 들어보이소 이세상에 날작에도 변손변몸 들고나고
갈적에도 변손변몸 들고가는데
무릇탄식 내지마소 만당잴랑 모아놓고 묵고가나 지고가나 두손끔
뜩 배우에얹고 가는인생
한심하고 가련하구나 끝이없는 부평초로다 천년살면 만년사요
단백년을 못사는
인생목숨걸이 사람되어 태평하게 사시다가 회심곡을 가소롭게

쉽게여겨

선심공덕 아니하고 모실룰 수상하며 구롱백 성백되어 우만겉게

못면한다

인생고생 하는거는 전생죄로 그러하니 한을말고 운을말고 전생죄

를 벗어놓고

후생지금 되어 가봅시다."[368]

이상과 같이 지역이나 제보자의 나이, 민요, 무가와 상관없이 모두 불교적 내용이 기반 되고 있음을 확인할 수 있다.

2) 상엿소리

상엿소리는 상여로 시신을 장지까지 운구하면서 부르는 소리이다. 상엿소리가 가장 먼저 재연하는 장례절차는 발인이다. 발인은 시신이 집에서 나갈 때 지내는 마지막 제사를 일컫는다. 죽은 이가 안치된 관을 상여에 올리고 상두꾼이 상여를 들어 올리면 상엿소리에 맞추어 1분가량 제자리에서 좌우로 흔든다. 이는 상여 행렬을 정비하는 기능도 하겠지만 망자가 마지막으로 익숙했던 집안에 인사 하는 의미로도 생각할 수 있다. 곧이어 상여가 길로 접어들기 직전 상주를 비롯한 조문객이 관이 올려진 상여를 마주 보고 절을 한다. 상여도 이들의 절에 맞추어 앉았다 일어나는 것을 반복하며 절을 받는다. 이처럼 가족들과의 마지막 인사를 하는 의식이 끝나면 곧이어 상여가 길을

---

368 제보자: 배석분(1931년생), 『한국구비문학대계』(https://gubi.aks.ac.kr) 위의
　　표 24번 항목.

사진 18. 운구 준비

사진 19. 운구

나서게 되는 것이다.

우리나라는 상여와 요여를 통해 죽은 이를 옮긴다. 특히 양주 상엿소리에 등장한 상여의 모습은 무척 크고 화려한 모습이다. 각종 비단과 색실로 꾸며져 있으며 도깨비나 봉황, 용 조각으로 주위를 꾸몄다. 상당히 복잡하게 꾸며져 있는 상여의 생김새의 의미에 대해 임재해는 "상여는 시신을 옮기는 역할뿐만 아니라 이승과 저승을 이어주는 세계관적 구조물"[369]이라고 한다. 양주 상여에서 보이는 특징으로 도깨비, 용, 봉황, 연꽃을 꼽을 수 있다. 도깨비(귀신)는 상여 행렬의 방상과 같이 상여에 잡귀가 접근하는 것을 막기 위한 의미이다.

상여의 앞뒤에 두 마리의 용이 서로 몸을 꼬고 있는 모습이 조각되어 있는데 이를 용마루라고 한다. 용은 하늘을 마음대로 날아다니는 신격으로 죽은 이를 저승으로 인도한다는 의미를 갖는다고 한다. 상여의 사면에 봉황이 화려한 색깔로 그려 있거나 조각되어 있는데,

---

369 임재해, 『전통 상례』, 대원사, 1990, pp.73~77.

봉황도 용과 마찬가지로 신격으로 죽은 사람의 영혼이 새가 되어 저승으로 비상한다는 의미로 보기도 한다. 봉황이 아니더라도 새는 죽은 사람의 영혼을 인도하기도 하고, 재생의 의미를 지니고 있다. 연꽃도 재생의 의미를 지닌다고 한다. 특히 상여 지붕에 연꽃봉오리로 표현하는 것은 영혼의 재생을 형상화하고, 상여 앞부분에 녹색 바탕에 연꽃 그림은 영혼의 부활을 의미하는 것이라고 한다.

상여가 죽은 이의 육체를 옮긴다면, 요여는 죽은 이의 영혼을 옮긴다는 의미를 가지고 있다. 가마채가 허리까지 온다고 하여 요여腰輿라고 하는데, 죽은 이의 영혼을 옮기기 때문에 보통 영여靈輿라고 한다. 서양에서 사자의 사진을 실은 차 뒤에 관을 실은 영구차가 뒤따르는 것과 비슷한 모습이다. 생화로 장식을 하기도 한다. 요여도 상여와 마찬가지로 연꽃이나 용, 봉황으로 꾸며져 있다. 상여와 다른 요여의 특징으로 문 앞의 신발을 꼽을 수 있다. 임재해는 "요여의 문 앞에 신발을 놓아 둔 것은 요여에 신발의 주인이 타고 있다는 것을 시각적으로 드러내고자 한 것"[370]이라고 한다.

상여 행렬의 맨 앞은 약 30여 개의 만장挽章이 선두에 서고 죽은 이의 혼백을 태운 요여腰輿가 따른다. 그 뒤는 잡귀를 쫓는 역할을 하는 방상方相이 붉은 탈을 쓰고 찌르는 등의 위협적인 춤을 추며 이어진다. 다음에는 운雲자와 아亞자를 쓴 장대를 든 이를 앞뒤에 배치한 상여가 선다. 상여 뒤에는 상복을 입은 사람들이 따른다. 바로 뒤에는 흰색으로 이루어진 가마가 뒤따르는데, 이는 나이든 만상제를

---

370 임재해, 앞의 책, p.72 참조.

위한 가마라고 한다.[371] 그 뒤에는 여러 음식들을 바구니에 담아 머리에 이고 가는 여자들과 나이 많은 어르신들이 행렬의 마지막을 이룬다.

상엿소리는 구전민요로는 드물게 아직도 그 기능이 살아 있는 민요이다. 물론 도시에서는 그마저 사라지고 없지만, 시골에서는 장지가 아주 멀지만 않으면 대부분 상여로 운구를 하는 경우가 많다. 망자를 상여로 모시는 것이 분명 귀찮은 일인데도 아직까지 상여를 사용하는 것은, 단지 운반을 위한 것만이 아니라 그 과정에 어떤 좋은 뜻이 담겨 있기 때문이다.

상여는 망자를 저승으로 모시는 가마이다. 옛날에 귀한 사람들을 가마에 태워 모시고 신랑 신부를 가마에 태워 보냈듯 망인을 저승으로 모시는 데도 가마가 필요하다. 상여를 꽃과 구름무늬로 장식하는 것도 망인을 극락으로 인도하고자 하는 뜻에서이다. 상여를 메기로 하고 나면 상엿소리 메길 앞소리꾼을 모셔 와야 한다.

전통 상장례에는 어느 마을이든 앞소리꾼이 있었지만, 지금은 읍이나 면 단위에 앞소리꾼 한두 사람만 있어도 다행일 정도로 소리꾼이 귀하다. 상엿소리는 지방마다 어느 정도의 특색이 있지만, 농요만큼 확실하게 지역색을 띠지는 않는다. 우리나라의 대표적인 상엿소리는

---

371 2005년 10월 경기도 의정부 문화동산에서 이루어진 상여와 회다지 공연 직후 선소리꾼 최장환 씨와의 인터뷰에 의하면, 흰가마는 근력이 없는 老상재나 울어서 기운이 없는 맏상제가 타고 가도록 하기 위한 가마라고 한다. 또한 이들의 장수를 축수하는 의미도 가지고 있다고 한다. 죽은 이를 위한 장례문화 속에서 산 자를 위한 배려가 돋보이는 부분이라고 할 수 있다. 자세한 내용에 대해서는 김예선, 「선소리꾼 최장환의 살아온 이야기 연구」, 『겨레어문학』 40, 겨레어문학회, 2008, pp.139~159 참조.

'어이가리 넘차'[372] 또는 '어나리 넘차'[373] 소리로 충청도를 제외한 대부분의 지역에 널리 퍼져 있다. 하지만 곳에 따라서는 매우 특이한 상엿소리를 하는 곳도 있다.

강원도에서는 처음에 발인을 하면서 느리게 '미리미리 타불'[374] 소리를 하고 본격적으로 운상을 할 때는 '어이 넘차' 소리를 하는 것이 보통이다.[375] 상엿소리가 발달한 평야지대에 비해 노래의 가짓수도 적고 가락도 단순한 편이다. 강원도의 언어나 음식이 그런 것처럼 상엿소리도 소박하다. 하지만 강원도 영동의 중심지인 강릉에는 특별히 음미할 만한 상엿소리가 남아 있다

"저승길이 멀다더니 대문 밖이 저승일세

오오오 해 넘어간다

만장 같은 집을 두고 북망산천 찾아가네

---

372 전남 승주군 주암면 상엿소리, 전북 정읍군 태인면 상엿소리, 경남 남해군 남해읍 상엿소리, 남해군 이동면 초음리 상엿소리, 전북 정읍시 연지동 상엿소리 등이다. 『한국구비문학대계』(https://gubi.aks.ac.kr).

373 경남 진양군 일반성면 상엿소리, 경남 함안군 군북면 오곡리 상엿소리, 경남 산청군 단성면 창촌리 상엿소리, 경남 남해군 남해읍 입현리 상엿소리, 전북 진안군 성수면 용포리 상엿소리, 전북 진안군 마령면 평지리 상엿소리, 전북 진안군 진압읍 정곡리 상엿소리, 전북 익산시 팔봉동 상엿소리, 영광군 군나면 용암리 상엿소리 등이다. 『한국구비문학대계』(https://gubi.aks.ac.kr).

374 강원도 평창군 용평면과 강원 화천군 간동면의 상엿소리이다. 『한국구비문학대계』(https://gubi.aks.ac.kr).

375 강원도의 상엿소리에 대해서는 문화재청, 『강원지방의 喪夫 소리』, 문화재청, 2004, pp.3~56 참조.

272

오오오 해 넘어간다

친구 하나 삼었더니 술만 먹고 잠만 자네

오오오 해 넘어간다

나비 나비 호랑나비 날과 같이 청산 가세

오오오 해 넘어간다

이팔청춘 소년들아 백발 보고 웃지 마라

오오오 해 넘어가네."[376]

    이것은 상여가 천천히 평지를 갈 때 하는 소리다. 앞소리꾼이 노래를 내놓으면 다른 상두꾼들이 곧 함께 따라 부른다. 후렴구에 해당하는 "오오오 해 넘어가네." 하는 표현이 인상적이다. 사람이 죽었다는 것을 뜻하는 표현으로는 매우 문학적이다. 또한 앞소리 세 번째 구절인 "친구 하나 삼었더니, 술만 먹고 잠만 자네."에서는 북망산천을 떠나가는 망자를 술 마시고 잠자는 친구로 비유하고 있다. 생사를 초탈한 인생관이 아닐 수 없다. 네 번째 구절인 "나비 나비 호랑나비 날과 같이 청산 가세."라는 대목에서는 망인의 영혼이 나비를 벗 삼아 훌훌 떠나가는 모습이 그려진다. 강원도의 민요는 사람들의 심성을 닮아 모두 소박하고 단순한 것이 특징이지만, 강릉시 유천동의 상엿소리는 단순 소박하면서도 인생의 허무함과 이별의 슬픔이 문학적으로 승화되어 있는 예술이라 하겠다.

    충남의 상엿소리는 '어허이 어호' 계통이 대부분이지만, 역시 곳에

376 문화방송(MBC), 〈한국민요대전·강원도편 1: 강릉시/고성군〉(녹음자료), MBC, 1995.

따라 특이한 상엿소리가 있다. 논산의 '짝소리'가 그중 하나이다. 짝소리란 상두꾼들이 두 패로 나뉘어 한 절씩 번갈아 부르는 가창방식을 말한다. 상엿소리를 짝소리로 부르는 곳은 충남 공주, 논산, 부여군과 전북의 일부 지역이다. 짝소리를 하는 두 패로 나뉘어 상여 앞뒤에 들어서서 상여를 멘다. 일반적인 상여의 상두꾼들은 상여 좌우에서 상여를 멘다. 앞 뒤 두 패로 나뉘어 메는 상여는 "방맹이상여"라고 하여 상여 앞뒤에 가로로 굵고 긴 통나무를 댄 다음, 여기에 방망이를 각각 세 개씩 대고 방망이 하나에 두 명씩, 앞뒤로 각각 6명이 들어서서 멘다. 짝소리는 앞뒤의 상두꾼들이 번갈아 한절씩 부른다.

"혜리 가자 허허허하 어허하 어허하
가세 가세 어서 가세 이수 건너 백로 가자
갈까 말까 망성거리다 내친걸음에 도망질 한다
남문을 열고 바라를 치니 계명산천 다 밝아온다
오작교 다리가 더덜썩 무너져 건너갈 길 막연하다
죽장망혜 대지팡이와 짚신 단표자 표주박 하나로 천리강산 들어를
간다
시내 갱변 종조리새 종달새는 천질 만질 구만질 떴다
신산 구산 다 버리고 명산대천 찾어를 간다
우불퉁구불퉁 저 남산 보아라 우리도 죽으면 저 모양 된다
청소난뎅이마을이름 막걸리 장사 목이 말라서 나 못살것다
앞에 가는 행자들아 너희에 산소 어디메냐."[377]

377 문화방송(MBC), 〈한국민요대전·충청남도편 3: 논산군 / 당진군〉(녹음자료),

짝소리는 논매는 소리에도 있으므로 가창방식 자체는 그리 낯설지 않다. 하지만 상엿소리로 부르는 짝소리는 발을 맞추어 걸어가면서 부르기 때문에 듣는 사람도 함께 흔들거리는 듯한 느낌을 받는다. 만일 상여에 누워 있는 망인이 이 소리를 들을 수 있다면 머리끝과 발끝에서 번갈아 들려오는 노랫소리에 극락으로 가는 기분을 충분히 느낄 수 있을 것이다.

전통적인 상장례는 죽음을 확인한 뒤 죽은 사람을 산 사람들에게서 분리하는 과정이 아니다. 오히려 죽은 자의 존재를 변화시켜 조상의 세계에 좌정시킨다. 그리고 조상으로 자리 잡은 죽은 자는 죽음 이후에도 후손들과 교류한다. 전통 상장례에서 육체적 죽음은 혼(넋)과 육체가 분리됨을 의미하며, 이는 보통 호흡, 즉 숨의 끊김으로 확인된다. 이러한 죽음에 대한 이해는 상장례 전 절차에서 고르게 나타난다. 상장례 전 과정은 주검을 처리하는 절차(장례식)와 혼을 처리하는 절차의 두 부분으로 구성된다. 다시 말하면 혼과 육체의 분리, 즉 죽음을 확인하고, 주검을 처리한 다음에 영을 모시는 단계로 구성되어 있다.

발인 때의 장례행렬 역시 혼을 모시는 영여靈與와 혼이 빠져나간 육체를 모시는 상여喪與로 구분한다. 이는 요즘의 장례행렬에도 그대로 나타난다. 요즘의 장례행렬은 영정을 실은 승용차와 시신을 실은 장의차로 이뤄지는데, 승용차는 영여, 장의차는 상여 역할을 한다. 상여에 실린 죽은 사람의 육체는 장지에 매장되어 집으로 되돌아오지

MBC, 1995.

않는데, 영여에 실린 죽은 사람의 혼은 다시 집으로 돌아온다. 매장 이후 탈상까지의 상장례 절차는 육신을 장지에 묻고 집으로 돌아온 죽은 자의 혼에 대한 절차이다. 이런 절차를 통해 한국의 전통 상장례는 죽은 사람을 조상으로 새롭게 위치 짓게 한다. 즉 살아 있는 존재(혼과 육체의 소유자)에서 과도기를 거쳐 몸 없이 영혼만을 가진 죽은 사람의 세계(조상의 세계)에 자리 잡게 하는 것이다.

상장례를 통해 조상으로 자리 잡은 죽은 자는 죽음 이후에도 살아 있는 가족들과 여전히 관계를 유지한다. 돌아가신 조상의 신주를 모신 유교식 사당이 이를 잘 보여준다. 집안에 조상을 모시는 공간인 사당이 있고 그것이 가정생활의 중심으로 기능한다는 것은, 집이란 조상과 후손이 함께 사는 장소이며, 조상 역시 살아 있는 후손과 함께 가족의 성원 가운데 하나임을 말해준다. 조상은 죽음 이후에도 여전히 살았을 때처럼 가족공동체의 성원으로 남아 있다.

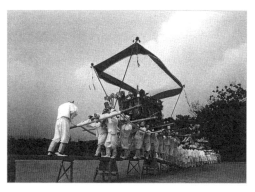

사진 20. 바위절마을호상놀이(출처: 문화재청)

〈사진 20〉은 서울특별시 무형문화재 제10호 〈바위절마을호상놀이〉이다. 이는 서울 강동지역의 고유 민속놀이로 '쌍상여호상놀이'라고도 한다. 호상놀이는 가정형편이 좋고 오래 살고 복이 있는 사람의 초상일 경우 노는 놀이로, 출상 시 험난한 길을 무사히 갈 수 있도록 전날 밤 선소리꾼과 상여꾼들이 모여 빈 상여를 메고 밤새도록 만가를 부르며 발을 맞추는 놀이이다.

민간의 가정신앙에서도 조상은 집안 신의 하나로서 조상단지나 그 외 다른 형태로 집안에서 모셔진다. 또한 기제忌祭, 시제時祭, 차례茶禮를 비롯한 다양한 유교제사를 통해 끊임없이 살아 있는 후손들과 만난다. 이런 점에서 죽은 조상은 살아 있는 후손들과 단절되는 것이 아니다. 여전히 후손들과 공존하며 지속적인 상호관계를 유지한다. 한마디로 죽은 사람은 그저 죽어서 사라져 버린 것이 아니라, 죽었지만 살아 있는 존재이다.[378]

이승에 대한 공간은 인간이 삶을 영위하고 있는 공간을 기준으로 설정되어 있다. 가령 가정 안에서는 가옥의 중심이라고 할 수 있는 안방을 기준으로 저승의 공간이 설정된다든가, 가정이라는 소우주를 중심으로 저승의 공간이 설정되기도 하고, 마을이라는 대우주를 중심으로 저승의 공간이 설정되기도 한다. 이들은 하나같이 삶의 공간과 결코 멀리 떨어져 있지 않음을 보여주는데, 이러한 인식이 상엿소리의 앞소리에 잘 반영되어 있다.

---

378 이용범, 「한국인의 죽음 이해: 죽음, 또 다른 삶」, 『월간문화재사랑』, 문화재청, 2011. 12.(http://www.cha.go.kr/cop/bbs/selectBoardArticle.do?nttId=6301&bbsId=BBSMSTR_1008&mn=NS_01_09_01) 최종검색일: 2018. 11. 7.

"인제가면 언제올까 / 언제오실줄 내모르겠네
북망산천 머다허니 / 문턱밑에가 북망산이라
못가겠네 못가겠네 / 차마서러서 내못가겠네
공든허니 백발이요 / 면치못할것 인생죽엄이라
명천공포 운아삽은 / 천리강산을 앞을세우네
가세가세 어서를가세 / 하관시간이 늦어를간다."[379]

위의 상엿소리에서 보면, 삶의 중심 공간이 안방이고 안방의 문턱이
이승과 저승의 경계임을 말해주고 있다. 안방을 기준으로 보면 문턱
밑이 저승의 공간인 북망산인 것이다. 안방은 집안의 어른이 거주하는
공간으로 가장권, 가독권, 살림살이 경영권 등을 행사하는 공간이다.
그렇기 때문에 의례적인 행위의 중심이기도 하다. 그래서 인간이
임종이 다가오면 대개 안방에서 운명하게 되는데, 안방은 산 자들의
삶의 공간이고, 죽은 자들의 공간은 문턱 너머인 셈이다. 인간이 안방에
서 영원히 나간다는 것은 곧 죽음을 의미한다.

안방의 공간은 사방이 막혀 있고 유일하게 외부로 연결할 출입문이
있는데, 이 출입문이야말로 삶의 공간과 죽음의 공간을 연결하는
매개물이다. 따라서 출입문이 있는 문턱을 기준으로 사후공간을 인식
하는 것은 당연한 것이다. 이처럼 가정의 중심인 안방을 기준으로
사후의 공간을 설정하고 있음을 볼 수 있다.

"어이에를 갈거나 어이가리 / 황성내길은 내어이갈꺼나

---

[379] 전남 함평군 엄다면 엄다리 번등 상엿소리.

염왕그길이 멀드래건디 / 대문밖이 염왕아닌가
황성천리길 멀드래헌디 / 해변그길이 황성길이라네
북망산길이 멀드래헌디 / 이건너안산이 북망이로다."[380]

위의 상엿소리에서는 가정을 기준으로 저승의 공간을 설정하고
있다. 염라대왕 앞에 가는 길이 멀다고 하지만 대문 밖이 저승이라고
말한다. 저승이 대문 밖에 위치하고 있어서 가정과 인접한 공간에
설정되어 있는데, 대문은 가족 구성원들이 삶을 영위할 가정과 죽음의
공간이 서로 교통하는 매개물이다. 정상적인 사람이라면 대문을 통해
서 가정의 공간에 진입해야 한다. 그렇지 아니하면 제재와 징계를
받기 마련이다. 조상신들이나 여타의 신들도 마찬가지이다. 인간이
죽어서 가정 안에서 밖으로 나가는 곳도 대문을 통해서이다. 그렇기
때문에 대문을 경계로 저승의 공간을 인식하고 있는 자연스러운 것이
라 하겠다. 저승의 공간은 문턱 밑, 대문 밖, 황성, 북망산으로 표현되어
있다. 위의 상엿소리는 이승에서 저승의 공간으로 이동하고 있는
모습을 노래하고 있다.

저승의 공간이 일생을 보낸 가정으로부터 점점 멀어져 마을 밖으로
이동하고 있음을 보여준다. 황성 천릿길이라고 하는 해변 길은 북망산
길로 연결되어 있고 그 길을 통해 북망산으로 가게 되어 있는데,
북망산은 저승의 공간으로, 곧 마을 앞 안산임을 말해주고 있다. 저승이
마을로부터 멀리 떨어져 있는 것이 아니라 마을과 인접해 있는 곳에
설정되어 있고, 이러한 사례는 다음의 상엿소리에서도 보여준다.

---

380 전남 완도군 금일읍 척치리 상엿소리.

① 북망산천이 머다고허더니 / 건너안산이 북망이로고나

만산호랭이는 술주정을허고 / 물가각새들이 산두거름을긴다

내가살던 이땅을밟기를 / 몇년이나 밟았는길

발자죽이 남이있으데니 / 여러분들이 ?아주세요

하적이야 하적이로고나 / 오늘날이 이자리가 하적이로고

이다리를 건너가먼은 / 어느시절에 다시건너 오리야.[381]

② 인제가면 언제올끄나 / 오실날도 창망蒼茫없네

먹덕밤을 개덮어놓고 / 황천길이 웬일인가

언지녁엔 우리집서잤드니 / 오늘지녁부터는 명산대천홀로누워

두견이잡동새로 벗을삼네 / 명사십리 해당화야

꽃진다고 설워마라 / 맹년춘삼월 돌아오면

그꽃다시 환생허네 / 황천이 멀고멀다드니

앞의강산이 황천이네 / 어화청춘 소년들아

백발보고 반대마라 / 백발이 따로있는가

청춘이 늙어지면 / 백발이 되네.[382]

①과 ②의 상엿소리에서도 저승이 북망산천이고 황천으로 인식되고 있는데, 북망산천과 황천이 모두 동네 앞 안산에 있음을 볼 수 있다. 동네 앞 안산案山은 혈 앞의 낮고 작은 산을 말한다. 혈은 용맥 중에서 가장 생기가 몰린 곳으로 핵심적인 곳이다. 이 혈에 마을이

381 전남 진도군 군내면 둔전리 둔전마을 상엿소리.
382 전남 영광군 낙월면 안마도 월촌리 상엿소리.

성촌成村되고 동네 앞 낮고 작은 산이 안산이 된다. 안산은 풍수지리상으로 보면 외부에서 마을로 들어오는 입구의 역할을 한다. 안방의 입구인 문턱 밑에, 가정의 입구인 대문 밖에 저승의 공간이 설정된 것처럼 마을의 입구인 안산에 저승의 공간을 설정하고 있다. 입구는 미지의 세계로 연결되는 곳이어서 입구에 인간 생명의 원향이라고 할 사후세계로 설정하고 있다.

저승의 공간이 진산이라고 할 주산主山에 설정되어 있지 않는 것은 살아 있는 자들의 삶의 가치를 우위에 두고 있기 때문이다. 그리고 저승의 공간을 마을로부터 멀리 떨어져 있는 조종산祖宗山이나 조산朝山에 설정하지 않는 것도 삶의 공간을 가치화시키고, 삶 중심의 공간 인식의 반영임을 알 수 있다. 우리 조상들은 저승이 멀리 떨어져 있는 것이 아니라 지극히 가까운 곳에 있다고 생각함으로써 죽음을 준비하였다. 죽음을 준비하는 모습은『삼국지』「위서·동이전」에 의하면 "남자와 여자가 혼인만 하면 벌써 죽어서 장사지낼 때 입힐 옷을 장만한다."라고 하는 것에서 찾아지는데, 이것은 살아생전에 관을 준비하는 것이나 장지를 미리 마련하는 것도 죽음을 두려워하지 않고 미리 준비하는 관념에서 비롯된다.

"이제 가시면은 / 어느세월에 오실라요
명년욧때 제사때나 오실라요 / 오실날짜를 일러주고 가십시예요
열두당군님네
설소리를 들어보고 / 뒷소리도 잘맞어주오
오늘이길로 돌아가시면은 / 어느세월에 오실라요

우리맹인이 정상보소 / 이길로 돌아가시면은
산토로 집을짓고 / 송죽으로 울을삼어
두견지 벗을삼어서 / 산첩첩 작막한곳에
혼자누워 계시게되네."[383]

위의 상엿소리에서 보면, 망자가 저승에 가면 함부로 이승에 올
수 없음을 설명하고 있다. 이승에서 저승으로 가면 가족의 의례력에
근거하여 일 년에 한 번 돌아올 수 있는데, 그것은 제사의례를 통해서
가능하다. 제사의례는 한마디로 이승의 후손들과 저승의 조상신들이
서로 교통하도록 하는 매개체의 역할을 하고 있는 셈이다. 제사의례를
통해서 인간은 죽음의 공포로부터 벗어날 수 있게 되고 이승에서
삶의 안정과 풍요를 꾀할 수 있다.

결국 상엿소리에 나타난 저승의 공간의 삶의 공간을 기준으로 삶의
공간과 미지의 세계와 서로 교통할 곳에 설정되고 있음을 알 수 있다.
예컨대 안방 / 문턱 밑, 가정 / 대문 밖, 마을 / 마을 앞 안산이 안과
밖의 공간 구조 속에서 이승의 공간 / 저승의 공간이 구조화되어
있다. 이것은 이승과 저승의 삶에서 이승의 삶을 더 우위에 두고
있음을 볼 수 있고, 삶의 공간을 중시하면서 저승의 공간을 가까운
곳에 두었던 것은 죽음의 공포를 벗어나고, 죽음을 준비하는 데서
비롯된 것으로 보인다.

---

383 전남 고흥군 도덕면 용동리 한적마을 상엿소리.

3. 불교 상장례문화 콘텐츠의 구현

1) 불교 상장례문화 콘텐츠의 제작

(1) 엔딩노트 제작

현대 사회는 개인주의, 핵가족화, 미혼자나 이혼자의 증가 등으로 인해 장례의 개인화 현상이 나타나고 있다. 또한 상장례문화는 전통 관습의 약화, 화장에 대한 부정적 인식과 매장에 따른 복합적인 사회적 문제들이 얽히면서 다양해지고 있다. 이러한 상황에 기인하여 시신에 대한 처리 문제를 고민한다. 즉 시신을 매장할 것인지, 화장할 것인지, 혹은 화장 후 산골이나 수목장을 할 것인지 등을 고민하여 이 중 한 가지 방법을 선택한다. 죽은 자를 매장할 것인가 화장할 것인가의 문제는 관습이나 종교에 의한 통제가 아니라 개인의 선택에 의해 결정되는 경향이 늘고 있다.

이처럼 장례의 방식이 개인화되면서 한국의 장례문화는 인습과 종교적인 교리보다 각 가정, 가계의 분위기, 그리고 경제적 상황 등을 고려하여 한 개인의 선택에 의해서 장례법이 결정되는 장례의 사회화 현상이 진행되고 있다. 즉 전통과 종교방식에 얽매이기 보다는 자신이 진정으로 바라는 장례방식을 직접 선택하는 경향이 늘어나고 있다.[384]

또한 한국 사회는 고령화 사회가 진행되면서 사전에 장례를 대비하여 자신만의 독특한 장례를 치르려는 사람들이 나타날 것으로 예상된다. 이러한 현상은 이미 오래전에 고령화 사회에 진입한 일본에서

---

384 송현동, 「현대 한국의 장례의식에 나타난 죽음관」, 『종교연구』 43, 한국종교학회, 2006, p.161.

나타나고 있다. 일본은 이에(家)를 중심으로 전통적인 방식에 의해
장례가 치러지고 있으나, 최근에는 이에 중심의 장례방식에서 탈피하
여 장례와 장법의 형태를 개인이 직접 결정하는 경향이 증가하고
있다. 이러한 원인은 이에 제도의 폐지와 사회변동에 따라 취업을
위해 가족들이 서로 흩어져 있고, 여기에 핵가족화와 개인주의, 그리고
이혼율의 증가 등으로 혼자 사는 사람들이 많아지는 데서 찾을 수
있다.[385] 현재 대부분의 죽음 관련 교육 현장에서는 ①임사체험, ②사
전의료의향서(Advance Directive) 작성[386], ③죽음 관련 법률의 이해와
유언장 작성, ④자신의 장례계획 세우기 등 죽음이 함축하고 있는
본질적인 의미에 대한 탐구보다는 주로 지엽적인 방법들에 그 무게중
심을 두고 있다.[387]

　한편, 일본은 상조 회사를 중심으로 장례의 생전예약(Pre-Need
Funeral Plan)이 증가하고 있다. 장례의 생전예약(상담)은 1950년 미국
에서 시작된 Pre-Need(Funeral Plan) 혹은 Pre-Arrangement, Pre
-Planning 등의 단어로 사용되고 있으며, 이 단어가 일본으로 건너가
생전계약生前契約으로 번역된다.

　흔히 장례의 생전계약이라면 생전에 작성한 계약서에 명시된 대로

---

385 하루요 이노우에(井上治代), 「墓をめぐる家族論」, 이성환·이미애, 『현대 일본인
　　의 삶과 죽음』, 중문출판사, 2004.

386 사전의료의향서는 회복 불가능한 상태에 빠졌을 때 인공호흡기 등을 장착하거나
　　심폐소생술 등을 할지, 무의미한 연명치료를 지속해야 할지를 정상적인 의식이
　　있을 때 미리 결정해 두는 것을 말한다.

387 윤영호, 「웰다잉(well dying) 문화 형성을 위한 불교의 죽음관 연구」, 『철학연구』
　　130, 대한철학회, 2014, p.178.

계약자의 의지를 충분히 실현해 주는 장례 서비스만을 제공하는 것으로 생각할 수 있으나, 사실은 좀 더 포괄적인 의미를 담고 있다. 장례의 생전계약이란 본인의 장례식이 있기까지의 모든 준비과정을 포함한 통합적인 서비스라고 볼 수 있다. 여기에는 기본적인 장례 서비스 이외에 추가적인 서비스도 포함된다. 예를 들면 임종자문, 호스피스 등의 간병서비스와 장기기증에 대한 의사 실현, 유언장 작성 및 집행에 대한 확약, 유가족 케어, 유품 보존 및 정리에 대한 확약, 관련 정보 제공 등이 포함된다.[388]

이러한 생전계약은 엔딩노트(ending note)[389]에서 시작된다. 엔딩노트에는 나의 장례식을 디자인하는 부분도 있는데, 자신의 육성이 담긴 동영상 제작, 자신의 생애사를 담을 동영상 제작, 자신의 유품을 전시하는 내용들을 담고 있다. 버킷리스트와 엔딩노트의 차이점은 버킷리스트가 삶을 전제로 하여 죽기 전에 해야 할 일로 젊었을 때 꼭 하고 싶은 일들을 작성하는 것이라면, 엔딩노트는 죽음을 전제로 삶을 마무리하는 시점에서 현재 해야 할 일들을 적는다.

---

388 「국내 장례 비즈니스 진단: 장례의 생전계약(Pre-Need Funeral Plan)」, 〈인터넷 퓨너럴뉴스〉, 2006년 10월 19일(http://www.funeralnews.co.kr/).

389 국내에서도 엔딩노트와 관련된 저서가 여러 권 출간되어 화제를 낳기도 하였다. 조웅연, 『엔딩노트』, 도어즈, 2017; tvN 저, 『해피 엔딩노트』, 북폴리오, 2016(특히 이 책은 tvN의 프로그램 〈내게 남은 48시간: 웰다잉 리얼리티〉에서 가상 죽음을 소재로 출연진이 버킷리스트를 작성하여 화제가 된 엔딩노트이다); 야하기 나오키 지음, 이용택 옮김, 『(이별을 위한) 엔딩노트: 30년간 수많은 죽음을 지켜본 응급실 임상의가 전하는 죽음에 대한 따뜻하고 새로운 시선』, 글로세움, 2016; 김상호, 『엔딩노트: 찰나와 마주하는 시간』, 미래를소유한사람들, 2014.

일반적으로 엔딩노트는 다음과 같은 부분으로 구성되어 있다.[390]

〈엔딩노트 구성〉

1. 나에 대해서—나의 경력: 이름, 학력, 직력, 자격, 면허 등

2. 나의 추억—출생, 추억에 남는 여행, 학생시절, 회사생활 등

3. 가족에게 보내는 메시지

1) 만일의 경우에 대비하여

 – 개호, 간병에 대한 나의 희망

 – 종말기의 의료와 사후에 대한 나의 생각(안락사, 장기제공, 문의

 할 곳 등)

 – 장례에 대한 생전 예약과 계약에 대해

 – 남기고 싶은 물건

 – 가입하고 있는 협회, 클럽, 동창회, 조합 등

 – 유언(유언방식, 유언서, 친족의 범위)

 – 연락하길 원하는 친척, 친구, 지인 등

 – 경조사의 기록과 친척, 가족 등의 제사 및 생일 기록

2) 재산에 대한 기록

 – 부동산, 동산(저축, 주식), 그 외 자산과 권리(귀금속, 미술품,

 회원권 등)

 – 신용카드 및 그 외 카드

 – 대출금

 – 보험(생명보험, 연금보험, 상해보험, 화재보험, 지진보험 등)

---

390 시니어컴 뉴스레터 37호 참조(http://www.senior-com.co.kr).

- 세금(소득세, 주민세, 자동차세 등)

3) 그 외 만일의 경우 정보를 찾거나 문의를 할 곳

이와 같은 내용이 기본이 되지만, 반드시 똑같은 내용으로 구성할 필요는 없다. 엔딩노트는 국내에서 상품으로도 개발되었고,[391] 그중 한 제품을 살펴보면, 먼저 첫 페이지에 "나에게 만약 무슨 일이 발생하면 이 노트를 읽고 그대로 따라주길 바랍니다."라는 문구 아래 작성 기간, 작성자, 보관자를 기록하게 되어 있다. 해당 콘텐츠는 다음과 같이 구성되어 있다.

〈표 5〉엔딩노트 콘텐츠

Ending Note Contents

Chapter 01 기본정보-성장과정-추억의 기록
Chapter 02 가계도-가훈
Chapter 03 매장-화장-봉안-산골(수목장, 자연장)
Chapter 04 장례식
Chapter 05 의료-간병
Chapter 06 노후-생활
Chapter 07 재산(유언)
Chapter 08 후견인
Chapter 09 애완동물
Chapter 10 휴대폰-회원서비스-SNS정보관리 등
Chapter 11 유품분배 및 정리
Chapter 12 연락처
Chapter 13 전할 메시지

---

391 『엔딩노트』(엔딩연구소 www.ending.co.kr).

이 중에서 Chapter 04 장례식의 폼(form)을 제시하면 다음과 같다.

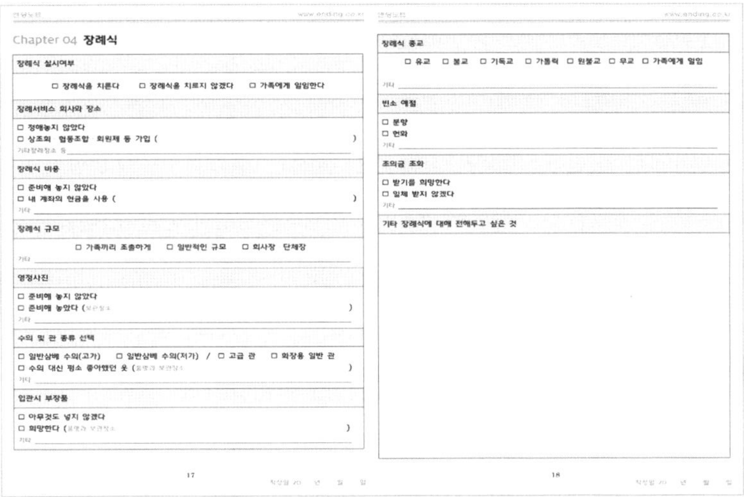

엔딩노트 www.ending.co.kr

Chapter 04 장례식

장례식 실시여부

□ 장례식을 치른다 □ 장례식을 치르지 않겠다 □ 가족에게 일임한다

장례서비스 회사와 장소

□ 정해놓지 않았다
□ 상조회 · 협동조합 · 회원제 등 가입 ( )
기타장례장소 등

장례식 비용

□ 준비해 놓지 않았다
□ 내 계좌의 현금을 사용 ( )
기타

장례식 규모

□ 가족끼리 조촐하게 □ 일반적인 규모 □ 회사장 · 단체장
기타

영정사진

□ 준비해 놓지 않았다
□ 준비해 놓았다 (보관장소)
기타

수의 및 관 종류 선택

□ 일반삼베 수의(고가) □ 일반삼베 수의(저가) / □ 고급 관 □ 화장용 일반 관
□ 수의 대신 평소 좋아했던 옷 (품명과 보관장소)
기타

입관시 부장품

□ 아무것도 넣지 않겠다
□ 희망한다 (품명과 보관장소)
기타

17 작성일 20 년 월 일

엔딩노트 www.ending.co.kr

장례식 종교

□ 유교 □ 불교 □ 기독교 □ 가톨릭 □ 원불교 □ 무교 □ 가족에게 일임
기타

빈소 예절

□ 분향
□ 헌화
기타

조의금 조화

□ 받기를 희망한다
□ 일체 받지 않겠다
기타

기타 장례식에 대해 전해두고 싶은 것

18 작성일 20 년 월 일

사진 21.『엔딩노트』「장례식」

이처럼 장례식 실시 여부에서부터 조의금이나 조화를 받는 문제까지 사전에 기록으로 남기는 등 상세한 준비과정을 담아내고 있다.

엔딩노트는 국내에서 동일 제목의 다큐멘터리 형식 영화로도 제작되어 상영된 바 있다. 줄거리는 다음과 같다.

"정년퇴직 후 제2의 인생을 준비하던 아빠 스나다 도모아키는 건강검진을 통해 말기암 판정을 받게 된다. 하지만 예상치 못한 죽음 앞에 망연자실 슬퍼하기보다 성실하고 꼼꼼하게 자신만의 '엔딩노트'를 준비하는 아빠. '평생 믿지 않았던 신을 믿어보기', '한 번도 찍어보지 않았던 야당에 표 한 번 주기', '일만 하느라 소홀했던 가족들과 여행가기' 등 위트 있고 솔직한 마음을 담은 리스트를 작성하며 아빠는 가족들과 소중한 추억을 쌓는다. 그렇게 '엔딩노트'가 채워질수록 가족들과의 긴 이별의 시간은 점점 가까워진다."[392]

국내에서 많은 관객들이 영화관을 찾지는 않았지만,[393] 간접적이나마 죽음을 준비하는 사람의 입장이 이해되는 장례문화 콘텐츠이다. 영화에서는 막내딸이 아버지의 죽음을 준비하는 과정을 비디오로 담아낸다. 죽음을 준비하는 과정에서 추하거나 힘든 면보다는 남들이 보기에 깔끔한 면들만 모아 놓았다. 아마 막내딸의 입장에서 아버지의 깔끔한 모습만 기억에 남기고 싶어서인 것처럼 보인다.

이외에도 장례의 임박수요 대상 서비스(Near-Need Funeral Service)가 늘어날 것으로 전망된다. 장례의 임박수요(Near-Need)라는 말은 최근에 사용되기 시작한 용어로, Pre-Need 시장의 급격한 활성화가 예상됨에 따라 '일반인'과 '죽음에 임박한 사람들'을 구분하기 위한 용어로 사용되고 있으며, 주로 미국과 유럽의 호스피스산업과 실버산

---

392 국내에서는 배우 한지민이 내레이션에 참여하여 2012년 11월 29일 개봉하였다. 영화 〈엔딩노트〉 작품 설명. 다음(Daum) 영화(https://movie.daum.net/moviedb). 한편, 일본에서 〈엔딩노트〉는 처음에는 2개 관에서만 개봉했지만, 소문을 타고 흥행에 탄력이 붙자 상영관도 늘어나 다큐멘터리 영화로는 이례적으로 20만 명이나 관람하였다. 영화는 일본 사회에 '엔딩노트 쓰기' 열풍도 가져왔다. (변희원, "죽음 앞둔 아버지는 말씀하셨죠. '괜찮다, 행복했다'", 〈조선일보〉, 2012. 11. 29)

393 2017년 12월 28일 영화진흥위원회 영화관입장권통합전산망에 의하면 12,636명의 누적관객 수를 보이고 있다.

업에서 통용되고 있다.

말 그대로 자신의 죽음과 장례가 얼마 남지 않은 사람들을 대상으로 하며, 중요한 점은 본인 스스로가 자신의 죽음을 스스로 인지하고 생전에 장례를 준비할 계층이라는 점이다. 따라서 그 누구보다 장례에 대한 관심이 많을 수밖에 없으며, 본인의 주관대로 장례의 형태와 구성을 디자인하려는 경향이 강하다. 과거 가수 길은정 씨가 수의 대신에 자신이

사진 22. 영화〈엔딩노트〉
포스터(2012)

입고 갈 드레스를 직접 준비하고, 본인이 영면할 봉안당을 스스로 찾아가 예약한 사례가 임박수요를 설명하기에 적합한 것 같다.[394]

이상과 같이 한국 사회에서 생전 장례예약, 장례의 임박수요 대상 서비스가 시행된다면 장례문화 콘텐츠 제작을 위한 기초인프라 구축이 진행될 것으로 예상된다. 장례문화 콘텐츠의 제작은 장례예약자가 제공한 정보를 토대로 데이터베이스화 과정을 거치게 된다.

(2) 상장례 영상콘텐츠 제작

이러한 일련의 과정이 순조롭게 진행될 때 장례식을 위한 영상콘텐츠 제작이 실현될 수 있다.[395] 앞에서 살펴본 생전 장례예약, 장례의 임박수

---

394 「국내 장례 비즈니스 진단: 장례의 임박수요 대상 서비스(Near-Need Funeral Service)」, 〈인터넷 퓨너럴뉴스〉, 2006. 10. 24.

395 문화 콘텐츠 제작은 기초인프라의 데이터베이스화 구축 과정이 무엇보다 중요하

요 대상 서비스는 결국 장례를 어떻게 치를 것인가의 문제로 귀결된다.
즉 자신의 장례를 디자인하는 방식으로 장례가 진행되면서 장례식에
참석한 사람에게 자신의 목소리를 들려주는 방법도 있고, 직접 인사를
하고 싶다는 생각에서 건강할 때 테이프에 녹음해 둘 수도 있다.

   미국의 장례처럼 자신의 유품이나 사진을 전시함으로써 문상 오는
사람이 자신을 기리고 추모하게 하는 장치를 만들 수 있다. 무엇보다
자신(고인)의 생애를 담은 영상물을 미리 제작하여 장례 기간 또는
발인(영결식) 때에 방영함으로써 장례참석자들에게 고인을 기억하고
추모하게 하는 장치를 마련할 수 있다. 즉 장례식을 위해 가족과
생전에 가깝게 지내던 사람들에게 이별을 고하고, 평소에 하고 싶었지
만 못했던 이야기를 담은 영상물을 만든다. 그 내용은 슬픔이라기보다
는 그동안 좋았던 것과 아쉬웠던 것, 그리고 남은 사람들에 하고
싶은 말을 마지막으로 하는 내용을 담을 수 있다.

   장례문화 콘텐츠로서의 영상콘텐츠 제작은 한국의 장례문화 변화에
많은 영향을 미칠 것으로 생각된다. 장례 과정에서 발인제는 고인과
마지막 이별을 고하는 단계로 전통사회에서는 중요한 의례 과정이었
다. 하지만 현재는 장례식장에서 장례가 진행되면서 생략되거나 간소
화되고 있다. 일본은 영결식에 가족들과 친척, 그리고 고인과 관계가
있는 사람들이 참석한다. 이런 의미에서 장례 영상콘텐츠 제작은

다. 이와 관련된 논의는 다음의 연구를 참조. 김기덕, 「문화원형 디지털콘텐츠사
   업의 사회적 효용」, 『인문콘텐츠』 5, 인문콘텐츠학회, 2005; 송현동, 「문화
   콘텐츠와 한국학: 문화원형사업과 한브랜드를 중심으로」, 『종교연구』 44, 한국
   종교학회, 2006.

전통인 발인제, 또는 영결식이 장례의 중요한 절차로 등장할 것으로 예상된다.

특히 최근에는 스마트폰으로도 고화질의 동영상을 찍을 수 있고, 찍은 영상은 SNS로 지인과 쉽게 공유할 수도 있다. 손으로 유언장을 작성하는 것이 어렵다면 동영상 유언장도 고려해 볼 수 있다. 그러나 촬영방식과 내용에 따라 법적 효력이 발생하지 않을 수 있기 때문에 아래와 같은 기본요소를 충족시켜야 한다.[396]

첫째, 유언자가 유언의 전체 내용을 직접 기록한다.

둘째, 유언자가 유언 작성일을 직접 기록한다.

셋째, 유언자가 자신의 이름을 직접 기록한다.

넷째, 유언의 방식에 따라 유언자가 직접 도장을 찍거나 법원의 확인, 또는 증인을 필요로 한다.

동영상 유언 촬영 시에는 다음과 같은 주의사항이 있다.[397]

①영상과 음성의 품질이 유언자의 얼굴과 목소리임을 분명하게 식별할 수 있어야 한다.

②동영상은 편집하면 안 되며, 동영상을 재생하는 데 필요한 모든 종류의 기술 데이터도 함께 보관해야 한다.

③영상 촬영 시에는 증인이 함께해야 하며, 유언 내용의 확인과

---

[396] 우리나라의 민법에서는 자필, 공정증서, 녹음, 비밀증서, 구수증서의 다섯 가지 방식만 인정하고 있으며, 동영상은 녹음에 의한 유언에 해당한다. 동영상 자체를 인정하는 것이 아니라 동영상에 수록된 음성녹음과 이를 녹취한 문서를 인정한다.

[397] 엔딩연구소(www.ending.co.kr) 「동영상 유언」.

증인의 얼굴 식별, 이름과 주소 등 인적사항을 말하고 자신이 증인임을 명시해야 한다.

④유언자는 자신의 신원과 거주지를 밝히고 자신이 건강한 상태임을 선언하는 내용이 들어가야 한다. 상속내용과 상속인을 말하기 전에 촬영 날짜와 시간, 장소를 정확히 언급해야 한다.

⑤동영상 촬영 시 화면에 날짜와 시간을 삽입하고, 중간에 잘리지 않도록 충분한 용량의 메모리나 테이프를 사용하도록 한다. 중간에 자르는 경우에는 유언자가 끝과 시작 부분에 이를 알리는 내용이 들어 있어야 한다.

장례식을 위한 영상콘텐츠의 제작은 유족과 지인들을 위해 고인이 생전에 준비한 것이기 때문에 장례를 위해 만들어진 영상자료는 장례를 치르는 유족뿐만 아니라 지인들에게 고인에 대한 좋은 기억을 제공할 것으로 예상된다.

우리나라와는 다르게 미국의 장례방식의 핵심은 엠바밍(embalming)과 시신복원, 그리고 메이크업을 통해 고인의 생전 모습을 재현해내어 유족들이 직접 고인을 대면하게 하는 장례방식(viewing)을 취하고 있다. 이러한 미국의 장례방식에 대해 심리학자들은, 사람들이 고인을 직접 봄으로써 죽음을 현실로 받아들이고 고인에 대한 좋은 기억과 추억을 갖게 하여 죽음으로 인한 슬픔을 극복하게 하는 기능이 있다고 보기도 한다.

생전에 살아 있을 때와 같은 좋은 모습에 대한 목도가 유족에게 긍정적인 영향을 미친다는 미국 심리학자들의 견해를 받아들인다면,[398] 미국의 인위적인 시신 방부처리를 통한 보여주기 장례방식보다는 영상콘텐츠 제작을 통해 고인의 모습을 보여주는 방식이 더욱 자연스러운 것이라고 본다. 유족과 장례참석자들은 이것을 통해 고인을 회상하며 그를 추모할 것이다. 그리고 영상콘텐츠 제작은 자신이 적어도 잊히지 않는 존재가 되는 수단이 될 수 있다. 예를 들어 영화배우처럼 배우는 죽었어도 우리는 영화를 통해서 그 사람을 영원히 만날 수 있다.

또한 영상콘텐츠 제작은 죽음이라는 사건을 통해 자신의 삶을 성찰하게 하는 기능을 담당할 것으로 생각된다. 향후 한국 사회가 생전 장례예약, 장례의 임박수요 대상 서비스에 의해 가족을 위한 영상콘텐츠 제작 문화가 확산된다면 당사자는 가족과 지인들에게 자신을 어떤 모습으로 보여줄 것인가를 고민하게 될 것이며, 결국 이것은 현재의 삶을 어떻게 살 것인가의 문제로 연결될 가능성을 배태하고 있다. 즉 영상콘텐츠의 제작은 죽음이라는 문제를 통해서 삶을 성찰하게 하는 기제장치로 작용할 수 있다.

한국 장례의 핵심은 자신이 사라지는 존재가 아니라 계속해서 후손들에게 기억되고 추념되는 구조로 되어 있다. 묘지는 죽은 자를 기억하고 추모할 상징물이며, 한국 사람들은 화장하더라도 산골이 아니라 봉안이나 수목장을 하려고 한다. 산골은 사라지는 존재로 나아가고, 봉안은 기억의 기제장치가 남아 있는 방식이기 때문이다. 한국의 장례문화 맥락에서 본다면 장례를 위한 영상콘텐츠 제작은 자신이 가족들에게서 사라지지 않고 계속해서 기억될 장치를 마련하는 것

---

398 Robert G. Meyer 저, 황규성 역, 『시신위생처리』, 대학서림, 2003, pp.6~9.

이다.

2) 불교 상장례문화 콘텐츠의 방향

죽음은 누구에게나 공평하게 찾아온다. 그래서 인류는 죽음을 맞이하는 의식을 발전시켜 왔다. 이것이 곧 장례이다. 인간 존재가 대면해야 하는 불가피한 죽음이라는 사태를 극복하기 위해 그동안 종교는 물론 철학에서도 많은 이론과 그 대안들이 강구되어 왔다.

인간존재를 '죽음에의 존재'로 규정한 하이데거는 죽음은 인간이 원해서 얻은 숙명이 아닌 아무런 이유도 없이 인간에게 주어진 것이기 때문에 죽음은 인간을 인간이게끔 만드는 가장 독특한 현실이며, 이러한 죽음을 어떻게 맞이하는가에 따라 진정한 삶(authentic exist-ence)과 거짓된 삶(inauthentic existence)으로 크게 나뉜다고 말한다. 그에 따르면 "인간 존재는 결코 죽음을 회피할 수 없으며, 그것을 정면으로 대면하여 그것을 수용하고 인정할 때만이 니체가 말하는 자유로운 죽음을 맞이할 진정한 삶을 갖게 된다."[399]라고 하였다. 이렇게 볼 때 죽음은 인생의 의미 있는 면이며, 성장을 촉진시키는 단계라 하겠다.

죽음을 교학의 출발점이자 종착점으로 삼고 있는 불교 역시 죽음의 극복에 대한 방법을 제시하고 있다. 앞에서 살펴본 대로 석존 역시 인간 실존의 궁극의 괴로움인 죽음을 극복하기 위해 출가하였으며, 반드시 금생에 죽음을 극복하여 더 윤회하지 않고 해탈하겠다는 굳은

---

399 John Hick, *Death and life*, Louisville, Kentucky: Westminster John Knox Press, 1994, pp.97~101.

서원과 함께 6년여의 수행을 통해 인간 존재의 실존적 번뇌인 죽음을 완전히 해결하고 붓다(buddha)가 되었다.

장례의 여러 과정 중에서도 염습殮襲은 가장 기본이 된다. '염'은 크게 두 단계로 나뉘는데 시신을 옷과 홑이불로 싸서 묶는 것을 소렴이라 하고, 시신을 묶어서 관에 넣는 것을 대렴이라 한다. '습'은 시신을 목욕시키고 일체의 의복을 입히는 과정이다. 염과 습을 총칭하여 염습이라 한다. 특히 망자가 세상에서의 마지막으로 하는 목욕인 습은 생사의 경계를 이어내는 일이라 하겠다.

염장이인 유재철[400]은 "불교 장례는 고인이 주인공이 된다. 불교에서 임종이란 이 세상의 육신이 그 역할을 멈추는 것이면서 육신에 묶였던 영혼이 자유로움을 갖는 시간이다. 그래서 임종 직전의 염불뿐만 아니라 임종 후 장례 절차, 내생의 준비기간인 49일 간의 기도가 매우 중요하다. 관 내부를 두르는 종이도 그냥 종이가 아니라 사천왕을 그려 넣는다. 철저하게 고인의 왕생을 기원하는 데 초점이 맞춰져 있다. 이런 불교장례 정신은 현대 장례문화에서 이어나가야 할 부분이 다."[401]라고 하여 불교 장례는 고인에 초점을 맞추고 있는 것이 일반 장례와는 다른 특징이라 하였다. 이 이론에 따르면 불교 상장례 의례를 문화 콘텐츠화 한다는 것은 고인에 초점을 맞추는 불교 장례에서는

---

400 유재철은 1994년 조계사 앞에 불교장례 서비스 전문회사인 연화회를 창립하여 불교 상장례문화를 선도해 왔다. 1996년 일붕 서경보 스님의 다비를 봉행한 이래, 광덕·정대·지관·법정 스님 등 불교계 주요 스님들의 염습과 다비를 도왔다. 또한 최규하·노무현·김대중·김영삼 대통령들의 장례를 진행하였다.

401 신성민, "세상의 마지막 목욕─생사 경계를 이어내다", 〈현대불교신문〉, 2017. 09. 22(http://www.hyunbulnews.com).

296

그리 달가운 일은 아니다. 왜냐하면 문화 콘텐츠 작업은 고인보다는
장례식에 참여한 살아 있는 사람들을 위한 목적이 더 크기 때문이다.
그러나 여기에는 불교 본연의 차원에서 이해가 필요하다. 생과 사를
둘로 보지 않는 불교에서 사자와 생자를 나눠보는 것 자체가 말이
되지 않는다. 결국 위에서 언급한 유재철의 사고 자체가 불교적이지
않다고 판단된다. 불교 장례가 고인에 초점을 맞추고 있는 것이 아니라,
고인과 후손이 둘이 아닌 하나이기 때문에 어느 한쪽에 중점을 둔다는
식의 사고는 지양되어야 한다.

또한 불교에서 죽음은 늘 '태어남'과 함께 언급되며, 괴로움의 해탈
역시 죽음뿐만 아니라 태어남까지 아우르는 해탈을 의미하기 때문에
불교의 죽음학은 '사망학(thanatology)' 또는 '임종학'이라는 용어보다
'생사학(studies of life and death)'이라는 말이 더 적합하다.[402] 이렇듯
장례식의 공간에는 사자死者뿐만 아니라 생자生者가 함께 있다는 인식
이 앞서야 한다.

다음으로 상장례문화 콘텐츠의 이해를 돕기 위해 일본의 예를 살펴
보면, 먼저 도쿄(東京)의 하세가와(長谷川) 자동반송식 납골당[403]을

402 김용표, 「불교에서 본 죽음과 종교교육」, 『종교교육학연구』 19, 한국종교교육학
회, 2004, p.58.
403 '하세가와(長谷川)' 그룹은 1929년 창업하여 1966년 '株式會社長谷川仏壇店'으로
법인화하여 주로 종교용구(불교제단)를 제작, 보급하는 사업에 주력하였다.
이후 묘석사업으로 범위를 확장, 이 또한 성공적으로 안착 후 드디어 건물
내에 추모시설을 조성하는 '옥내묘원사업'으로 발전되어 '자동반송식 봉안당'을
개발 보급하게 되었고, 지금은 일본 전역에 모두 124개소의 영업점을 운영하고
있으며 종업원은 1,163명, 매출액은 194억 엔(1940억 원, 2018년 3월 기준)의

들 수 있다. 자동반송 납골당은 참배객이 모두 12개의 부스 중 참배객이 없는 부스 앞에 다가가서 '카드 리더기'에 회원카드를 터치하면 바로 위 천장에 불이 켜지고 잠시 후 문이 열리며 가문의 이름 또는 고인의 이름이 명기된 검은 화강암의 묘비가 나타난다. 각 부스에는 꽃과 향이 비치되어 있어 365일 언제나 참배가 가능하다. 참배부스는 2, 3층에 모두 12개소, 참배객이 원하면 각종 행사나 법회도 가능한 접객실에서 50명 정도가 회식할 수도 있다. 이용자의 종교는 무관하며 공양의 승계가 가능하다. 무엇보다 10명 내지 30명의 좌석이 마련된 5층 본당에서는 장례식도 가능하다는 사실인데, 이것이 바로 장례 서비스와 추모시설이 어우러진 원스톱 시스템이다.

또한 도쿄 하나코가네이(花小金井) 지역에 소재한 '후레아이파크(ふれあい パーク)'도 주목된다. 이곳은 장미를 주로 한 정원형 소규모 공원묘원이다. 주택가 한가운데 아담하게 자리한 이 묘원은 수목장(자연장)과 영구관리묘가 주 상품이다. 저마다 색다른 디자인으로 조성된 묘소는 각기 묘비명이나 가문이 아로새겨져 있고, 이들 가문을 대변할 아름답고 상징적인 추모 디자인이 차별성을 드러내고 있다. 이런 정원형 묘원은 일본 여러 곳에 산재해 있다. 이와 같이 일본에서는 이미 장례를 비즈니스와 연관을 지어 발전시켜 오고 있다.

장례 비즈니스는 시니어 산업과도 밀접한 연관을 지닌다. 한국에서는 2018년 11월 8일~10일까지 경기도 일산 킨텍스(KINTEX)에서 시니어의 건강한 삶과 수면의료 기술을 한자리에 전시한 '시니어복지

대기업이다.

사진 23. 2018 WEBF 웹
초대장

박람회(SENDEX)'와 협력하여 '세계엔딩 산업박람회(WEBF)'를 개최하였다. 여기서는 아름답고 품위 있는 웰다잉을 위한 각종 제품과 콘텐츠, 인재와 비즈니스의 글로벌 광장이 펼쳐졌다.

박람회의 주요 콘텐츠로는 다목적 스마트 봉안함(융합기술주식회사), 안치단 설치(세종플러스), 봉안함(서훈무역), 봉안시설종합(아르다운동산) 등 국제적으로도 전혀 손색없는 디지털 기술과 장례와 관련된 부스[404]들이 마련되었다.

특히 〈나눔과 나눔〉이라는 비영리 민간단체에서는 사회적 고립으로 외롭게 살다 홀로 죽고 쓸쓸하게 삶을 마무리하는 사람이 없는 세상을 만들기 위한 노력이 돋보였다. 첫째로 '존엄한 삶의 마무리'를 위한 장례지원 서비스로 서울시 무연고사망자, 기초생활수급자, '위안부' 할머니 장례지원을 제시했고, 둘째로 '30년의 약속'을 위한 정책 및

---

[404] 특기할 만한 부스로는 한국의 전통상례를 기반으로 장례 서비스와 묘지의 조성과 개장에 독보적인 노하우를 가진 의전법인상장풍의례원, 투명안치단을 기반으로 고인을 주인으로 모시는 장례를 표방하는 예효경, 한지건강패드, 국제디자인상을 수상한 기념묘석(목련공원), 이동식 개장용화장로(나비엔스톤), 각종 영구 의전차량 등 장례 서비스의 거의 모든 분야가 선을 보였다. 또 생화제단을 배경으로 펼쳐진 국가무형문화재전수 살풀이귀천무(황미영)의 무용은 금번 박람회의 대표적 장면이었다. 김동원, "WEBF2018 우수제품과 시스템, 국내보급과 해외진출 유망: 'WEBF2018(세계엔딩산업박람회)', 이런 일들이 있었다②", 〈하늘문화〉, 2018. 11. 17(http://www.memorialnews.net).

제도개선으로 서울시 공영장례조례, 「가족 대신 장례」 및 「내 뜻대로 장례」 입법추진이 제안되었다. 셋째는 '당신을 기억합니다'를 위한 Remember 캠페인으로 죽음 관련 음악회·북 콘서트 등 문화행사, 죽음교육 및 강연, 추모제가 열렸다.

　다음으로 불교 상장례문화에서 발생할 문제점도 고려될 필요가 있다. 불교계에서 과도한 천도재 및 위패, 수의 비용 등을 요구하는 병폐도 사회문제로 야기되기도 한다.[405] 재를 지내는 등의 행위는 사찰의 전통적인 활동으로 재정수입원이 되는 게 현실이지만, 불교계에 동산이나 문화적 자산을 활용한 사업에 대한 관리제도가 전무한 상황이기 때문에 천도재와 위패 등에는 아직까지 관리체제가 없다. 이러한 문제점은 결국 불교 자체에 대한 국민들의 불신으로까지 이어지게 되어 포교에서도 큰 문제가 된다. 따라서 불교 사정기관의 관리감독이 강화되어야 할 필요가 있다.

　지난 2014년 4월 한국갤럽은 전국(제주도 제외)의 만 19세 이상 남녀 1,500명 대상으로 '한국인의 종교와 종교의식'에 관련해서 학계와 종교계에 의미 있는 조사를 다섯 번째 실시하였다. 그 조사 결과를 2015년 1월 『한국인의 종교』라는 연구 보고서[406]로 펴냈다. 이 중에서 죽음과 관련된 항목만을 간추려 보면 다음과 같다.

　먼저 불자들을 대상으로 장례식 희망 종교 형식을 묻는 질문에 68%가 불교식, 27%가 유교식으로 하는 것을 희망하고 있는 것으로

---

[405] 노덕현, "'떳다방' 천도재 판매 기승, 불교계 관리제도는 '全無'", 〈현대불교신문〉, 2016. 01. 22(http://www.hyunbulnews.com).

[406] 한국갤럽, 『한국인의 종교』, 한국갤럽, 2015.

나타났다.

問 현재 종교와는 상관없이 귀하는 장례식을 어떤 종교 형식으로
치르는 것이 좋다고 느껴지십니까?

		전체	성별	
			남성	여성
T2	사례수(명)	334	150	184
불교식	(%)	68	64	71
기독교(개신교)식	(%)	1	1	2
천주교(가톨릭)식	(%)	2	1	2
유교식(전통장례)	(%)	27	30	23
기타	(%)	2	3	1
모름 / 응답 거절	(%)	1	1	1

또한 죽음을 잘 맞이하는 것의 중요성에 대해 87%가 잘 사는 것만큼
이나 죽음을 잘 맞이하는 것도 중요하다고 생각한다고 하였다.

問 귀하는 '잘사는 것만큼이나 죽음을 잘 맞이하는 것도 중요하다'는
말에 대해 그렇다고 생각하십니까, 그렇지 않다고 생각하십니까?

	T2	잘 사는 것만큼이나 죽음을 잘 맞이하는 것도 중요하다	그렇지 않다
	사례수(명)	(%)	(%)
전체	334	87	13

성별	남성	150	88	12
	여성	184	87	13

아울러 웰다잉(well dying)[407] 교육에 참여 의향을 묻는 항목에서는 61%가 참여의향이 없다고 하여 웰다잉의 문제가 교육으로는 해결하기 어려운 부분임을 실감케 한다.

問 혹시 기회가 되면 귀하는 '죽음 준비 또는 웰다잉 교육'에 참여하실 의향이 있습니까?

		T2	죽음 준비/웰다잉 교육에 참여할 의향이 있다	그럴 의향은 없다
		사례수(명)	(%)	(%)
전체		334	39	61
성별	남성	150	38	62
	여성	184	41	59

죽음에 대한 생각 빈도를 묻는 질문에는 자주 생각한다거나 가끔 생각한다고 한 비율이 51%이고, 별로 생각하지 않는다거나 전혀 생각하지 않는다고 한 비율은 49%로 큰 차이를 보이지 않았다.

407 존 화이트(John White)는 'death'와 'dying'의 의미를 'death'는 육체적인 죽음으로, 'dying'은 죽음에 대한 정신적 인식으로 구분한다. 김용표, 「불교에서 본 죽음과 종교교육」, 앞의 논문, p.58. 재인용(원저, John White, A *Practical Guide to Death and Dying*, New York: NY Quest books, 1980).

問 귀하는 죽음에 대해 얼마나 자주 생각하십니까, 아니면 생각하지 않으십니까?

		전체	성별	
			남성	여성
T2	사례수(명)	334	150	184
① 생각한다	(%)	2	2	3
② 생각한다	(%)	48	46	51
①+②	(%)	51	48	53
③ 별로 생각하지 않는다	(%)	43	43	42
④ 전혀 생각하지 않는다	(%)	6	9	5
③+④	(%)	49	52	47

한국 사회가 초고령 사회를 지나고 있다는 점을 고려할 때 이러한 인식의 차이는 더 극명하게 날 것으로 예상된다.

고명석은 "그러나 막상 현장에서의 장례식 상차림이나 절차는 유교 식으로 진행되고 있다. 이와 관련 불교식 문상의례, 불교식 상차림, 불교식 장례절차가 체계적으로 마련되어야 하며, 이에 대한 매뉴얼 보급, 그리고 구체적인 실천법으로 소개해 주는 콘텐츠나 앱 개발 또한 이루어져야 한다."고 강조하였다.[408] 즉 불교의 상장례가 일반

---

[408] 대한불교조계종 포교원·불광연구원, 『제62차 포교종책연찬회·불광연구원 제22차 연찬회: 공동포럼 한국 종교지형의 변화와 불교의 미래』, 대한불교조계종

불자들뿐만 아니라 모든 대중들에게 친숙하게 다가설 수 있으려면 상장례 의례의 체계화는 물론이고, 상장례 콘텐츠의 개발이 요구된다.

다음으로 불교 상장례문화 콘텐츠의 전승을 위해 중요한 과제를 살펴보면 다음과 같다.

첫째, 불교종단 간의 연대의식이다. 판소리가 지역별로 동편제, 서편제, 또는 전승자별로 여러 바디로 분화되어 다양성을 확보했듯이, 불교종단 간에도 독점의식이나 배척의식을 버리고 상호 협력하는 동반자 정신이 필요하다. 2012년 중요무형문화재로 지정된 '연등회'도 조계종, 태고종, 천태종을 망라하여 '연등회보존위원회'라는 보유단체를 인정하면서 이를 실현시킨 바 있다. 1987년 '범패'에서 명칭을 변경하여 지정된 '영산재'도 종단을 초월하여 '영산재보존회'를 보유단체로 인정한 것도 불교무형문화유산이 특정 종단의 전유물이 아니라 불교 전체의 문화유산임을 확인한 것이다.[409] 종단 상호간의 발전적 노력을 기울이길 기대하면서도 특정 종단의 전유물로 인정하지 않음으로써 해당 불교무형문화유산의 전승 다양성을 확보하려는 장치라

포교연구실·불광연구원, 2015. 4. 16, p.81.

[409] 영산재는 1969년 옥천범음회를 중심으로 체계적인 전승기반이 마련되었고, 국내는 물론이고 세계 학계에서도 주목 받는 대한민국 불교문화의 최고 자리를 지키며 무형문화재로 인식되어 왔다. 2009년에는 유네스코 세계무형문화유산에 등재되는 쾌거를 이루었다. 영산재를 학술적으로 규명하고자 하는 시도는 2003년부터 시작된 이래 2018년 12월 6일 봉원사에서 「2018년 유네스코 인류무형문화유산 영산재 학술세미나」가 개최된 바 있다. 당시 주관처는 (사)한국불교영산재보존회·국가무형문화재 제50호 영산재보존회 부설 옥천범음대학이었다.

볼 수 있다.

둘째, 불교의 무형문화유산이 불교공동체의 구심점으로 작용할 수 있도록 해야 한다. 이제 문화유산의 큰 흐름은 무형문화, 정신문화로 이어질 것이다. 무형문화유산이 우리 민족의 삶에서 비롯되어 한민족의 정체성을 형성하듯이, 불교 상장례가 한국의 무형유산으로, 그리고 세계인류무형유산으로 그 빛과 가치를 발휘할 수 있도록 가치를 발견하고 공동체 속의 살아 있는 유산으로의 가시성을 확보하려는 노력들이 요구된다.

셋째, 오늘날 전통예능 종목들이 생활현장에서 전승되는 것이 아니라 불가피하게 전문 전승자에 의해 무대 종목화되어 전승되고 있는 현상을 답습하는 것은 지양되어야 할 문제이다. 또 문화재보호법에서 규정하고 있는 기능·예능에 국한시켜 조사·연구하는 것은 바람직하지 않다. 완벽한 제도는 없듯이 우리 법률이 무형유산의 전승 활성화에 완전한 것은 아니었다. 우선 무형유산의 보호범위가 너무 협소하였다. 전통기능과 전통예능으로 한정하여 우리 민족의 삶의 양식을 모두 포괄하지 못하였다. 또한 특출한 기량을 가진 소수의 몇 사람만 보호하는 집중육성 방식이었기에 보유자로 인정받지 못한 대다수의 전승자는 오히려 사장되고 말았다. 이는 전승의 폭을 줄이는 결과를 초래하였다.

넷째, 원형유지 원칙에 따른 사승관계를 지나치게 강조하면 무형유산의 가변성을 저해한다. 즉 원형만 유지하면 시대에 맞는 변화를 무시하는 결과를 낳게 되어 결국 대중적인 지지를 받기 어렵게 된다. 따라서 원형의 유지 원칙은 유지하되, 융통성 있는 전수과정을 인정할 필요가 있다.

다섯째, 사회적 수요를 진작시킬 인프라 확충이 필요하다. 내국인은 말할 것도 없고 외국관광객에게 보여줄 전용공간도 마련되어 있지 않다. 우리가 중국에 가면 '경극'을, 일본에 가면 '가부키'와 '노'를 볼 수 있듯이 우리의 전통공연을 보여줄 전용공간이 필요하다.

여섯째, 불교 상장례를 공연 및 전승시키기 위한 교육 기반이 강화되어야 한다. 특히 청소년 인성교육에서 공동체 의식을 키우는 데에 무형유산만큼 유용한 자원도 없다. 초중등학교에 파견하는 문화예술교육사 중에서 무형유산 전승자의 비율을 더욱 높일 필요가 있다. 초중등학교 중 일부를 무형유산 전수학교로 지정해 정책적으로 무형유산 전승자를 육성할 필요도 있다. 지자체의 주민자치센터 교양강좌에도 무형유산 과목을 넣어 고령화 시대에 우리 것을 찾는 수요에 적극 대응하여야 한다.

일곱째, 집중적인 투자로 대표적 관광콘텐츠를 만들어야 한다. 전승의 지속성을 담보하기 위해서는 상장례 공연이 상품성 있는 존재로 인식돼야 한다. 유형유산에 의존하는 관광자원화는 한계가 있다. 매력적인 볼거리, 즐길거리, 살거리를 만들어야 한다. 현대적 수요에 맞게 조금만 가공·연출한다면 경쟁력 있는 관광상품으로 재탄생될 수 있다.

그간 종목의 지정이나 전승자를 인정하는 행정 처리에 신경 쓰다 보니 전승환경 전반의 여건개선에 소홀했고, 전승의 폭이 좁아져 신규 전승자 유입이 줄어들고, 일상적 삶 속에서 전승되지 못하는 격리 현상이 심화되었다. 무형유산 법·제도를 운영하는 과정에서의 어려움도 만만치 않다. 전승자 인정심사에서 공정성 시비가 끊이질 않는다. 전승의 폭이 넓지 못하니 조사자 선택에 어려움을 겪게 되고, 객관적 지표에 준거한 평가가 이루어져도 논란이 확산되는 경우가 종종 벌어진다. 이는 지난 50년간 전승자 인정에 관한 행정에 일관성이 없어 전승 현장으로부터 신뢰를 얻지 못하는 것에 그 1차적 원인이 있겠으나, 보유자·보유단체가 되는 것과 안 되는 것의 차이가 너무나 분명하여 쉽게 받아들이지 못하는 데에도 그 이유가 있다.[410]

　매년 5월이면 중요무형문화재 '연등회'가 열리고, 8월에는 수륙재 입재를 거행하고 10월에는 수륙재의 회향을 하고 있다. 불교공동체

---

[410] 이러한 여러 가지 문제들을 해소하고자 지난 3년간(2011~2013) 중요무형문화재 지정·인정 제도에 관한 대폭적인 개정이 이루어졌다. ①조사자의 주관을 배제하기 위해 모든 평가지표는 정량지표로 구성하였다. ②현장조사 권한을 가진 조사자를 공정하게 선정하기 위해 관련 학회, 전문가집단으로부터 추천을 받아 문화재위원회에서 최종 결정하는 절차를 마련하였다. ③신규종목 지정의 경우 학술연구를 먼저 실시하여 해당 종목의 특성과 가치를 확인한 후 전승자 기량조사를 실시토록 하였다. ④보유자 인정대상의 범위를 해당 종목의 전수교육조교, 이수자, 시도지정 무형문화재 전승자 이외에도 대학에서 관련 분야를 전공한 사람, 각종 대회에서 수상한 사람, 강사·교사 자격을 가진 사람 등 일반전승자를 포함하는 것으로 대폭 넓혔다. ⑤'유파, 째, 바디'별로 구분하여 전승자를 인정하지 않고 해당 종목으로 통칭하여 인정함으로써 어느 유파, 어느 바디의 전승자도 기량이 우수하면 보유자가 될 수 있도록 하였다. ⑥전승이 취약하거나 활성화된 경우에는 정책적으로 다수의 보유자를 인정토록 하여 전승 단절의 위험을 해소하고 전승자 간의 내부경쟁을 통해 전승 독점의 폐해를 줄이도록 하였다. ⑦국회에 계류 중인 무형문화유산 법률은 도제식 전수교육 이외에 대학 등 학교를 통한 전수교육도 인정하여 변화하는 전승현장의 모습을 반영토록 하였다. 황권순, "전국적 조사·전승장려정책으로 무형유산보호 선진국 발돋움", 〈법보신문〉 2014. 3. 3 참조.

구성원들은 이 행사를 통해 공동체 소속감을 높이게 된다. 의례행사가 의식에 일정한 영향을 주고 공동체 내에서의 결속력을 높이는 것이다. 불교무형유산이 불교공동체에서 맡고 있는 역할이라 할 수 있다.

이를 위해서는 먼저 불교무형유산의 지속가능성을 확보해야 한다. 그 방안으로는 무엇보다도 불교공동체 내에서 불교무형유산의 전승자를 길러내는 다양한 통로가 마련되어야 한다. 또한 불교무형유산에 대한 수요를 내부에서의 공급으로 충당코자 하는 의지가 있어야 한다. 교육관련 기관에서 불교무형유산에 대해 가르쳐야 하고, 기능이나 재능을 가진 전승자를 배출시켜 각급 사찰에서 활동할 수 있게 해야 한다.

현대 한국은 다양한 종교가 그 어느 나라보다 많이 들어와 있는 '종교박물관'이라 하겠다. 그러다 보니 경쟁적인 신자 확보를 위해 때로는 비종교적인 행위가 자행되기도 한다. 아울러 지역이기주의 등의 팽배는 전통적으로 계승되고 있는 상장례의 발전을 저해하는 요인이 되기도 한다. 따라서 향후에도 걸림 없는 상장례를 행하기 위해서는 종합적인 대책이 요구된다. 이를 위해서는 불교문화에 관련된 전문인력 양성이 선행되어져야 함은 물론이다. 불교 상장례는 단일 사찰 차원의 행사가 아니라 지역의 많은 주민들이 동참하는 문화축제의 성격을 띠고 있기 때문에 의식을 준비하고 거행하는 과정에서 여러 가지 문화적 특징들이 공유될 필요가 있다. 각 분야에는 관련 전문가들이 참여하고 있으며, 이들이 자긍심을 가지고 참여할 수 있도록 국가 차원의 지원책이 마련되기를 기대한다.

V. 불교 상장례 콘텐츠의 현대적 의의

불교 상장례문화는 고답적일 수만은 없다. 불교문화가 현대의 발전된 문화 현상을 선도하지는 못한다 할지라도, 지체해서는 발전을 기대하기 힘들다. 상장례문화에서도 마찬가지 현상이 발견된다. 특히 한국 불교의 상장례는 좁은 국토와 환경문제 등 사회변화에 적극적으로 대처해 왔다. 승려들의 다비문화는 화장이라고 하는 장례문화를 현대 사회 전반에 가져왔고, 나아가 수목장이나 빙장(녹색장), 영탑원 시설을 통해 새로운 장례문화를 보여주고 있다.

이상에서는 이러한 문화적 변화 과정에 착안하여 불교 상장례문화도 변화되어야 할 것을 말하고자 한다. 그 근간에는 한국 장례시장의 변화가 뒷받침되어 있고, 이는 현대 상장례의 의미변화와 의의를 통해 검토될 수 있을 것이다.

1. 상장례문화의 변화 양상

1) 조선시대의 상장례문화

조선시대 상장례법은 한결같이 『주자가례』에 의한 유교적 예법을 따르도록 하였다. 세종 24년(1442)에 "지금 경卿이 외조모의 상喪에 대복代服을 입고자 하나, 내가 생각하기는 대신 상주 노릇을 하는 법은 바로 승중장손承重長孫이 있을 뿐이고, 그밖에 외손이 상주를 대신하는 관례慣例는 없으니 경은 그렇게 알라."[411]라고 하여 외조모의 상에 상주 노릇을 할 사람은 오직 승중장손이고 외손은 상주 노릇을 할 수 없다고 판시하였다. 한편 성종 5년(1474)에는 부모의 화장을 엄히 다스리도록 하고 위반자를 검거하지 못한 관리나 관령管領·이정里正은 물론 가까운 이웃까지도 논죄하도록 하였다.[412] 또한 중종 11년(1516) 정광필鄭光弼 등은 서인이나 천민들도 모두 삼년상을 거행하도록 할 것을 건의했는데, 서인 중에서 역사役事를 피하려고 삼년상을 치르기를 자청하는 자가 있을 것이기 때문에 서인들이 모두 삼년상을 거행하도록 하는 것은 옳지 않다고 하며, 다만 진정으로 이를 행하려는 사람이 있을 경우에만 허락하도록 하였다.[413]

이러한 사례에서 볼 수 있듯이 적어도 성종 조까지는 백성들 중에 부모의 장례를 불교의 전통의식에 따라 화장하는 자가 적지 않았으며,

---

411 『世宗實錄』 권97, 세종 24년 7월 20일 무인, "今卿欲代服外祖母之喪 予惟代喪之法 乃承重長孫之事 無外孫代喪之例 卿其知之."

412 『成宗實錄』 권41, 성종 5년 4월 25일 기묘.

413 『中宗實錄』 권26, 중종 11년 9월 26일 갑진.

상주가 될 사람에서 외손을 제외시키려고 법제화를 시도할 정도로 외손봉사 또한 널리 행해졌던 것이다. 화장을 엄금하고 상주가 될 자에서 외손을 제거하려고 하는 시도 자체도 당시 법령에 위배되는 외손봉사와 화장 등이 만연하고 있음을 반영하는 것이다. 또 삼년상의 시행에서는 서인이나 천민에 대하여도 논의한 바가 많았지만 주로 사족에 대하여만 삼년상의 시행이 강력히 요구되었음을 알 수 있다.

조선조가 개국한 태조 원년(1392)에 벌써 가묘를 세워 선조에 대한 제사를 지내게 하고 그 밖의 제사는 일체 금단하게 하였다.[414] 태조 6년(1397)에는 기일을 정하여 기일까지 사당을 세우게 하되 소위 구폐인 불교식 제사를 따르는 자는 헌사로 하여금 감독하고 살펴 처리하도록 하였다.

"사대부의 가묘家廟 제도가 이미 영갑에 나타나 있는데, 오로지 부도浮屠를 숭상하고 귀신을 아첨하여 섬겨, 사당을 세워서 선조의 제사를 받들지 않으오니, 원컨대 지금부터는 날을 정하여 사당을 세우게 하되, 감히 영을 어기고 오히려 예전 폐습을 따르는 자가 있으면 헌사憲司로 하여금 규리糾理하게 하소서."[415]

이때는 『경제육전經濟六典』이 반포된 해인데, 차자는 가묘家廟, 즉

---

414 『太祖實錄』 권2, 태조 원년 9월 24일 임인.

415 『太祖實錄』 권11, 태조 6년 4월 25일 정미, "士大夫家廟之制 已有著令 而專尙浮 屠 謟事鬼神 曾不立廟 以奉先祀 願自今 刻日立廟 敢有違令 尙循舊弊者 令憲司 糾理."

사당을 세울 수 없게 하였다. 한편 태종 원년(1401)에는 대사헌 이지李
至 등의 상소를 받아들여 사대부 집안에서 솔선수범하여 가묘를 세우게
하고, 만일 수령이 적장자이면 신주를 받들고 임지로 부임케 하여
『주자가례』에 따른 제사의식을 거행하도록 하였다.[416]

또한 세종 11년(1429)에는 전년의 상정소詳定所와 예조의 가례제사
에 관한 상소를 받아들여 다음과 같이 결정하였다.

①만일 장자와 장손이 잔약하고 용렬하여 남의 집에 고용되어 살고
있어 종인宗人이 상조하더라도 마침내 사당을 세울 수 없는 사람은
차자가 묘를 세울 수 없는『경제육전』의 예에 따라 정실正室 한 칸을
가려서 신주를 받들도록 한다.

②장자와 장손이 사당을 세우게 되면 신주를 봉환奉還한다.

③그 밖의 장자와 장손은 폐질자廢疾者라 하더라도 진실로 사택舍宅
만 있으면 모두 사당을 세우게 한다.

④증조묘曾祖廟는 문공가례文公家禮의 대종大宗·소종小宗의 그림
에 의거하면 증조의 장자와 장손은 모두 종宗이 되어 사당을 짓고
신주를 세워 제사를 지내는 것이므로, 그 밖의 증조의 중증손衆曾孫은
그 집에 가서 집사執事와 더불어 물건으로 상조한다.

⑤그들이 서로 멀리 떨어져 있어 제사에 참석하지 못하는 사람은
문공가례에 의거하여 제사를 지낼 때에만 신주를 설치하므로 지방紙榜
으로 표기했다가 제사를 마치면 이를 불사르고, 조부와 아버지의
묘제廟祭 또한 그렇게 하도록 하였다.[417]

---

416 『太宗實錄』 권2, 태종 원년 12월 5일 기미.
417 『世宗實錄』 권44, 세종 11년 4월 22일 정유, ①"若長子長孫孱劣 雇居人家

　성종 16년(1485)에 반포된『경국대전』「예전·봉사조」에서는 적장
자가 제사를 지내되 적장자에게 후사가 없으면 중자(衆子: 맏아들
이외의 모든 아들)가 봉사하고 중자에게 아들이 없으면 다시 첩의
아들로 하여금 제사를 지내도록 규정하였다.[418]

　이렇게 볼 때 조선 초기의 법제적 측면에서의 상·제에 관한 규정은
대체로 다음과 같은 특징을 가지고 있음을 알 수 있다.

　첫째, 불교식 상·제에서 유교식 상·제로 바꾸었다.

　둘째, 유교식 상·제 가운데에도 꼭『주자가례』의 내용만을 고집하
였다.

　셋째, 반드시 가묘를 설치하고 제사를 지내도록 하였다.

　넷째, 반드시 장자가 제사를 봉사하도록 하였다.

　다섯째, 장기간에 걸쳐 여러 차례 끈질기게 상·장이나 제사의 개혁
을 추구하고 법제화하고자 하였다.

　여섯째, 상제가 변혁된 것은 자연발생적인 것이 아니라 국가권력에
의한 인위적이고 강제적인 것이었다.

　이미 살펴본 바와 같이 조선 초기에 수차례에 걸쳐 여러 번 끈질기게
유교식 상·제의 법제화를 추구하였다는 것 자체는 당시에 불교식을
위주로 하는 비유교적인 상·제가 널리 행해지고 있었음을 반증하는

　　雖有宗人相助 終不得立祠堂者 次子依經濟六典不能立廟者例 擇正室一間 以奉
　　神主." ②"待長子長孫立祠堂 奉還神主." ③"自餘長子長孫 雖癈疾者 苟有宅舍
　　皆立祠堂." ④"曾祖廟依文公家禮大宗小宗圖 曾祖之長子與長孫爲宗 營祠堂立
　　神主行祭 同曾祖衆子孫詣其家 與執事以物相助." ⑤"其有相去遠 而不能與祭者
　　依文公家禮 只於祭時旋設位 以紙牓標記 祭畢焚之 祖禰廟祭 亦然."
418 『經國大典』권3,「禮典·奉祀」,"若嫡長子無後 則衆子 衆子無後 則妻子奉祀."

것이었다.

개국한 지 40년이 경과한 세종 14년(1432)의 기록을 보면 불교식으로 상을 치르는 자가 사대부 10명 중 6~7명에 달하고, 유교식으로 상을 치르는 자는 겨우 3~4명에 불과한데 불교식으로 치상治喪을 하는 자는 제를 올리고 불사를 찾는다고 적고 있다.[419] 이렇게 볼 때 조선시대에는 주자가례에 의한 유교식 상·제가 강요되고 있었음에도 불구하고 이에 따르는 자가 비록 사대부 계급이라 하더라도 10명 중 3~4명에 불과한 실정이었으며, 대다수는 삼년상과 유교식 상·제 절차를 따르기보다는 오히려 불교식 상·제를 따르는 경우가 보편적인 현상이었던 것이다.

조선시대에는 국법에 따라 경·대부로부터 서인들에 이르기까지 주자가례식의 가묘를 세워 제사하는 유교식의 제사절차를 따르도록 강요하였으나 가묘를 세워 제사를 지내는 자가 100집에 한두 집도 안 될 정도로 유식자를 포함한 대부분의 사람들이 전래의 불교식 제사인 재를 올리고 있음을 알 수 있다. 더욱이 가묘를 설치하고 유교식으로 제사를 거행하기 위해서는 그 제사의 주재자를 장남·장손으로 이어지는 적장계열의 혈손에 국한하여 제사가 상속되어야 하였다. 그러나 아들과 딸이 제사를 분할하게 윤회봉사하고, 아들이 없더라도 딸이 있으면 양자를 들이지 않고 딸이나 외손으로 하여금 자신의 제사를 담당하게 하는 조선 초기의 사회적 현실 속에서 유교식 가묘설립과 가묘제사는 시행될 수 없었던 것이다.

---

419 『世宗實錄』 권55, 세종 14년 3월 5일 갑자.

이처럼 왕실에서는 『주자가례』에 의거하여 상장례는 물론 조상의 제사까지도 일관하여 유교식 상장례를 확립하고자 지속적인 법제화와 동시에 불교적 상장례의 규제를 시도하였다. 그러나 실제 유교적 상장례는 당시 조선사회에서는 거의 수용되지 못했으며, 오히려 고려에서 전래된 불사佛事에 의한 불교식 상장례가 널리 시행되고 있었다.

2) 개항 및 일제강점기의 상장례문화

개항을 통해 근대 서구문물을 수용하고 일제의 식민통치를 거치면서 조선이라는 유교적 전통사회의 기반이 무너졌고, 이에 따라 변화하기 시작한 전통적인 상장례는 해방 후 근대화의 물결을 타고 산업화와 도시화가 진행되면서 급격하게 변화하게 된다. 사회의 구조적 변화는 의례생활의 변화를 초래하였다.

실제로 일반인들의 생활의례인 사례 중 관례는 단발령과 더불어 폐지되었고, 혼례도 상당히 변질되어 유교의례적 성격을 상실했으며, 상례는 심한 변형을 겪으면서도 유교적 성격을 어느 정도 유지하고 있었고, 제례는 기본적인 형식적 구조를 지키면서도 세부적인 부분에서 상당한 형식적 변화를 겪고 있었다.[420]

유교 교단조직인 성균관 향교에서 봄과 가을에 거행하는 석전제釋奠祭는 전통적 형식을 비교적 잘 지키고 있었던 반면, 일반인들이 가정에서 실천하는 생활의례로서의 전통 상장례는 심하게 변형되거나 소멸되는 경향을 보이고 있었다.[421] 일반인들과 유리된 유림儒林들만의 의례

---

[420] 장철수, 「日帝時代 冠婚喪祭의 變遷」, 『韓國의 冠婚喪祭』, 집문당, 1995, pp.192~193; 금장태, 『현대 한국유교와 전통』, 서울대학교출판부, 2003, p.165.

인 석전제와는 달리, 전통적 실생활과 밀접하게 연관된 일생의례로서
의 상장례는 사회의 구조적 변화에 따라 현실적 변화를 할 수밖에
없었던 것이다.

개항 이후 서구문물의 수입이 이루어지면서 전통적 의례생활에
가장 거시적인 영향을 가져온 요인은 한말 태양력의 본격적 도입에
따른 시간 리듬의 변화[422]와 근대화·산업화·도시화에 따른 유교적
전통사회의 구조적 기반 해체였다.

조선시대까지 전통적 상장례는 모두 음력 달력에 근거하여 거행되었
으나, 양력의 도입은 일상생활의 리듬을 재편했고 기독교의 영향에
의해 평일과 일요일의 구분이 이루어졌다. 음력에 따라 주기적으로
반복되는 전통적 제례는 양력에 따라 이루어지는 현대 생활의 리듬에
맞추어 양력 기준으로 제사를 봉행하는 양상이 나타나기 시작했으며,
평일과 일요일의 구분은 현대적 노동주기로 정착하면서 제사공동체
구성원들의 편의를 위해 일요일에 제사 지내는 양태를 초래하였다.
나아가 급격한 근대화·산업화·도시화가 진행되면서 농촌으로부터
도시로 대규모 인구이동이 발생하였다. 그에 따라 집성촌을 기반으로
한 전통적 사회기반이 약화되고 해체되었는데, 이러한 사회적 변화
는 사당과 무덤을 중심으로 이루어지는 전통 제례의 변형을 가져왔으
며, 마을과 선산을 중심으로 이루어지는 전통 상례는 이제 병원의
영안실 / 장례식장과 공동묘지 / 화장터를 중심으로 하는 현대적

421 금장태, 위의 책, p.164.
422 조현범, 「한말 태양력의 요일주기의 도입에 관한 연구」, 『종교연구』17, 한국종교
    학회, 1999, pp.235~254 참조.

상례로 변모되고 있다.

이러한 변화의 실마리는 개항 이후 일제강점기에 본격적으로 나타났다. 1895년 단발령으로 인해 관례冠禮가 소멸했고, 개항 이후 서구 근대문물의 수용으로 인해 도시를 중심으로 신식 혼례가 유행하면서 전통혼례는 구식 혼례로 격하되고 농촌으로 축소되었다가 점차 사라지게 되었으며, 1910년 이후 본격화된 일제식민통치 이후에는 상장례에서도 인위적인 변화가 시작되었다.[423]

고려 말부터 시작되어 조선시대에 본격화된 유교적 상장례의 정착은 주자 성리학과『주자가례』를 이념적 근거와 의례적 기반으로 삼은 사대부들이 주도하였다. 그들은 불교식 의례를 몰아내고 유교적 가치를 실천하기 위해 각종 예서禮書를 편찬하고 의례 변혁을 의식적으로 전개하면서 국가적 차원에서『경국대전』과『국조오례의』등의 예전禮典을 주도적으로 만들어갔다. 그러나 유교 지식인들이 주도했던 조선시대와는 달리 일제강점기대에는 일제라는 국가권력이 법적 권위와 행정작용을 통해 의례형식의 변화를 강제적으로 유도하는 양상을 드러냈다.[424]

일제강점기 전통적 의례의 변화과정에서 주목할 만한 양상은 서구 기독교식 의례의 도입과 확산과 더불어 가족과 촌락을 중심으로 거행되었던 전통적 상장례 외에 연합장聯合葬과 사회장社會葬의 출현이 이루어졌고, 조선총독부의 법령에 따라 공동묘지와 화장火葬의 확산이 이루어졌다는 점이다.[425] 새롭게 등장한 연합장과 사회장의 경우에

---

423 장철수, 앞의 책, pp.192~193.

424 위의 책, p.250 참조.

는 유교적 전통을 근간으로 하면서도 서구 기독교적 방식을 다소 가미한 양태를 보인 반면, 1912년 6월 총독부령으로 공포된 「묘지, 화장장, 매장 및 화장 취체규칙」은 공동묘지와 화장장 문화를 확산시키는 시초가 되었다.[426]

특히 일제강점기 전통적 상장례의 변화를 가져온 획기적 계기는 1934년에 반포된 「의례준칙儀禮準則」이다. 1930년대 당시 세창서관世昌書館에서 발행한 『사례편람四禮便覽』 부록에 포함될 정도로 기독교적 상례는 사회 일각에서 유교적 상례를 대체하는 영향력을 확대하고 있었으며, 유교적 상장례는 조선총독부의 주도로 본격적 변모를 시작하였다.[427] 「의례준칙」은 상복의 간소화와 상장喪章의 착용, 장일葬日의 제한과 상기喪期의 단축, 신주神主에서 지방紙榜 혹은 사진으로의 변화 등 전통적인 유교적 상장례의 형식을 변화시키고 간소화하는 방향을 구체화하였다. 특히 3년 → 14일, 1년 → 10일, 9월 → 7일, 7월 → 7일, 5월 → 5일, 3월 → 5일로 바꾼 상기의 단축은 주목할 만하다.[428] 「의례준칙」이 제시한 변화의 방향은 해방 후 더욱 가속화된다.

425 장철수, 앞의 책, pp.249~250 참조.
426 위의 책, pp.203~213 참조.
427 위의 책, pp.239~248 참조.
428 위의 책, p.249.

3) 해방 후의 상장례문화

해방 후 자본주의 근대화의 발전에 따라 산업화와 도시화가 급속하게 진행되었고, 이에 따라 전통적 상장례의 변화는 더욱 심화되었다. 전통적 사회 기반은 해체를 거쳐 소멸되기에 이르렀기 때문에 의례의 전통적 형식을 굳게 지키는 것은 사회적으로나 경제적으로나 현실적으로 불가능한 상황을 맞게 되었다. 집성촌을 기반으로 한 전통적 대가족 질서에서 사당과 선산을 함께 갖춘 전통적인 의례적 공간을 유지하기 힘든 상황 속에서 전통적 의례공간과 현대적 생활공간은 분리되었다. 이미 벌어진 공간만큼이나 현대적 일상생활의 리듬과 전통적 의례 시간의 리듬은 엇박자를 내면서 음력에 기반한 의례적 리듬과 전통적 귀신 관념에 따라 한밤중인 자시子時에 드리던 제사 시간은 현실적으로 따르기 힘들게 되었다. 이러한 문제점을 해결하기 위해 제사를 봉행하는 날짜를 양력에 따르거나 한밤중에서 초저녁 혹은 한낮으로 의례를 거행하는 시간을 바꾸는 변화가 이루어진다. 아울러 전통적 상장례의 각종 형식을 간소하게 하는 편의적 방향으로 의례의 변화가 이루어짐에 따라 종교적 경건성은 점차 사라지고 의례의 세속화가 일반화되는 상황이 전개되었다. 의례의 세속화는 의례를 준비하기 위해 필수적인 재계齋戒의 경건성과 제수祭需를 마련하고 제기祭器를 진설하고 의복을 가다듬는 의례적 정성을 감소시켰고, 이러한 틈을 타고 상장례를 편의성의 차원에서 서비스하는 병원의 영안실과 상조회사 및 제사전문업체 등이 등장하게 되었다.

현대 한국 사회에서 이루어지는 유교적 의례의 변화[429]의 초기 단계는 1969년에 정부에서 제정한 「가정의례준칙」[430]과 1973년의 「가정의

례법」을 통해 주도되었다.[431] 이러한 흐름은 전체적으로 유교적 생활의
례의 간소화를 지향하면서 현대적 상황에 적합하게 의례의 변혁을
이루도록 한 정책적 강요의 성격을 띤다. 이에 대해 유일한 유교
교단인 성균관은 정부의 시책에 소극적 수동적으로 순응함으로써
능동적 의례개혁 수행의 의지가 없음을 드러내었다.[432] 특히 「가정의례
법」을 완화시켜 주기를 청원하는 소극적 태도를 보인 성균관 유림들은
유교적 전통의례가 급격하게 붕괴되어 굳이 법으로 규제하여 폐단을
막을 필요조차 없어진 상황 속에서도 무기력한 반응만 했다는 점에서
한계를 드러냈다.[433]

「가정의례준칙」(1969)에 나오는 상장례의 구체적인 내용은 다음과
같다.

---

429 현대적 변화의 일반적 양상으로는 다음을 참조. 김시덕, 「현대 한국 상례문화의
　　변화」, 『한국문화인류학』 40-2, 한국문화인류학회, 2007, pp.321~349.

430 「가정의례준칙에관한법률」(1969. 1. 16, 법률 제2079호), 「가정의례준칙에관한
　　법률시행령」(1969. 1. 16, 대통령령 제3749호), 「가정의례준칙의보급및실천강
　　화」(1969. 5. 3, 국무총리 훈령 제77호). 현재는 1999년 제정된 「건전가정의례의
　　정착및지원에관한법률」이 시행되고 있다.

431 이때의 가정의례법에 대해서는 다음을 참조. 김시덕, 「가정의례준칙이 현행
　　상례에 미친 영향」, 『역사민속학』 12, 한국역사민속학회, 2001, pp.81~107.

432 금장태, 앞의 책, p.165.

433 위의 책, p.166. 3년상을 100일상으로 간소화한 규정을 1년상으로 완화해
　　줄 것, 조부모와 부모의 2대 봉사 규정을 4대 봉사의 전통대로 완화해 줄
　　것, 전통 상복을 갖추지 못하게 금지한 규정에 대해 두건 착용을 용인해 줄
　　것, 성묘 때 간소한 주과포의 제수를 용인해 줄 것 등이 건의내용이다.

● 상례: 호곡은 삼가하도록 하며, 상제가 머리를 풀거나 맨발이 되는 일이 없게 하고, 수시 때 심한 결박도 하지 아니한다. 부고서식은 한글로 하고, 관공서 및 직장 명의와 관련된 부고는 하지 아니한다. 제례의 염습 및 입관절차를 간소화하고 전상의 설치와 성복제는 지내지 아니한다. 상제의 복장은 따로 마련하지 않고 남·녀의 양복·한복을 구분하여 한복은 흰색, 양복은 검은색의 평상복으로 하되 굴건과 머리테 등은 간단한 상장으로 대체한다. 상가에서 음식 접대는 하지 아니하며 조객도 조화 등은 보내지 아니한다. 장지는 공공묘지 또는 공공 납골당으로 함을 원칙으로 한다. 운구는 영구차 또는 영구수레로 하되 상여를 쓰는 경우에는 노제 등은 지내지 아니한다. 평토제는 지내지 아니하며 삼우제는 첫 성묘로 대신한다. 부모·조부모의 상기는 100일로 하고 기타의 경우는 모두 3일장의 장일까지로 하되 궤연은 설치하지 아니한다. 탈상제는 일반 기제에 준하고 축문은 한글 서식으로 한다.

● 제례: 제례는 기제와 종래의 절사 천신 묘사 시제를 통폐합한 절사 및 연시제로 구분한다. 기제는 부모·조부모 및 배우자를 대상으로 하여 별세한 날 일몰 후 적당한 시간에 지내며 양위를 합설한다. 절사는 직계조상을 합설하여 추석절 아침에 지낸다. 연시제는 부·조 2대를 합설하여 1월 1일 아침에 지낸다. 제수는 평상시의 반상음식으로 한다. 지방은 사진으로 대신하고 사진이 없는 경우에는 지방의 서식은 한글로 한다. 축문의 서식은 한글로 한다.

322

위의 내용을 검토해 보면, 상례의 변화는 각종 의절의 간소화, 번거로운 상의喪儀와 상구喪具의 폐지, 상복의 간소화와 상장의 사용, 공동묘지의 권장, 상기의 단축, 서식의 한글 사용 등으로 요약할 수 있고, 제례의 변화는 각종 제사의 통폐합과 의절의 간소화, 제사 대상의 합설, 제사 시간의 편의성 제고, 서식의 한글 사용 등으로 요약할 수 있다. 요컨대 근대화가 이루어진 현대적 생활에 맞게 의례의 통폐합과 의절의 간소화, 의례적 시간과 의례적 공간의 변화가 제시된 셈이다.

정부에서 공적으로 제시한 이러한 의례개혁안은 복잡하고 번거로운 전통 상장례를 현대화한다는 데에서는 일정한 의의가 있지만, 현실적 편의성의 지나친 강조에 따라 의례적 경건성을 약화시켰으며, 의례의 간소화와 급격한 변화는 결과적으로 전통적 상장례의 현대적 세속화로 만연시키는 문제점을 파생시켰다.[434]

불교는 삼국시대인 7세기 중엽부터 화장을 도입했고, 9세기부터는 승려들을 중심으로 확산되어 12세기에는 민간 풍습으로 정착되었다. 그런데 이러한 화장법은 순수한 화장이 아니라 화장 후 수습한 유골을 다시 매장함으로써 불교식 화장과 전통적 매장을 결합시킨 이중적 방식을 취하였다.[435] 이는 전통적·유교적 장례방식과 절충한 것으로

---

434 이와 연관된 상세한 논의로는 『종교문화비평』 16, 한국종교문화연구소, 2009에서 특집으로 실은 다음 논문을 참조. 정진홍, 「죽음의례, 이와 관련한 몇 가지 생각」; 이용범, 「한국 전통 죽음의례의 변화: 유교 상장례와 무속의 죽음의례를 중심으로」; 구미래, 「불교 죽음의례의 유형과 변화양상」; 윤용복, 「한국 기독교 죽음의례의 변화양상」; 장석만, 「병원의 장례식장화와 그 사회적 맥락 및 효과」; 송현동, 「상조회사의 등장과 죽음의례의 산업화」; 우혜란, 「천도재의 새로운 양태: 낙태아를 위한 천도재」

보인다. 조선시대에는 유교적 효 이념에 위배되는 화장법은 강력한
억불정책에 의해 공식적으로 철저히 배격되었다. 세종대에만 해도
10명 중 3~4명에 이를 만큼 많았던 불교식 화장법[436]은 점차 사라져서
유교적 매장문화에 의해 극복되었다가 일제강점기 조선총독부의 정책
에 따라 회복되었는데, 해방 후 점차 증가하여 1970년대 화장률이
10%를 넘나들다가 1990년대 후반 급속한 증가를 거듭하여 2005년에
는 53%에 이르게 된다.[437] 이는 화장문화를 철저하게 거부했던 유교적
장례문화의 성격을 단적으로 보여준다. 한편, 불교에서 사후 49일까지
치르는 49재는 불교적 상례문화의 핵심의례로서, 신라 시대에 천도재
로 중국에서 수입되었고, 고려시대에는 칠칠재로 보편화된 상례방식
이었으며, 조선시대에도 유교적 상장례와 공존하였다.[438] 49재는 윤회
관이나 내세관이 없는 유교 사상의 빈틈을 메워줄 만한 기제를 찾는
민간의 종교적 욕구를 어느 정도 충복시키면서 유교의 효 사상에
의해 비공식적으로 용인 받을 수 있었던 것으로 보인다.

그런데 이러한 불교식 천도의례인 재齋는 유교적 상례의 영향을
일정 부분 수용하였다. 고려시대부터 불교식 49재를 지낸 다음 백일재
百日齋를 하고 유교적 상례에서 소상小祥과 대상大祥에 해당하는 1주
기, 2주기 천도재를 지냈던 것이 그 대표적인 사례인데, 실제로 불교식

---

435 구미래, 「불교 전래에 따른 화장의 수용양상과 변화요인」, 『실천민속학연구』
    4, 실천민속학회, 2002, pp.117~145.

436 『世宗實錄』, 세종 2년 11월; 14년 2월 기사.

437 구미래, 「불교 일생의례와 한국적 전개」, 앞의 논문, p.132.

438 위의 논문, pp.133~134.

천도의례인 재와 유교적 상례를 복합적으로 지내는 경우도 있었으며, 현재에도 양자를 복합적으로 지내는 경우가 존재한다.[439]

더욱 흥미로운 대목은 퇴계의 경우와 같이 유학자로서 불교 승려에게 제사 지내는 공간을 관리시키거나 법당에 신위를 모시고 제사를 지내는 경우도 있으며, 불교 신자이면서도 유교식 제사를 지내는 경우도 많다는 점이다. 조선시대부터 현재까지 지속되는 이러한 현상은 유교적 상장례와 불교적 상장례가 효 의식의 의례적 실천과 가문의 보존이라는 유교적 당위와 더불어 조상 영혼의 실체를 인정하고 자손으로서 복을 받고 싶은 불교적 욕구가 결합되어 의례적 공존 혹은 복합현상이 빚어진 것으로 평가할 수 있다.

4) 현대의 상장례문화 변동

우리의 상장례문화가 변화된 가장 큰 원인은 무엇보다도 장례식장의 등장에 기인한 것으로 보인다. 장례식장은 "장례식장이라 함은 안치실, 빈소, 접객실, 예식실 등 시신을 모시고 조문객의 조문을 받으며 예식을 올리기 위한 일체의 시설"[440]을 말한다. 1934년 공포된 '의례준칙'에 의하면 공회당公會堂이 의례의 장소로 등장한다. 즉 의례준칙으로 인한 사생관 및 생활공간 관념의 변화가 생기고, 이에 따라 도시형 혼례와 상례가 본격적으로 등장하게 되는 계기를 마련하게 되면서 예식장과 장의사가 나타나기 시작하였다.[441]

---

439 구미래, 같은 논문.

440 〈장례식장표준약관〉〔표준약관 제00029호〕, 공정거래위원회.

441 장철수, 「평생의례와 정책」, 『한국의 관혼상제』, 집문당, 1996, p.89.

장례식장의 등장으로 인해 변화되는 것들을 정리해 보면 다음과 같다.

첫째는 상례절차의 변화를 들 수 있다. 전통적인 상례절차는 일제 강점기의 식민정책에 의해 공포된 '의례준칙(1934)'에서부터 바뀌기 시작한다. 이후 '가정의례준칙'을 통해 전통적인 상례절차의 변화가 요구되었으나 쉽지는 않았다. 그런데 장례식장의 등장은 자연스럽게 전통 상례절차를 변화시키고 있다.

장례식장은 신고제[442]이기는 하지만 규제를 피할 수 없기 때문에 국가가 지정한 의례방식인 '건전가정의례준칙'에 따라야 한다. 그러나 실제적으로는 가정의례준칙에서 제시하는 의례절차는 지나치게 간소화되어 있어 현장에서 적용하기는 매우 어렵다. 따라서 임의적으로 손질된 전통적인 절차와 가정의례준칙의 절차가 혼합된 형태가 장례식장마다 조금씩 다른 버전으로 행해지고 있다.

현행 장례식장의 의례절차는 다양한 버전이 있음에도 대체로 다음과 같이 행해지고 있다. 병원에서 운명하기 때문에 죽음의 준비과정이 모두 생략되어 위독하면 평소 거처하던 곳으로 옮기는 '천거정침遷居正寢'이 병원으로 이동하는 절차로 대신하게 되고, 시신을 임시로 안치할 때 머리를 동쪽으로 두는 '동수東首'라는 행위가 사라졌다. 죽음을 확인하는 절차인 '속굉屬紘'은 의사의 과학적 사망확인으로 대체되었다. '역복불식易服不食' 역시 공간과 시간의 문제로 거의 유명무실해졌다. 고인의 혼을 부르는 고복皐復의 절차가 없어지면서 고인의 혼을

---

442 〈가정의례에 관한 법률〉[전문개정 1993. 12. 27. 법률 제4637호 보건사회부], 제5조.

좌정시키기 위한 시사전始死奠 역시 불필요하게 되었고, 이어서 행해지는 사자밥 역시 공간제약으로 인해 사라졌다.

전통적으로는 3일에 걸쳐 행해지던 습襲과 염斂은 1~2시간 안에 행해지는 정도로 간략화 및 통합되어 용어마저도 염습으로 바뀌었다. 장례식장에서 3일장으로 장례를 치르고 매장 혹은 화장을 한 후 집으로 돌아와 초우제初虞祭를 지내고, 2일 후에 삼우제三虞祭를 지내면서 탈상하는 것이 관행화되면서 상례라는 용어는 사라지고 장례라는 용어가 일반화되기에 이르렀다. 이에 따라 소상, 대상, 담제禫祭, 길제吉祭 등의 의례들이 자연스럽게 사라지게 되었다.[443]

둘째는 상복의 변화이다. 전통적인 상복은 굴건제복屈巾祭服이라고 하여 상喪의 경중에 따라 참쇠복斬衰服에서 시마복緦麻服까지 다양한 등급이 존재한다. 그러나 요즘에는 이와 같은 상복을 입는 경우도 있지만, 1973년 이후부터 흰색과 검은색 한복이나 검은색 양복에 리본을 부착하는 정도로 간소화되어 있다. 그런데 이러한 것이 변형되어 요즘은 리본뿐만 아니라 검은색 양복에 두건, 행전을 두르는 퓨전 스타일의 상복도 등장하고 있다.

셋째는 상여와 관련된 문화가 사라지고 있다는 것이다. 발인 전날 상두꾼들이 모여서 빈 상여를 가지고 발을 맞추어 보던 빈 상여 놀이가 사라지고 있다. 이는 영구차의 등장으로 운구 도구였던 상여가 더 이상 그 기능을 상실했기 때문이다. 상여가 사라지면서 달구질, 상엿소리 등도 이제는 전통 사회의 유물이 되어가고 있다.

443 김열규, 『메멘토모리, 죽음을 기억하라』, 궁리, 2002, p.166.

넷째는 상포계喪布契 등의 마을의 상례를 위한 마을조직이 사라지고 있다. 상포계, 상두계喪頭契, 상여계, 조상계祖上契, 위친계爲親契 등 다양한 이름으로 알려져 있는 상포계는 갑작스런 초상에 대비하기 위한 보험의 성격임과 동시에 인력 동원이 큰 목적 중의 하나였다. 그러나 장례식장의 장례가 일반화되면서 인력동원은 더 무의미해졌으며, 위기대처 역시 보험으로 대체되면서 상포계는 역시 사라지게 되었다.

다섯째는 장일葬日과 상기喪期의 단축이다. 3일장이 일반화되고 병원 장례식장에서 의례를 마치고 매장을 하거나 화장을 하면 그 이후에 일어나는 모든 의례를 생략하도록 가정의례준칙에서 강제하고 있고, 도시의 직장생활로 인해 상례를 위한 시간할애가 쉽지 않게 되어 삼우제 이후의 절차는 거의 생략되어 버린다. 따라서 공동체 성원의 죽음으로 인한 공동체 와해의 위기를 극복하기 위한 장치가 내재되어 있는 상례는 이제 그 의미를 상실하여 기능하지 못하고 있다.

여섯째는 의례의 전문화를 들 수 있다.[444] 장례식장의 등장으로 인해 일생의례는 이제 집안사람들의 노동력으로 진행되는 가정의례가 아니라 전문적으로 이를 대행해 주는 직업인의 도움을 받는다는 것이다. 예를 들면 문상객 접대를 위한 음식 제공업체, 상중에 차려지는 전奠의 상차림에 소요되는 음식의 제공은 물론 제사음식까지도 공급하는 전문직종이 성황을 이루고 있다. 이러한 일생의례 대행업체의

---

444 김시덕, 「일생의례의 역사」, 『한국 민속사 입문』, 지식산업사, 1996, pp.432~433.

탄생에 대해서 미국에서도 상례의 상업화를 비판적으로 보고 있다.[445]

일곱째는 장례전문가나 상조 회사의 탄생을 들 수 있다.[446] 요즘 대학이나 전문대학에 장례문화학과나 장례지도과 등이 개설되어 있고, 여기서는 장례식장에서 일할 전문가를 양성하고 있다. 이들은 장례식장에서 고객과의 상담을 통해 장례의 전반적인 절차와 용품을 안내하기 때문에 상주는 의례용품이나 절차에 대해 크게 걱정하지 않아도 된다는 것이다. 현재 이들 장례지도사는 국가공인자격을 획득하는 등 법적으로도 보호받고 있다.

여덟째는 병원 장례식장 문화를 들 수 있다. 병원 장례식장은 도시공간에서는 근접성, 이용성 등 여러 면에서 매우 편리하다는 이점이 있어 우리나라에서는 높은 호응을 얻고 있다.[447] 병원의 입장에서는 다양한 이유로 병원 장례식장에 투자를 하게 됨으로써 병원 장례식장

---

445 필립 아리에스 저, 이종민 역, 『죽음의 역사』, 동문선, 1999, pp.224~234.

446 김시덕, 「현대 도시공간의 상장례문화」, 『한국민속학』 41, 한국민속학회, 2005 참조.

447 병원 장례식장이 빠른 속도로 늘어난 것은 1990년대 이후이다. 통계청 사망원인 통계연보 자료를 살펴본 이현송과 이필도에 의하면, 1993년 병원 영안실에서 이루어진 장례가 전국 평균 30%를 넘어섰고, 서울의 경우에는 1995년에 이미 그 비율이 60%를 넘었을 것으로 추정된다고 하였다(이현송·이필도, 「장의제도의 현황과 발전방향: 장례식장을 중심으로」, 『한국보건사회연구원 연구보고서』 95-4, 한국보건사회연구원, 1995, pp.27~28). 이즈음 한국갤럽의 2006년 조사 결과를 보아도 1994년에는 전국 평균 22% 정도가 병원 영안실을 이용하는데 그쳤으나, 2001년에는 54%에 육박했고, 2005년에는 70% 가까이 병원 장례식장을 이용한 것으로 추정된다(장석만, 「병원의 장례식장화와 그 사회적 맥락 및 효과」, 『종교문화비평』 19, 한국종교문화연구소, 2009, p.124).

의 위상 또한 높아지고 있다. 그러므로 병원 장례식장은 한국 상장례문화의 특징이라고 할 수 있다. 그러나 병원이 병을 치료하고 생명을 구하는 곳이라는 일반적 인식과는 달리 그 속에서 죽음을 처리하는 장례식장이 있다는 사실은 아이러니한 일이라 하겠다.

이러한 다양한 변화와 새로운 문화의 탄생은 전통적인 상례문화의 지속을 위한 하나의 방편으로 보인다. 예들 들면 영구차의 등장은 상여와 관계된 문화를 사라지게 했지만 이는 문명의 발달에 기인한 변화이다. 검은색 양복을 상복으로 제시한 것 역시 현대사회에서 양복이 일상복화 된 현시점에서 당연히 받아들여져야 하는 변화라고 할 것이다. 그러므로 외형상의 변화에도 불구하고 내면적인 원래의 뜻은 그대로 살아 있기 때문에 변화는 지속을 위한 하나의 수단으로 간주할 수 있다. 따라서 한국 상장례문화의 변화는 외형적 변화를 통해 상장례문화의 전통이 지속되고 있다는 것을 의미한다. 변화는 문화적 전통을 지속하기 위한 수단이고, 지속은 변화를 수반해야 가능하기 때문이다.

2. 환경친화적 상장례 도입

상례는 시체의 처리라는 현실적인 문제를 해결하고 망자의 영혼과 잘 이별하기 위해 고안된 의례다. 그중 특별히 시체의 처리에 관한 의례가 장례인데, 시체의 처리는 태곳적부터 인류가 당면한 중요한 과제 중 하나였다. 현재 가장 보편적인 방식은 매장과 화장이지만, 이 외에도 시신을 새의 먹이가 되게 하는 조장鳥葬, 강이나 바다에 흘려보내는 수장水葬, 들이나 돌이나 나무 위에 두어 저절로 썩게 하는 풍장風葬 등 시신 처리를 위한 여러 방식이 고안되었다. 여기에 더해 최근에는 수목장樹木葬, 빙장氷葬, 영탑원靈塔園과 같은 환경친화적인 시신 처리 방법이 등장하여 사람들에게 주목을 받고 있다.

1) 수목장

일반적으로 상례 전반을 세 부분으로 나누어서 살펴보면 죽음을 확인하는 과정을 상례, 시신을 관리하는 과정을 장례, 망자를 추모하는 과정을 제례로 나눈다. 전 과정은 망자와 유족과 공동체와의 관계 속에서 이루어지는 의식절차이다. 고인이 비록 죽음의 상황에 처하여 화장한 유골의 상태로 있다 해도 살아 있을 때보다 더 인격적으로 존중되고 보호된다. 즉 인격적 대상으로서 존중받아야 할 시체나 화장한 골분을 대할 때 더욱 신중을 기해야 한다.

최근에는 수목장[448]이 유행하고 있는데, 자연회귀의 정신 내지 실용적, 기능적 측면에서 다른 여타의 장법보다 장점이 있는 게 사실이다. 그러나 우리나라는 유교적인 조상숭배의 전통을 바탕으로 매장이란

---

[448] 수목장이란 사람이 죽으면 화장을 하여 그 분골을 지정된 수목의 뿌리에 묻어서 그 수목과 함께 영생을 함께 한다는 것으로서 사람과 나무는 상생한다는 철학적 사고에 기초하여 회귀한다는 섭리에 근거하고 있다. 수목장에 대한 선행연구는 비교적 풍부한 편으로 박사학위 논문만을 제시하면 다음과 같다. 박대수, 「한국인의 장례문화에 대한 인식구조 연구: 매장, 화장, 수목장을 중심으로」, 동방문화대학원대 박사논문, 2015; 우재욱, 「수목장 선호요인 분석에 의한 개선방안 연구」, 고려대학교 박사논문, 2013; 김철재, 「자연장의 유형 분류 및 시가적 선호도」, 배재대학교 박사논문, 2012; 김달수, 「우리나라의 장사제도에 관한 연구: 수목장을 중심으로」, 경남대학교 박사논문, 2006.

장묘문화가 오랜 세월 동안 굳어졌다. 1990년대 후반부터 매장문화가 후손들에게 사후관리 부담을 주고 산사태와 산불을 일으켜 산림을 파괴 한다는 문제점들이 드러나기 시작하였다. 1998년에 이러한 문제가 부각되어 전통적인 장묘를 줄이고 화장을 늘리는 시민운동이 장려되었다. 하지만 최근에는 화장 봉안(납골)시설이 새로운 문제점을 발생시키고 있다. 이에 따라 봉안시설의 문제점을 해결해 줄 수목장을 장려하는 정책과 이를 뒷받침할 법적인 기반을 마련할 필요성이 커지고 있다.

수목장은 매장과 화장, 봉안이 가지는 한계를 극복하기 위한 대안으로 최근에 등장한 새로운 장법 중의 하나이다. 물론 산골장이 있어 화장의 대안으로 활용되어 오기는 하지만, 그러나 산골장 역시 산골 장소와 관련하여 미관상의 위해 및 가족제도의 붕괴 가능성 등 자체가 가지고 있는 한계로부터 자유로울 수가 없다. 그리하여 산골장의 하나의 발전된 형태로서 최근에 수목장이 등장하였다.[449] 또한 수목장은 추모의 대상이 존재한다. 한국의 전통적 장묘문화에서 두드러지는 특징은 고인을 기억하고 그리워하는 문화가 유달리 강하다는 것이다. 이는 유교적 효 사상에 입각한 것으로 전통 매장에서의 봉분이 그 기능을 하였다.

고인의 유가족이나 친지는 돌아가신 분이 그리울 때는 언제든지 그 나무를 찾아가 고인을 추모할 수 있다. 나무가 곧 돌아가신 분이라고 생각하기 때문이다.

---

[449] 박대수, 「현대 한국의 상장례문화의 성찰과 미래 전망: 수목장법의 수용 가능성에 관하여」, 『청소년과 효문화』, 한국청소년효문화학회, 2013, pp.201~202.

수목장이 제도적으로 운영되기 시작한 것은 1999년 스위스에서 시작이 되어 독일[450] 등 유럽 전역으로 퍼져 나가 지금은 우리나라도 수목장에 대해 관심을 가지는 사람이 늘어나고 있다. 생태학적으로 보면 인간도 자연생태계의 한 구성원이다. 생산자에 해당하는 나무와 풀은 흙 속의 무기양분과 수분을 흡수하고, 햇빛과 대기 중의 이산화탄소를 흡수하여 유기물을 만들어 생장하게 된다. 인간도 이러한 생태계의 순환 속에서 죽는 순간부터 서서히 썩기 시작하여 결국에는 흙으로 돌아간다. 이런 의미에서 보면 수목장은 불교의 윤회사상과도 일치하고 생태계의 순환 원리와도 일치한다.

매장문화는 묘지가 늘어남에 따라 국토 훼손과 국토 이용의 비효율성이 문제이고, 화장문화는 혐오시설로 인식되는 봉안당 난립에 따른 낭비현상이 문제이다. 이러한 문제를 해결하는 방법으로 기존 묘지를 공원묘지화 하는 것도 한 가지 방법이 되겠으나, 여전히 자연훼손이 문제이다. 가장 확실한 방법은 화장하여 산골(화장재를 뿌리는 것)하는 방법이다. 그러나 수목장은 화장된 골분을 지정된 장소의 지정된 수목의 뿌리 주위에 묻어줌으로써 그 나무와 함께 상생한다는 자연회귀의 섭리에 근거한 새로운 장묘문화 방법이다.[451]

수목장은 어느 장묘 방법보다도 추모할 구체적 대상이 있고 저렴한 비용으로도 고인에게 예를 갖출 수 있으므로 전 국민적 장묘문화에 대안이 될 수 있다. 추모목을 바라보고 기억한다는 의미가 부여되기

450 독일의 수목장에 대해서는 다음을 참조. 강기홍, 「독일 장사법 체계에서 수목장」, 『공법학연구』 7-2, 한국비교공법학회, 2006, pp.489~518.
451 박대수, 앞의 논문, pp.213~214.

때문에 권장할 수 있고, 화장 시 가장 취약한 산골은 고인의 유분을 사람이 잘 보이지 않는 산골짜기나 강물 또는 음지에 뿌리게 되어 고인을 섭섭하게 하고 뿌린 다음 추모의 대상이 없어 명절들에 자녀들이 손을 잡고 추모의 대상으로 갈 수 없다는 가장 큰 단점도 해결할 수 있다.

그리고 짐승과 천재지변으로 훼손된 묘지의 관리와 벌초할 때 관리비가 전혀 걱정이 없는 수목장을 적극 권장하고, 수목장의 조성지역은 기존 공원묘지 등에서 하는 경우와 산림에서 하는 경우가 있다. 그중 한국형 수목장림의 조성지역은 일반 산림지역에 조성하는 게 바람직하다. 또한 비교적 소유주의 변동이 적고 일정수준의 관리가 지속적으로 이루어질 국·공유림이 수목장림의 시행 적지로 평가된다. 수목장림의 입지선정에 있어서 가장 중요한 점은 숲의 아름다움이다.

따라서 묘지란 느낌이 들지 않는 아름다운 숲이 수목장림을 선정하는 첫 번째의 입지조건이고 다음은 접근성이다. 추모목의 형태는 화목과 관목, 교목 등으로 분류될 수 있다. 교목의 경우는 수목장의 자연으로의 회귀라는 개념을 가장 잘 표현할 수 있고 일반 산림지역에서 손쉽게 선택할 수 있다. 수종 선택은 오랫동안 강건하게 자랄 참나무와 같은 천연 활엽수종이 추천된다. 분골의 관리방법은 그냥 뿌리는 경우와 종이 등 용기에 넣는 경우를 들 수 있다. 다음은 화장한 분골을 완전 생분해성 용기에 넣어 수목의 뿌리 주위에 묻는 경우다.

장묘 서비스는 국가의 공공복지정책의 하나로 제공되어야 함에도 불구하고 우리나라에서는 지금까지 묘지 문제를 개인화·사유화에 의존하여 묘지산업이 호황을 누리는 기이한 현상을 초래하고 있다.

334

정부는 21세기 선진 복지국가를 달성하기 위해서는 '요람에서 무덤까지'라는 패러다임을 목표로 설정해야 한다. 수목장림은 국공유림을 활용하여 국민에게 저렴하고 충분하게 공급할 수 있기 때문에 국가 중심의 묘지공급 정책을 완벽하게 수행할 수 있다.

장법에는 죽음에 관한 그 사회의 다양한 의례와 철학이 담겨 있으며, 의례형식과 절차 생활양식을 비롯하여 여러 시설물을 남기게 된다. 그러므로 장법은 사회문화적·시대적 흐름의 변화를 파악할 수 있어야 하므로 보다 통합적이고 다양한 학문적 접근이 요구된다.

2) 빙장

빙장(promession)은 녹색장으로 더 잘 알려져 있다.[452] 빙장은 1999년 스웨덴의 생물학자 수잔 위 메삭(Susanne Wiigh Masak)에 의해서 발명되어 관련특허를 취득하였다. 이는 시신을 냉동시켰다 분해 건조시켜 매장하는 장례이다. 그 절차는 급속냉동-분해-건조-매장으로 이루어진다.

구체적인 장법은 먼저 시신을 톱밥으로 만든 관에 넣어 영하 18도의 상태에서 보관하며 이후 시신에 영하 196℃의 질소 가스를 분사하고 급속 동결된 시신에 기계진동을 가하면 60초 이내에 뼈와 관을 포함한 모든 것이 밀리미터(mm) 단위로 부서진다. 그런 뒤 동결건조방식이란 방법을 사용하여 금속성분과 수분(전체 70%)을 걸러내고 건조된 가루를 녹말상자에 담아 땅에 묻으면 모든 절차가 완료된다는 내용이다.[453]

---

452 빙장은 스웨덴이 발원지로서, 우리나라에서는 2008년 12월 매스컴을 통해서 최초로 소개된 만큼 그리 오랜 역사가 있는 것은 아니다.

장법의 변화를 볼 때 우리나라의 전통적인 장법은 고대부터 매장이 주도적인데, 누구나 다 알고 있는 사실이지만 매장은 좁은 국토에 비해 장기간 묘지가 점유하는 면적과 토양 및 수질오염, 묘지에 석물을 설치하면서 인위적인 자연훼손이 있고, 화장은 불에 태우는 장법으로 전염병이나 비위생적인 주검을 관리하여 효과는 있으나 이 과정에서 굴뚝 가스, 다이옥신, 수은(5g), 탄소배출이 있어 혐오시설로 인식되어 대도시나 지방 구분 없이 화장시설 설치가 쉽지는 않은 가운데, 새로운 장법으로 도입된 녹색장은 공기나 수질 오염 없이 1년 내 자연 분해되며, 시설은 2.75m²(30평) 정도 공간과 녹색장을 위한 기계시설 근무자나 이용자들이 쾌적한 환경에서 장례를 치르며 혐오시설 기피현상도 해소하는 친환경적인 장법으로서, 새로운 시대에 적합한 장법이 될 것으로 전망된다.

3) 사찰의 영탑원

영탑원靈塔園은 사찰에서 재가불자와 일반인들을 위해 마련한 불교적 개념의 현대적 장례문화시설이다.[454] '영탑'은 사리탑이나 부도탑과의 구분을 위한 명칭으로[455] 그 원형은 역시 불사리탑이나 부도탑이라

---

[453] 김경래, 「빙장(Promession)의 장법내 수용에 관한 실효성 분석」, 『보건복지포럼』 163, 한국보건사회연구원, 2010, p.87.

[454] 영탑원 설계에 대한 선행연구는 다음을 참조. 심재학, 「불교사찰의 영탑원 설계 연구」, 동국대학교 석사논문, 2001; 심재학, 「불교사찰의 영탑원의 도입과 설계기준」, 『대각사상』 5, 대각사상연구원, 2002, pp.287~346.

[455] 탑에 대한 용어 구분은 다음을 참조. 한보광, 「불교 장묘문화에 대한 고찰」, 『정토학연구』 4, 한국정토학회, 2001, p.246.

하겠다.

영탑원은 기존 사찰의 공간구성이나 배치 형식을 존중하는 차원에서 그 위치가 결정된다. 영탑원의 도입시설을 보면 집단화한 봉안시설과 이의 물리적 적체 현상을 방지하고 산골散骨문화의 확산을 위한 산골시설이 기본시설이 되며, 이에 따른 추모·제의시설·편의시설[456]·상징시설·조경시설 등을 갖추게 된다.[457]

영탑원은 그 특성상 우리나라의 심각한 묘지 문제를 해결할 좋은 대안이 될 수 있다. 공간구역을 가로가 아닌 세로의 형태로 사용하여 면적의 활용도가 높기 때문이다. 경기개발연구원에서는 "만장된 공공묘지의 무연고 묘의 비율을 조사한 다음 개장하여 화장하고, 그 공간을 효율적으로 활용하여 봉안시설, 조경, 위락, 문화시설을 설치하여 주민 친화적인 공원으로 조성하는 것"[458]을 공공묘지의 정의로 삼고 있다. 즉 현대 장묘 공간에서는 공간에 대한 효율적 사용이 중시된다는 것이다.

우리나라 묘지는 약 30%가 묘지로 허가된 공설, 종교, 사설법인 묘지이고, 약 70%는 선산을 포함한 개인묘지로 그 가운데는 허가받지 않은 불법묘지가 상당수 있다. 최근 화장문화에 대한 인식변화 유도와 봉안시설 이용을 권장하고 있으나 화장 및 봉안시설이 낙후되어 국민

456 특히 조경시설과 편의시설은 묘지라는 혐오적 이미지를 제거하고 쾌적하고 편안한 이미지를 부각시키기 위해 특별히 신경 써야 한다.
457 영탑사업에 대한 타당성 검토는 1996년에 시도된 바 있다. 동국대학교100주년기념사업단, 『영탑사업의 타당성 보고서』, 동국대학교, 1996.
458 경기개발연구원, 『공공묘지 공원화 사업의 효율적인 추진과 기대효과』, 경기개발연구원, 2000, p.3.

이 선호할 정도의 시설과 조경, 그리고 제반 여건이 갖추어져 있지 않아 이에 대한 개선이 요구되고 있다.[459]

사찰에서는 전통을 계승하고, 묘지 문제로 심각한 우리나라에서 해결방안으로 도시주변 묘지난, 묘지의 체계적 관리, 혐오시설에서 쾌적한 시설로의 전환, 화장제에 대한 편견 등을 해결하여 장례문화의 개선에 이바지하고 불교복지와 포교의 방안으로 영탑묘 조성에 관심을 가지고 있다.

박용규의 조사에 의하면, "영탑은 1기당 9위에서 20위 이상의 유골을 수용할 수 있다. 1가구 1영탑을 전제할 경우 1,000만 가구가 모두 영탑을 이용하면 1기당 부지 소요면적을 $10m^2$로 계산하면 총 필요 면적은 약 $100km^2$ 정도이다. 현재 우리나라 묘지 면적은 $976km^2$이기 때문에 기존 묘지를 영탑 공원으로 재개발할 경우 약 1/10 정도의 면적만으로 모두 수용할 수 있게 된다. 또한 영탑은 대를 이어 계속 사용할 수 있으므로 추가 수요는 크지 않다고 본다."[460]라는 결과를 제시한 바 있다. 이처럼 효율적인 국토관리 면에서도 좋은 대안이라는 점을 말하고 있다.

사찰에서는 전통적으로 불교식 화장문화가 정착되어 계승되고 있으며, 수행과 신행의 공간 및 영가를 위한 의례, 의식과 시설이 병존하고 있다. 이를 불보살전이 통섭하여 대열반의 세계로 이끌고 있는 공간의 내재적 의미가 담겨 있다. 이러한 점에서 불교신자와 일반인들을

---

[459] 이필도 외, 『경기도 중장기 장묘시설 수급계획』, 경기개발연구원, 2000, p.77.
[460] 박용규, 「장묘문화의 개선방향」, 『건축문화』 97년 5월호, 월간 건축문화, 1997, p.177.

위한 부도전과 같은 상장례문화시설을 적극 도입하여 신앙구조 체계와 불교적 시설구조 체계를 마련해야 한다. 즉 위패문화에서 열반의 문화로 변화시켜야 한다는 것이다. 이에 적합한 불교적 장례문화시설이 바로 영탑원이다.

이 외에도 현대 발전된 과학문명의 영향 아래 메소로프트(Mesoloft)라는 새로운 장례법도 등장하였다.[461] 이는 풍선기구를 이용한 산골서비스로 고프로 등의 액션캠과 GPS트리거를 활용하여 지름 2m 정도의 커다란 고무풍선에 화장유골재를 넣은 특수컨테이너를 매달고 헬륨이나 수소가스를 넣어 하늘로 띄워 보낸 후 고도 27km지점(성층권)에 도달하면 압력에 의해 컨테이너가 개방되어 유골을 뿌려주게 되며, 이 과정이 액션캠에 녹화되어 유족에게 전달되는 방식이다. 성층권의 대기온도는 영하 40℃ 정도 되기 때문에 풍선에서 나온 유골가루는 순식간에 얼어붙어 대기 중에 흩어지게 된다. 얼어붙은 유골가루는 산화되어 빗방울이나 눈송이의 핵을 형성하게 된다.

이와 같은 장례법은 현재 미국에서도 메소로프트에서만 실시되고 있지만, 환경 피해가 없는 한 글로벌한 장례법의 하나로 주목받기 충분하다고 판단된다. 이는 공중에서 뿌려지는 만큼 자연계 전체에 유골가루가 스며듦으로써 온 천지에 고인의 자취가 남겨지는 것과 같은 상상을 유도할 수 있다. 특히 장묘시설이 부족한 나라에서는

---

461 이 장례법은 미국 켄터키 주에 있는 메소로프트(Mesoloft)에서 실시하고 있으며, 비용은 2,800달러(약 300만 원) 정도이다. 1997년 환경보호청(EPA)에 의해 화장유골재를 공중에서 뿌리는 행위가 환경에 아무런 해가 없다는 판정을 받았다.

이와 같은 방식의 유골처리법도 좋은 대안으로 받아들여질 수 있다고 생각된다.

3. 현대 상장례문화의 의의

1) 한국 장례산업의 현황

한국인은 전통적으로 집에서 장례를 치르는 것이 원칙이었다. 예전에는 임종이 가까워지면 병원에서 집으로 이동하여 죽었으나, 이제는 오히려 임종이 가까워지면 병원으로 가는 사례가 늘어났고, 입원한 경우 병원에서 죽는 경우도 많아졌다. 이처럼 한국 사회는 죽음에 대한 전통적인 태도가 변화하고 있으며, 집에서 죽은 경우라 할지라도 장례식을 치르기 위해 시신을 집이 아닌 병원이나 전문장례식장으로 옮기는 경우도 많아졌다.

최근 서울시내에 오픈한 몇 개의 장례식장을 제외하고, 현재 한국의 대부분 지역에서 병원 내 장례식장 위치는 병원건물의 지하나 뒤편 후미진 곳에 위치하고 있는데 이러한 공간배치는 건물사용의 효용성과 장례식장에 많은 사람들이 드나들기 때문에 번잡함을 피하기 위한 것도 있으나, 다른 한편으로는 한국 사회가 죽음을 부정적인 것 또는 금기시하는 태도를 반영하고 있다. 질병이 있어서 병원을 찾는 사람이나 입원 중인 환자를 병문안하는 사람들이 장례식장을 대면하여 죽음을 연상하게 된다는 것은 살기 위해 병원을 찾는 사람들에게 좋지 않은 인상을 심어줄 것이라는 인식 때문일 것이다. 이처럼 죽음의 공간은 삶의 공간배후로 밀려난 곳에 있다.[462]

한국의 장례시장 특징을 이야기할 때 빼놓을 수 없는 것이 화장률의 상승과 병원 내 장례식장과 고령화 인구구성, 대학 내 장례학과 개설로 인한 장례전문가 인력양성이다. 한국에서는 2005년도에 화장률이 매장률을 넘어선 이후 매년 3% 내외의 상승추세에 있고, 2017년 현재 전국 화장률이 79.9%로 향후 더욱 높은 비율을 보일 것으로 예상되고 있으며, 역사적으로 주 장법이 짧은 기간에 급변한 나라는 한국이 유일하다.[463] 이를 그래프로 표시하면 다음과 같다.

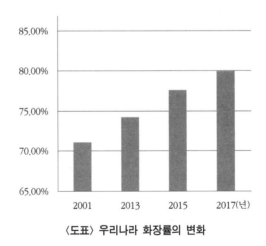

〈도표〉 우리나라 화장률의 변화

화장률 증가의 주된 요인은 매장처리비용, 화장시설 및 봉안시설의 현대화, 자연장 제도 도입 등 장사시설의 환경 개선 이외에 저출산·고령화, 핵가족화 등 인구구조 변화도 화장을 선택하게 하는 것으로

462 크리스 쉘링(C. Shilling), 임인숙 역, 『몸의 사회학』, 나남, 2000, p.270.

463 장만석, 「한국의 장례산업의 전망과 과제」, 『사회복지경영연구』 1-2, 한국 사회복지경영학회, 2014, p.53.

분석 추정되고 있다. 그러나 화장률의 계속적인 상승은 장의업자들의 수익을 상당부분 저감할 것으로 예상되며, 이와 더불어 장례전문인들의 새로운 방안, 즉 엠바밍(embalming)과 고인메이크업과 장례연출 등 고객에게 새로운 서비스를 위한 노력을 할 것으로 예상된다. 즉 한국의 장의분야에도 국제화, 양극화, 개성화, 친환경화가 도래할 것으로 보인다. 현재 한국에서 고인을 입관 전에 마지막 모시는 방법은 온몸을 얼굴까지 안 보이게 싸는 것이다. 그러나 국제화와 함께 지금의 베이비부머들의 요구는 화장률 상승과 함께 금후 개성화를 요구할 것도 예상된다.

한국 대학 내에 장례학과가 개설된 것은, 장의가 가족이나 친족, 지역공동체의 담당 영역에서 장의사, 병원 장례식장, 전문 장례식장의 일로 옮겨가면서 사회적으로 장례와 그에 수반되는 행정적인 일을 담당할 전문가가 필요하게 되었고, 이러한 사회적 요구에 의해 대학과 대학원에 학과가 개설되었다. 대학 내에 장례학과가 개설됨으로써 앞으로 전문가로서의 긍지와 사명감을 갖는 인력에 의해 한국의 장례업은 새로운 발전이 기대된다. 특히 한국의 장례학과 개설은 주변국가에 비해 대학에서 전문인력을 양성하고 있다는 점에서 소비자들에게 질적, 양적 서비스의 개선은 물론 비탄에 빠진 유족들의 슬픔을 치유하는 Grief Care차원에서도 바람직하다고 평가된다.

이와 관련해 대학의 각 장례학과에 우수인력이 입학하는 것은 미래의 장례문화와 장례 비즈니스 및 고객을 위해서도 고무적이라 할 수 있으며, 앞으로 한국의 장례학과는 주변국의 장례 관련단체 및 학술단체와의 적극적인 교류가 예상된다. 한국의 보험연구원이 2011

342

년 5월 작성한 '보험회사의 상조서비스 기여방안' 제하 보고서에 의하면 한국 상조시장의 전체 규모는 연간 7조 원에 이르는 것으로 추정되고 있고, 이에 Pre-need(생전계약과 생전예약 등 사전서비스), Near-need (현장 서비스), After-need(장례식과 안장 후의 추모식과 제사, 고인기념 출판기념회 등 사후 서비스) 시장까지를 포함하면 10조 원에 이르는 것으로 보기도 하는데, 향후에도 10배 정도로 시장이 성장할 것으로 전망하고 있다.

　현행 장사 등에 관한 법률에는 제2조 15항에 장사시설을 정의하고 있는데, 장사시설이란 묘지·화장시설·봉안시설·자연장지 및 장례식장을 말한다고 규정하고 있다.[464] 현재 장례산업 차원에서 볼 때 화장시설을 제외하고는 수익증진을 목적으로 하는 민간업체가 경영하고 있으며 화장시설 또한 수년 내에 민간업자가 경영을 할 것으로 예상하고 있다. 단지 화장시설의 설치와 관련 현행 장사 등에 관한 법률 제15조에는 사설화장장 ① 시·도지사 또는 시장·군수·구청장이 아닌 자가 화장시설(이하 '사설화장시설'이라 한다) 또는 봉안시설(이하 '사설봉안시설'이라 한다)을 설치·관리하려는 경우에는 보건복지부령으로 정하는 바에 따라 그 사설화장시설 또는 사설봉안시설을 관할하는 시장·군수·구청장에게 신고해야 한다고 되어 있으나, 실제로 사설화

---

[464] 2012년 11월 26일에 보건복지부에서는 장사시설 확충기본방향을 다음과 같이 발표하였다. 가. 화장시설: 지역적 접근성이 확보되는 수준까지 확충. 나. 봉안당: 민간공급이 없거나 부족한 지역에 우선 설치. 다. 자연장지: 묘지 및 봉안당 수요를 흡수할 수 있도록 지속 확충. 라. 공설묘지: 신규 설치는 제한하고 자연장지화 추진.

장시설을 설치하기 위해서는 지역주민의 반대가 가장 큰 걸림돌로 작용하고 있다. 이는 화장장 등 장사시설이 꼭 필요한 시설이지만 자신이 거주하는 주택의 근처에는 설립해서는 안 된다는 님비현상 (NIMBY: Not In My back Yard)과 공직자가 자신의 임기기간 중에 무리하게 일을 추진하지 않고 무사 안일하게 시간만 흐르기를 기다리는 현상인 님투현상(Nimtoo: Not In My Term of Office) 때문이다. 이를 해결하기 위한 임비(YIMBY: Yes In My back Yard)를 위해서는 주민들의 자발적 참여기회 확대로 정책수용성과 입지성공 가능성을 높여야 한다.[465]

이를 위해서는 서비스 구성원의 변화는 물론이고, 시대변화에 따른 신기술의 도입도 이뤄져야 할 것이다. 나아가 장례시설 등에 명화전시 등을 하여 문화적 분위기를 조성할 필요가 있다. 이는 사람들에게 공간에 따른 이질감을 줄여주는 데 효과가 있을 것이다.

2) 현대 상장례의 의미 변화

대부분의 죽음은 얼마 가지 않아 살아 있는 사람들의 기억에서 사라진다. 또한 현대의 사회적 관심에도 불구하고 고독사라든지, 무연사로 칭해지는 이른바 버려지는 죽음도 점차 늘어나고 있다. 이처럼 사람들은 매일 죽음을 접하면서도 죽음에 큰 관심을 두지 않는 듯한 인상을 지울 수 없다. 그러나 죽음을 부정하고 죽음에 무관심하려고 해도 인간의 삶에서 죽음은 필연적인 현상이다. 그 죽음을 처리하는 과정

---

[465] 장만석, 앞의 논문, pp.53~55.

344

또한 불가피한 삶의 문제이다.

혼히 죽음은 육체적 죽음 그 자체로 완결성을 갖는다고 생각하기 쉽다. 그러나 육체적 죽음만으로는 죽음이 완결되지 않는다. 상장례를 통해 비로소 하나의 죽음으로 자리 잡는다. 즉 상장례의 역할은 삶의 자리에서 죽음을 지우는 것이 아니라, 죽음에 대해 나름의 위치와 정체성을 부여하는 것이다. 그리고 살아 있는 사람들은 상장례를 통해서 죽음을 매듭 짓는다. 따라서 상장례를 통과하지 못한 죽음은 불완전한 죽음으로 취급된다.

현재 한국 사회에서 행해지는 상장례는 큰 변화를 보여준다. 전통적인 상장례 형식의 기본 틀이 유지되면서도, 상장례의 주체, 공간, 유형과 절차에서 많은 변화가 일어나고 있다. 그러한 변화 중 일부는 새로운 현실로 자리 잡아가고 있다. 아울러 이전에는 없었던 새로운 상장례 형식이 등장하기도 한다.

과거 한국 사회에서 죽음은 죽음을 맞이한 망자와 가족들만의 문제가 아니었다. 죽음은 마을과 같은 지역 공동체 전체의 일이기도 하였다. 지역 공동체는 공통된 상장례 방식과 죽음 인식을 공유하고 있었고, 그러한 공동체를 통해 죽음의 문제가 해결되었다. 따라서 사람들은 상대적으로 안정된 상황에서 죽음을 맞이할 수 있었다. 그러나 현재는 사회의 변화와 함께 공동체적 생활양식이 깨지면서 지역공동체는 더 상장례에서 중심적인 역할을 담당하지 못한다. 대신 병원이나 장례식장과 같은 상장례 전문기관이나 종교 집단이 상장례를 주도하는 주체로 자리 잡았다.

이러한 상장례 주체의 변화와 더불어 상장례의 공간이 달라지는 것은 당연하다. 과거 상장례 공간은 망자의 사람의 터전인 집과 마을이었다. 지금은 병원이나 장례식장으로 바뀌었다. 병원에서 치료를 받던 사람은 물론이고, 집에서 죽음을 맞이한 사람도 병원이나 장례식장으로 모셔가 장례를 치른다. 이전에는 객사는 피해야 된다는 관념 때문에 병원에서 치료를 하다가도 죽음의 순간이 다가오면 환자를 집으로 모셨다. 하지만 이제는 병원이나 장례식장과 같은 외부의 공간에서 장례를 치르는 것이 현실이다.

이와 더불어 상장례의 유형과 절차 또한 변화하고 있다. 물론 현재까지도 유교식 전통 상장례 절차가 한국 사회의 일반적 절차의 기본 틀을 이루는 것은 사실이다. 전통 상장례는 망자의 육신을 처리하는 절차와 망자의 넋을 처리하는 절차로 구성된다. 현재 행해지는 상장례는 육신의 처리에 치중하고 망자의 넋을 처리하는 절차를 소홀히 다룬다. 그럼으로써 통과의례의 기능이 현저히 약화되는 경향을 보인다. 한편 새로운 상장례도 등장하고 있는데, 불교에서 행해지고 있는 낙태아 천도 등이 좋은 예이다. 전통적인 관념에서 낙태아는 일반적인 상장례의 대상이 아니었다.

이러한 변화에서 두드러지는 경향은 산 자와 죽은 자, 삶과 죽음의 분리이다. 전통적인 상장례는 삶의 자리에서 죽음을 지워버리고 망자를 살아 있는 사람들에게서 분리시키는 것이 아니었다. 그것은 오히려 망자의 존재를 변화시켜 조상으로 새롭게 위치 지움으로써 가족들과 새로운 관계를 맺도록 하는 것이었다. 그러나 현재의 상장례는 삶의 자리에서 죽음을 떼어내 분리시키는 기제로 작용하는 경향을 보인다. 공간의 변화는 현재의 도시 주거공간에서는 장례를 치르기 어렵다는

346

현실적 조건에서 비롯되었을 것이다. 그러나 그것이 일반화되면서 죽음은 삶으로부터 분리되어야 한다는 인식이 당연시되고, 죽음을 삶의 자리에서 지우는 효과를 발생시킨다. 최근의 상장례가 망자 육신의 처리에 치중하는 경향 역시 망자를 새로운 존재로 위치시켜 산 자와의 관계를 지속시키는 통과의례의 이미지를 상실케 한다. 이러한 경향은 죽음은 삶과 무관하고 산 자와 죽은 자는 분명하게 구분되어야 한다는 현재 한국 사회 일반의 인식과도 상통한다.

3) 현대 상장례의 의의

상장례는 그것이 상喪이든 장葬이든 제祭이든지 간에 죽음을 수용하고, 시신을 추스르고, 죽음을 마음에 담는 일련의 과정이다. 즉 상장례는 존재하는 여러 현실을 의미 있는 어떤 것으로 승인하는 절차라 할 수 있다. 그러므로 상장례는 죽음에서 비롯하는 시신은 물론 죽음이라는 사건 자체를 겪는 개인 및 공동체와 해당 문화 전체의 죽음 의미를 축조하는 틀이라 할 수 있다.[466] 그렇기 때문에 상장례가 없는 죽음은 무의미한 죽음이 되는 것이다. 그래서 사람들은 무의미에 대한 거부를 한다. 그건 더 나아가 삶에서 의미의 부재가 된다. 결국 상장례의 상실은 곧 삶의 의미 상실이라고 해도 과언이 아니다. 전통 사회에서 대代를 잇는다는 개념 속에는 자신의 죽음이 의미 상실되지 않기를 바라는 소망이 담겨 있다고도 볼 수 있을 것이다.

그러나 죽음은 그것 자체로 완결성을 가는 하나의 현상이나 사건이

---

466 정진홍, 「죽음의례와 죽음」, 이용범 엮음, 『죽음의례 죽음 한국 사회』, 모시는사람들, 2015, pp.14~15.

아니다. 그것은 삶의 궁극에 이르는 귀결이고 엄밀한 의미에서 '삶의 실현'이다. 그렇다면 상장례는 결국 죽음인식 또는 죽음의 의미론을 위한 것만이 아니라는 말이 된다. 그것은 삶을 인식하고 온전하게 하기 위한 절실하고 구체적이면서 직접적인 소재가 된다. 따라서 상장례는 삶의 의미를 찾기 위해 필연적으로 요구되는 의례라 하겠다.

이러한 의례를 통해 죽음은 의미 있는 현상이 되고, 그렇게 함으로써 산 사람들은 자신이 지니고 싶은 의미를 그 죽음을 통해 투영해 낸다. 결과적으로 상장례 안에 있는 죽음은 그 의례가 낳는 의미 안에서 스스로 존재의미를 갖는다. 자연스러운 죽음(自然死)도 그것이 의례에 담기면 비로소 그 일이 의미 있는 현상으로 정착된다. 생전 망자와의 정(情)이 많은 사람들은 더욱 슬픔에 잠기고 그 슬픔을 넘어 그 죽음을 위로하고 축복하고 기리는 의례가 곧 현대의 상장례라고 하겠다.

공동체 차원에서는 그러한 죽음의 의미가 더 적극적으로 드러난다. 시간과 공간의 선택, 정서 또는 의미의 경험을 강화하기 위한 정형화된 형식의 반복, 주기적인 재연 등이 치밀하게 마련되고 집전자의 권위가 절대화되며 참여자의 공감적 봉헌이 강제된다. 이렇듯 상장례는 일상적인 것을 비일상화시킨다. 그리고 하나의 공동체는 이러한 상장례의 비일상성이 내장하는 의미에 의해 공동체의 지배 권력의 정당성과 사회적 응집의 효율적인 지속을 유지한다. 삶의 규범을 축조하고 지탱하는 것이다.[467] 그러기 때문에 상장례의 절차에서 정화의례가 선행되는 것이다.

---

467 정진홍, 앞의 글, p.17.

현대는 의학의 발전과 수명의 연장이 현실화되고 있다. 그에 따라 '어떻게 잘 죽을 것인가'라고 하는 존엄사의 문제나 '어떻게 잘 죽일 것인가'라고 하는 안락사의 문제는 현대의 새로운 죽음관을 보여준다. 각박한 삶의 질곡을 헤쳐 나가는 사람들에게는 절박한 삶을 영위하기 위해서는 죽음을 주변적인 것으로 취급하여 죽음 현상 앞에서 무지한 모습을 보여주기도 한다. 그러한 사람들에게 상장례는 편의와 이어진 맥락에서 전개되고 있다. 상장례가 삶을 더 힘들게 할 수는 없다는 판단은 어떻게 하면 깔끔하고 효율적으로 그 죽음을 처리하느냐에 초점이 맞춰져 있다. 그러나 의미를 상실한 상장례는 산 자와 죽은 자 모두에게 무의미한 일이 되기 때문에 최소한 의례의 과정 안에서라도 죽음의 의미를 되새겨보는 장이 되어야 할 것이다.

VI. 결론

한국불교는 한국의 토양에서 한국인이 수용한 문화와 민속, 그리고 종교적 바탕 위에서 전개되었다. 따라서 불교의 죽음관과 상장례 의례의 콘텐츠화는 불교를 중심으로 민속신앙, 유교 및 도교 등 한국의 주요 종교의 죽음관을 먼저 살펴볼 필요가 있었다. 그 위에 불교 상장례의 문화 콘텐츠화에 대해 검토해 보았다. 문제는 이러한 상장례 문화를 어떻게 문화 콘텐츠로 표출해낼 것인가라는 데 있다.

상장례는 분명 죽음과 관련된 의례이다. 죽음에 관한 이해는 한 나라의 전통적 문화 배경과 함께 일상적으로 공유되는 가치나 윤리와 뗄 수 없는 관계가 있다. 여기서 죽음의 본질 규명을 하기 위해서는 각 문화의 특수성과 보편성을 동시에 이해해야만 가능하다. 다시 말해서 인간의 심성에 내재된 심층의식으로서의 마음을 이해해야 한다는 말이다.

흔히 죽음에 대한 반성을 통해 삶의 태도가 변화될 수 있다고 한다.

그러나 사후의 삶이나 영원한 삶에 대한 믿음이 없이도 이런 의미 있는 삶의 태도를 지닐 수 있는지는 삶과 죽음을 대하는 관점에 달려 있다. 현대 과학은 풍요로운 삶을 제공했지만, 죽음 이후의 삶에 대해서는 어떤 것도 변화시키지 못하였다. 오히려 사후세계의 존재에 대한 부정적 인식만 증가시켰다. 오늘날 대다수가 병원에서 죽음을 맞는다. 시대마다 죽음을 대하는 태도와 방식은 변화해 왔고, 현대 사회에서는 죽음을 타인인 의사에게 맡기고 있다. 의학이나 과학에서의 죽음은 생물학적인 죽음 여부에 중점을 두기 때문에 죽음의 중요한 측면들을 간과한다. 그러나 "죽음을 알지 못하고서는 삶이란 아무런 의미를 지니지 못하기"[468] 때문에, 우리는 이런 상황에서 죽음에 대한 인문학적 성찰을 통해서 죽음에 대한 의미를 제시할 필요가 있다. 죽음을 직시하고 죽음을 자연스럽게 사유하는 태도를 보이도록 하는 것이 본고가 지향한 목표였다.

특히 불교는 죽음을 생과 다른 것으로 인식하지 않는다. 즉 생사일여관生死一如觀이 곧 불교의 죽음관을 설명하는 키워드이다. 그러나 실재적인 죽음, 즉 육신의 사라짐이 존재의 소멸임을 부정하지는 않는다. 현상세계에서의 '불의 꺼짐(涅槃)'은 명明에서 무명無明으로, 무명에서 다시 명으로 환원된다. 이를 윤회輪廻로 설명한다. 궁극적으로는 윤회를 부정하는 것이 불교의 이론이다. 이를 업業의 소멸 혹은

---

468 Heinz Kimmerle, "Das Poblem des Todes aus interkultureler Sicht", in Heinz Kimmerle & Ram Adhar Mall(Eds.) *Ethik und Politk aus interkultureller Sicht*, Studien zur Interkulturelen Philosophie, Amsterdam-Atlanta, GA: Rodopi B. V., 1996, p.269.

업장의 제거로 설명해 오고 있다. 생의 원인이 곧 업이라는 말이다. 업은 업력業力에 의해 정해지며, 신身·구口·의意 삼업三業을 대표적인 업의 종류로 보고 있다. 그리고 이 업은 과거·현재·미래의 삼세에 걸쳐 적용되는 것으로, 현재의 업은 과거의 연장이며 미래의 업 또한 현재의 투사로 설명된다. 그렇기 때문에 현재의 업이 중요해질 수밖에 없다. 이 현업現業을 잘 닦기 위해 생의 마지막 순간을 중시한다. 그리고 생전 자신의 업을 정화시키는 생전예수재를 하지 못한 이들은 사후 자손들에 의한 정화를 요청받는다. 이것이 49재나 수륙재, 영산재 등의 불교의례로 설시된다. 모든 재에서의 주인공은 망자이다. 따라서 생전 망자의 인격이 곧 상장례에서도 그대로 이어지며, 더욱 고귀한 인격체로 대접받게 되는 것이 한국 상장례의 특징이기도 하다.

이러한 전통 상장례문화가 현대의 과학 기술의 집적시대를 맞아 변화를 보이고 있다. 이는 시대 흐름에 따른 자연스러운 현상이라 하겠다. 본서에서는 이러한 변화가 긍정적 양상으로 받아들여지기를 기대하며 연구를 전개했고, 그것을 문화 콘텐츠적 시각에서 바라보고자 하였다.

현재 영화·연극·애니메이션 등 영상매체에서 상장례에 관련된 단편적인 내용은 다루고 있지만, 영화 〈축제〉에서와 같이 전면적인 부각은 거의 찾아보기 어려운 실정이다. 이는 사람들의 관심이 상장례문화를 부정적인 것, 피해야 할 것 등으로 생각하고 있다는 점에 기인한다. 즉 상장례 콘텐츠를 활성화하기 위해서는 이러한 인식의 변화가 선행되어야 할 것이다. 본서는 바로 이러한 점에 초점을 두고 연구를 진행하였다.

352

불교는 인간을 구원하는 데 목적이 있으므로 지극히 대중적인 종교임에도 불구하고 정작 사회철학으로는 성숙하지 못했고, 이 때문인지 예술작품 역시 대중을 상대로 하는 경우에 낯설고 서툰 부분이 드러났던 것으로 보인다. 그러나 현재의 한국불교는 막연한 기복신앙을 요구하는 식의 포교 방식에서 벗어나 근본적이고 깊이 있는 교리의 전달 교육이라든가 실천불교로 방향을 바꾸고 있다. 즉 신앙에서는 '맹목'이 아닌 '근거와 논리'를, 종교이념의 구현에서는 현실적이며 적극적인 자세로 대중에게 다가가고 있다. 그리고 이러한 변화야말로 진정으로 '인간에게 이롭고 인간을 위하는 종교'의 바람직한 모습이라고 생각되는데, 불교영화에서도 현실적으로 수용할 부분은 받아들여져 영화 안에서 새로운 방향을 찾을 수 있다면 바람직한 결과를 얻으리라 여겨진다. 즉 불교영화 역시 관객의 관심 외곽지대에서 벗어나려면 실생활과 함께 호흡하는 데서 소재를 찾으면서도 성숙한 철학으로 주제를 이끌어내는 영화 미학을 만들어낼 시점으로 접어들어야 한다는 것이다. 이는 단순히 종교적인 차원에서의 발상이라기보다는 한 국가를 대표할 수 있는 장르로 입지를 세울 수 있는 불교영화에 대한 발전가능성에 대한 기대 때문이다.

우리 조상들은 시신을 흙(地)·물(水)·불(火)·바람(風)에 흩어지는 것으로 처리해 왔다. 흙과 물을 이용하는 장법이 습장濕葬, 불과 바람을 이용하는 장법이 건조장乾燥葬이다. 불교가 전래된 이후인 삼국시대와 고려시대에는 화장火葬이 행해졌으나, 유교를 국가의 통치이념으로 삼아왔던 조선시대에 와서는 매장을 강조하게 되었다. 현대적 장례제도가 일제에 의해 도입된 이래 이를 근간으로 장례법이 제정되어

제도적인 정착을 하게 되었고 그동안 당연시되었던 매장이 화장으로 바뀌는 변화를 보이고 있다.

따라서 매장에서 화장으로의 의식변화 속에서 21세기 지식정보화 시대와 핵가족중심 사회에 맞는 장례제도를 위한 법제도적 정비와 국가의 정책적 노력이 필요하다. 모든 국민은 공동책임의식을 가지고 평등사회의 지향을 목표로 장사제도를 실천해야 하고 국가와 지방자치단체는 적극적인 법제도 정비와 철저한 관리, 그리고 변화추이에 맞는 화장시설의 현대화와 인식변화를 유도해 나가는 가시적인 정책을 실천해야만 할 것이다.

상장례문화는 오랫동안 사회 구성원들로부터 공유되면서 형성되어 온 사자와 생자 간의 연계에 관한 사회인식을 반영하는 문화이다. 즉 상장례는 기본적으로 사회적 가치관을 내포하고, 시대에 따라 당대의 사상이나 종교 등의 영향을 받아 변화되어 왔다. 조선시대는 묘지의 경우에도 사회계급에 따라 그 크기를 제한하는 등 유교적 가치관의 영향에 따른 장례문화가 성립되었다. 이러한 조선시대의 유교적 가치관에 의한 장례문화가 현재까지 우리 국민들의 장례의식에 큰 영향을 미치고 있다. 그러나 근대에 들어서면서 가치관 내지 관습에만 의존하여 변화되었던 장례제도가 국가의 의도와 목적에 따라 법과 제도적인 규제를 받게 되었는데, 이것은 사회 환경의 변화, 묘지 문제의 심각한 사회문제, 국민의 장사에 관한 의식의 변화 등에 따른 제도적·행정적인 지원과 규제의 필요성 때문일 것이다. 우리나라는 전통적인 유교문화의 영향으로 매장을 선호하고, 화장을 꺼리는 사상이 국가와 사회단체 등의 화장 장려와 장사 관련 법률의 제·개정을 통한 꾸준한 장례의식의 변화를 유도한 결과. 매장에서 화장으로의 장례의식과 이에 따른 장묘문화에 커다란 변화가 있어 왔다.

상장례 의례의 기본절차는 망자와 유족과 공동체와의 관계 속에서 이루어지는 다양한 의식절차이다. 조상숭배의 정신을 거론치 않더라도, 고인은 비록 죽음의 상황에 처하여 화장한 유골의 상태로 있다고 할지라도 생시 못지않게 인격적으로 존중되고 보호되어야 할 대상이다.

현재 우리나라의 장례 10건 가운데 7건은 화장 방식에 따라 처리되고 있다. 보건복지부가 발표한 화장 관련 통계에 따르면 전국 화장률이 매년 평균 3%씩 늘어나고 있다. 또한 국토 이용의 효율성, 환경 파괴 요인의 차감 등에도 주의를 기울여야 한다. 따라서 장례의 경우 매장보다는 화장이나 기타 수목장, 빙장, 영탑원 등의 새로운 장법이 주목을 받고 있다. 그에 따라 이를 지도하고 관리하는 시스템의 구축이 요구된다.

본서에서는 죽음에 대한 종교적 차이를 비롯하여 현대 문화 콘텐츠에서 다루고 있는 흐름을 조명했지만, 상장례의 현장 접근은 부족하였다. 추후 상장례의 현장성을 담보할 조사를 병행하여 후속 연구를 계속하고자 한다.

참고문헌

1. 원전

『高麗史』

『過去現在因果經』(『大正藏』3)

『關尹子』

『國葬都監都廳儀軌』

『國朝五禮儀』

『老子』

『論語』

『茶毘說』

『大般涅槃經』(『大正藏』12)

『大方等大集經』(『大正藏』13)

『大莊嚴論經』(『大正藏』4)

『罔極錄』(筆寫本, 국립민속박물관 소장본)

『孟子』

『般泥洹經』(『大正藏』1)

『方廣大莊嚴經』(『大正藏』3)

『梵網經』(『大正藏』24)

『普曜經』(『大正藏』3)

『佛本行集經』(『大正藏』3)

『佛說預修十王生七經』(『卍續藏』150)

『佛所行讚』(『大正藏』4)

『佛子必覽』(崔就墟 編, 蓮邦寺, 1932)

『三國史記』

『三國遺事』

356

`三峰集』
『釋名』
『釋門儀範』(安震湖 저, 한정섭 역, 법륜사, 2001)
『成宗實錄』
『世祖實錄』
『世宗實錄』
『僧家喪禮儀文』
『屍多林作法文』
『阿毘達磨大毘婆沙論』(『大正藏』 27)
『禮記』
『睿宗實錄』
『五分律』(『大正藏』 22)
『優婆塞戒經』(『大正藏』 24)
『雲笈七籤』
『入學圖說』
『作法龜鑑』(『韓佛全』 10)
『雜阿含經』(『大正藏』 2)
『莊子』
『周易傳義』
『周易淺見錄』
『周易』
『朱子家禮』
『中阿含經』(『大正藏』 1)
『中庸』
『增一阿含經』(『大正藏』 2)
『地藏菩薩本願經』(『大正藏』 13)
『太祖實錄』
『太平經』
『抱朴子·內篇』

『顯宗改修實錄』

『孝經』

2. 단행본

구미래 지음, 『한국불교의 일생의례』, 민족사, 2011.

국립민속박물관, 『(영원한 만남) 한국 상장례』, 미진사, 1990.

국사편찬위원회, 『상장례, 삶과 죽음의 방정식』, 두산동아, 2005.

＿＿＿＿＿＿＿, 『한국문화사』, 두산동아, 2005.

금장태, 『현대 한국유교와 전통』, 서울대학교출판부, 2003.

＿＿＿, 『유학사상의 이해』, 한국학술정보, 2007.

김명식, 『21C 한국인의 通過儀禮』, 천지인평화, 2010.

김미경, 『진도 축제식 상장례 민속의 연희성과 스토리텔링』, 민속원, 2013.

김미혜, 『喪葬禮節』, 유빈출판사, 2014.

김창선, 『쉽게 풀어 쓴 상례와 제례』, 자유문고, 1999.

金鉉埈, 『사찰 그 속에 깃든 의미』, 교보문고, 1994.

나경수, 『진도의 상장의례와 죽음의 집단기억』, 민속원, 2014.

나희라, 『고대 한국인의 생사관』, 지식산업사, 2008.

남민이, 『상장례 민속학』, 시그마프레스, 2002.

＿＿＿, 『상장의례학』, 시그마프레스, 2002.

＿＿＿, 『장례의 이론과 실제』, 학문사, 2001.

＿＿＿, 『현대생활 속의 상장례』, 학문사, 2001.

남상민, 『(현대생활에 맞는) 관례·혼례·상례·제례』, 미래출판기획, 2009.

마이클 로이, 이성규 역, 『古代中國人의 生死觀』, 지식산업사, 1987.

木村泰賢, 朴京俊 譯, 『原始敎理思想論』, 경서원, 1992.

무비스님, 『일곱 번의 작별 인사』, 불광출판사, 2009.

문화재관리국 문화재연구소 편, 『불교의식』, 문화재관리국 문화재연구소, 1989.

박명진, 『한국천주교회 상장례: 어제와 오늘』, 가톨릭출판사, 2016.

배영기, 『죽음의 세계』, 교문사, 1993.

＿＿＿, 『죽음학의 의미』, 교문사, 1992.

성백효 역주, 『書經集傳』 下, 전통문화연구회, 1998.

安啓賢, 『韓國佛敎思想史硏究』, 동국대학교출판부, 1983.

안동림 역주, 『장자』, 현암사, 1993.

安震湖 저, 한정섭 역, 『석문의범』, 법륜사, 2001.

윤사순, 『동양사상과 한국사상』, 을유문화사, 1983.

_____, 『유학의 현대적 가용성 탐구』, 나남, 2006.

윤성범, 『효』, 서울문화사, 1974.

이옥순, 『아시아의 죽음 문화: 인도에서 몽골까지』, 소나무, 2010.

이용주, 『주희의 문화 이데올로기』, 이학사, 2003.

이욱, 『조선시대 국왕의 죽음과 상장례: 애통·존숭·기억의 의례화』, 민속원, 2017.

이은봉, 『여러 종교에서 보는 죽음관』, 가톨릭출판사, 1995.

_____, 『한국인의 죽음관』, 서울대학교출판부, 2000.

이재운, 『한국인의 사후세계관』, 전주대학교, 2001.

이현진, 『조선 왕실의 상장례 : 국왕 국장과 세자·세손 예장』, 신구문화사, 2017.

장철수, 『한국의 관혼상제』, 집문당, 1995.

전주대 인문과학종합연구소, 『종교와 한국인의 죽음관』, 전주대 인문과학종합연구소, 1999.

전호태, 『고대 한국의 종교문화』, 울산대학교, 2004.

조기호, 『일본메이지시대의 장묘문화』, 인문사, 2014.

좌구명, 신동준 옮김, 『춘추좌전 1』, 한길사, 2006.

편무영, 『종교와 일생의례』, 민속원, 2006.

_____, 『종교와 조상제사』, 민속원, 2005.

_____, 『韓國宗敎民俗試論』, 민속원, 2004.

풍우란, 정인재 역, 『중국철학사』, 형설출판사, 1989.

한국외국어대학교, 『세계의 장례문화』, 한국외국어대학교 출판부, 2006.

한국종교학회, 『죽음이란 무엇인가: 여러 종교에서 본 죽음의 문제』, 도서출판 창, 1997.

한국출토복식연구회, 『韓國의 壽衣文化』, 신유, 2002.

韓基斗, 『韓國佛敎思想硏究』, 一志社, 1980.

현승환, 『韓國民俗學硏究論著15: 관혼상제』, 巨山, 1998.

홍우기, 『韓國의 挽章』, 다운샘, 2009.

洪潤植, 『佛敎와 民俗』, 동국대학교출판부, 2012.

大谷光照, 『唐代の佛敎儀禮』, 京都: 有光社, 1937.

中村照男, 『仏畫の見かた』, 東京: 吉川弘文館, 2001.

洪潤植, 『韓國佛敎儀禮の硏究』, 東京: 隆文館, 1976.

Hick John, Death and life, Louisville, Kentucky: Westminster John Knox Press, 1994.

White John, A Practical Guide to Death and Dying, New York: NY Quest books, 1980.

3. 논문류

1) 학위논문

강원표, 「百濟 喪葬儀禮 硏究: 古墳 埋葬프로세스를 中心으로」, 고려대학교 박사논문, 2016.

고영, 「조선후기 왕후의 염습의대 연구: 국장도감의궤와 빈전도감의궤를 중심으로」, 성균관대학교 박사논문, 2016.

김경희, 「西洋 喪葬禮 儀式 및 服飾에 관한 硏究: 古代에서 近代까지」, 성신여자대학교 박사논문, 2002.

김미경, 「珍島 祝祭式 喪葬禮 民俗의 演戱性과 스토리텔링」, 고려대학교 박사논문, 2009.

김영두, 「원불교 선사상의 연구」, 원광대학교 박사논문, 1990.

김우철, 「유교의례의 축제성과 사회 재구조화 기능 연구」, 성균관대학교 박사논문, 2013.

김웅기, 「영산재 작법무 범패의 연구」, 원광대학교 박사논문, 2004.

김일명, 「삼국유사에 나타난 가족 윤리에 관한 연구」, 동국대학교 박사논문, 1995.

김지원, 「축제식 상장례 연행예술 복식 작품 연구」, 홍익대학교 박사논문, 2015.

김진우, 「중국고대 효 사상의 전개와 국가권력」, 고려대학교 박사논문, 2006.

김학도, 「전통 상제예속에 관련한 한국 개신교 장례의식의 연구」, 아세아연합신학대학교 박사논문, 1986.

박정미, 「조선시대 佛敎式 喪·祭禮의 설행양상: 왕실의 국행불교상례와 사족의 봉제사사암을 중심으로」, 숙명여자대학교 박사논문, 2015.

서인균, 「학대경험이 노인의 자살 생각에 미치는 영향 연구」, 원광대학교 박사논문, 2009.

송수미, 「한국 전통상례에 나타난 조형적 이미지의 섬유미술 연구: 연구자의 작품을 중심으로」, 원광대학교 박사논문, 2012.

신지혜, 「조선 숙종대 왕실 喪葬禮 設行공간의 건축특성: 빈전·산릉·혼전을 대상으로」, 경기대학교 박사논문, 2011.

조정현, 「원불교 효 사상에 관한 연구」, 원광대학교 박사논문, 2011.

주은경, 「한국 천주교 煉禱와 상장례문화」, 동아대학교 박사논문, 2009.

최지희, 「조선후기 양반의 白衣風習 인식에 관한 연구」, 이화여자대학교 박사논문, 2017.

2) 연구논문

고영섭, 「불교가 한국인의 생사관에 끼친 영향」, 『한국불교사연구』 7, 한국불교사연구소, 2015.

구미래, 「불교 일생의례와 한국적 전개」, 『종교와 일생의례』, 민속원, 2006.

_____, 「불교 전래에 따른 화장의 수용양상과 변화요인」, 『실천민속학연구』 4, 실천민속학회, 2002.

_____, 「불교 죽음의례의 유형과 변화양상」, 『종교문화비평』 16, 한국종교문화연구소, 2009.

김경숙, 「18세기말 順菴 安鼎福家의 喪葬禮와 居喪生活」, 『고문서연구』 50, 한국고문서학회, 2017.

김교빈 외, 「氣 과학의 형성: 음양오행론과 한의학」, 『기학의 모험』, 들녘, 2004.

김미경, 「진도 장례의 무대 공연예술로서의 스토리텔링의 실제」, 『공연문화연구』 17, 한국공연문화학회, 2008.

_____, 「古群山群島의 전통문화 콘텐츠 개발을 위한 스토리텔링: 선유도, 무녀도, 장자도, 대장도의 섬무속 축제콘텐츠 개발을 중심으로」, 『한국도서연구』 21-1,

한국도서(섬)학회, 2009.

김민하, 「스토리텔링을 활용한 민요 교육 방법 연구: 상엿소리를 중심으로」, 『국악교육연구』 8, 한국국악교육연구학회, 2014.

김순금, 「죽음에 대한 圓佛敎의 哲學的인 照明」, 기념사업회 편, 『人類文明과 圓佛敎思想』, 원불교출판사, 1991.

김승혜, 「죽음에 대한 종교학적 이해」, 한국종교학회 편, 『죽음이란 무엇인가』, 도서출판 창, 1990.

김시덕, 「가정의례준칙이 현행 상례에 미친 영향」, 『역사민속학』 12, 한국역사민속학회, 2001.

_____, 「도시 장례식장에서 지속되는 상례의 문화적 전통」, 『실천민속학연구』 9, 실천민속학회, 2007.

_____, 「일본의 화장, 불교식 장례: 그 흐름과 변화」, 『불교학연구』 16, 불교학연구회, 2007.

_____, 「현대 도시공간의 상장례문화」, 『한국민속학』 41-1, 한국민속학회, 2005.

_____, 「현대 한국 상례문화의 변화」, 『한국문화인류학』 40-2, 한국문화인류학회, 2007.

김영미, 「불교의 죽음관」, 『종교와 한국인의 죽음관』, 전주대학교 인문과학종합연구소, 1999.

김용덕, 「喪葬禮풍속의 史的고찰」, 『한국 민속학 연구논집: 관혼상제』 15, 거산, 1998.

김응기, 「불교점안 의식의 범패쓰임 연구: 석문의범 의식구성 중심으로」, 『동국논집』 16-2, 동국대학교 경주캠퍼스, 1997.

_____, 「불교예술의 공연화 과제: 뉴욕공연 영산재를 중심으로」, 『불교문화연구』 2, 한국불교무화학회, 2003.

_____, 「불교음악의 연구사와 당면 과제: 범패전승 교육기관 설립 중심으로」, 『공연문화연구』 8, 한국공연문화학회, 2004.

김희, 「민속계 박물관 상장례 전시 비교 연구」, 『박물관학보』 22, 박물관학회, 2012.

나희라, 「고대의 상장례와 생사관」, 『역사와 현실』 54, 한국역사연구회, 2004.

남민이, 「전통상장례와 현행 상장례에 관한 고찰」, 『경영연구』 21-2, 명지대학교 경제연구소, 2002.

문정각·김재일, 「喪葬禮에 나타난 往生彌陀淨土행법: 한국 所傳行法의 형태적 측면을 중심으로」, 『정토학연구』 6, 한국정토학회, 2003.

문형진, 「한국 상장풍속에 담긴 제 문화요소와 그 의미를 토대로 한 문화교육 방안 연구」, 『아시아문화연구』 25, 가천대학교 아시아문화연구소, 2012.

閔泳珪, 「月印釋譜」, 『東方學志』 6, 연세대학교 국학연구원, 1963.

박종천, 「상·제례의 한국적 전개와 유교의례의 문화적 영향」, 『국학연구』 17, 한국국학진흥원, 2010.

박혜원, 「고려시대 아미타내영도와 임종의례의 관련성 시론」, 『미술자료』 80, 국립중앙박물관, 2011.

徐慶田, 「원불교 薦度儀式과 사회윤리」, 釋山 韓鍾萬博士 停年紀念 特輯, 『圓佛教思想』 20, 원광대학교 원불교사상연구원, 1996.

송현동, 「근대이후 상장례정책 변화과정에 대한 비판적 고찰」, 『역사민속학』 14, 한국역사민속학회, 2002.

_____, 「상조회사의 등장과 죽음의례의 산업화」, 『종교문화비평』 16, 한국종교문화연구소, 2009.

신광철, 「초기 한국기독교의 제례 및 상장례 담론에 대한 종교학적 재평가」, 『한국기독교와 역사』 32, 한국기독교역사연구소, 2010.

안동준, 「한국 도교의 죽음의식」, 『열상고전연구』 54, 열상고전연구회, 2016.

양영진, 「불교 장례의례 시다림의 절차와 의식음악적 기능」, 『공연문화연구』 26, 한국공연문화학회, 2013.

梁銀容, 「高麗八關會現象」, 『印度學佛教學研究』 28-1, 日本印度學佛教學會, 1980.

_____, 「高麗時代의 道教와 佛教」, 『한국종교』 8, 원광대학교 종교문제연구소, 1983.

_____, 「高麗 了圓撰 法華靈驗傳의 硏究」, 文山金三龍博士華甲紀念, 『韓國文化와 圓佛教思想』, 원광대학교출판국, 1985.

_____, 「불교사상과 의례구조」, 『한국종교』 36, 원광대학교 종교문제연구소,

2013.

우혜란, 「천도재의 새로운 양태: 낙태아를 위한 천도재」, 『종교문화비평』 16, 한국종교문화연구소, 2009.

윤승용, 「한국 신종교의 생사관과 상장례: 계승과 혁신을 중심으로」, 『신종교연구』 23, 한국신종교학회, 2010.

윤용복, 「한국 기독교 죽음의례의 변화양상」, 『종교문화비평』 16, 한국종교문화연 구소, 2009.

윤정, 「조선시대 혼전운영에 대한 기초적 정리」, 『규장각』 8, 서울대학교 규장각 한국학연구원, 2005.

윤호진, 「佛敎에서의 죽음의 意味」, 『腦死認定, 그 불교적 조명』, 동국대학교 불교문화원, 1993.

이경엽, 「축제식 상장례를 통해 본 진도 민속의 독특함」, 『남도민속연구』 26, 남도민속학회 2013.

_____, 「축제식 상장례를 통해 본 진도 민속의 독특함」, 『남도민속연구』 26, 남도민속학회, 2013.

이남희, 「전산화를 통해 본 조선왕조실록: 서지학적 측면을 중심으로」, 『서지학연 구』 13, 서지학회, 1997.

_____, 「고려시대의 유교적 공공성 시론」, 『원불교 사상과 종교문화』 65, 원광대학 교 원불교사상연구원, 2015.

이선이, 「『釋門家禮抄』茶毘作法節次에 나타난 無常戒에 대한 小考」, 『한국선학』 30, 한국선학회, 2011.

이성준, 「영화 〈축제〉에 나타나는 한국의 葬禮儀式과 의미 고찰」, 『영주어문』 24, 영주어문학회, 2012.

이영애·전진호, 「우리나라 상장례문화의 발전을 위한 상장례 인식과 태도에 관한 연구」, 『대한보건연구』 26-3, 대한보건협회, 2000.

이영진·김약수, 「무형문화자료」, 『문화관광자원의 이해를 위한 문화재 조사연구 입문』, 학문사, 2000.

이용범, 「한국 전통 죽음의례의 변화: 유교 상장례와 무속의 죽음의례를 중심으로」, 『종교문화비평』 16, 한국종교문화연구소, 2009.

이용식, 「진도 상장례 음악의 공연학적 구조와 음악적 상징에 관한 연구」, 『국악원 논문집』 26, 국립국악원, 2012.

李載昌, 「朝鮮時代 佛敎의 主體的 展開」, 『불교학보』 24, 동국대학교 불교문화연구 원, 1987.

이현진, 「영조대 왕실 喪葬禮의 정비와 『國朝喪禮補編』」, 『한국사상사학』 37, 한국사상사학회, 2011.

장석만, 「병원의 장례식장화와 그 사회적 맥락 및 효과」, 『종교문화비평』 16, 한국종교문화연구소, 2009.

전병술, 「한국에서의 죽음학」, 『동양철학』 44, 한국동양철학회, 2015.

정병조, 「佛敎의 生死觀」, 『생명연구』 1, 서강대학교 생명문화연구원, 1993.

정순일, 「원불교와 미륵신앙」, 『원불교 사상과 종교문화』 34, 원광대학교 원불교사 상연구원, 2006.

정진홍, 「죽음의례, 이와 관련한 몇 가지 생각」, 『종교문화비평』 16, 한국종교문화 연구소, 2009.

조용철, 「朝鮮 世祖代 懿敬世子 喪葬禮 구성과 특징」, 『역사민속학』 45, 한국역사민 속학회, 2014.

조준하, 「효 사상과 문화의 현대적 가치」, 『한국의 청소년 문화』 11, 한국청소년효문 화학회, 2008.

조현범, 「한말 태양력의 요일주기의 도입에 관한 연구」, 『종교연구』 17, 한국종교학 회, 1999.

_____, 「현대 한국의 죽음 의례와 젊은이들의 죽음 의식」, 『한신인문학연구』 4, 한신대학교 인문학연구소, 2003.

채미하, 「한국 고대의 죽음과 喪·祭禮」, 『한국고대사연구』 65, 한국고대사학회, 2012.

최문기, 「한국 巫와 종교의 습합」, 『윤리연구』 76, 한국윤리학회, 2010.

최영갑, 「유교의 상장례에 담긴 죽음의 의미」, 『양명학』 19, 한국양명학회, 2007.

최진아, 「지전의 유래와 의미의 다양성」, 『역사민속학』 45, 한국역사민속학회, 2014.

표인주, 「喪葬禮와 상여 소리에 나타난 죽음관」, 『호남문화연구』 27, 전남대학교

호남문화연구소, 1999.

한국사상사연구회, 「둘과 다섯으로 해석한 동양의 세계」, 『조선유학의 개념들』, 예문서원, 2002.

洪潤植, 「引路王菩薩信仰」, 『한국종교사연구』2, 한국종교사학회, 1973.

_____, 「朝鮮後期佛敎의 信仰儀禮와 民衆佛敎」, 『韓國佛敎史의 硏究』, 교문사, 1988.

Kimmerle Heinz, "Das Poblem des Todes aus interkultureler Sicht", in Heinz Kimmerle & Ram Adhar Mall(Eds.) Ethik und Politk aus interkultureller Sicht, Studien zur Interkulturelen Philosophie, Amsterdam-Atlanta, GA: Rodopi B. V., 1996.

Needham Joseph, "History of Scientific Thought", Science and Civilisation in China Vol. Ⅱ, Cambridge University Press, 1956.

Werner Karel, "The Concept of the 'Transcendent: Questions of Method in the History of Religions", Religion, 13, 1983.

4. 기타

「가정의례준칙에관한법률」(1969. 1. 16, 법률 제2079호)

「가정의례준칙에관한법률시행령」(1969. 1. 16, 대통령령 제3749호)

「가정의례준칙의보급및실천강화」(1969. 5. 3, 국무총리 훈령 제77호)

찾아보기

탄탄(한성열)

동국대학교에서 국악(현 한국음악과)을 전공했으며, 동 대
학 대학원에서 예술학 석사학위, 연세대학교 대학원에서 정
치학 석사학위를 취득하였다. 동국대학교 대학원에서 선학
과 박사과정을 수료하고, 원광대학교 대학원에서 한국문화
학과 박사학위를 취득하였다.

동국대·용인대·대불대·충북 보건과학대 등에 출강했으
며, 서울과학기술대 산학 명예교수·용인대 동양무예학과
객원교수·대통령 자문 민주평통위원으로 활동한 바 있다.
주요 논문으로「한국불교영화에 나타난 죽음에 대한 연구」,
「신라 진흥왕의 전륜성왕 이념 수용과 통치사상 연구」,「고
려 후기 무신정권과 선종의 연계성」,「월암당 정대 대종사
의 이사무애적 삶 연구」등이 있다.

한국의 죽음 의례의식 연구

초판 1쇄 인쇄 2019년 4월 10일 | **초판 1쇄 발행** 2019년 4월 19일

지은이 탄탄 (한성열) | 펴낸이 김시열

펴낸곳 도서출판 운주사

(02832) 서울시 성북구 동소문로 67-1 성심빌딩 3층

전화 (02) 926-8361 | 팩스 0505-115-8361

ISBN 978-89-5746-538-7 93220 값 20,000원

http://cafe.daum.net/unjubooks 〈다음카페: 도서출판 운주사〉